JN132124

樋口一葉を世に出した男

大橋乙羽

安藤貞之 著

百年書房

大橋乙羽が樋口一葉に依頼し、出版された生前唯一の単行本
日用百科全書シリーズ『通俗書簡文』（本文 P81、P105）

新版
大勳位伊藤侯爵直話
藤侯實歷

○伊藤侯題辭○同侯大禮服コロタイプ版肖像○同侯の一家○母堂と令息○侯と夫人○末松男と夫人（寫眞銅版肖像）
本書は維新以前侯が猶微々たる情況より赫々たる元老の今日に至る迄の經歷を親しく口授せられしを筆記せり音容髣髴流讀一過侯と膝を交へて欵唔するの想あるべし
全壹冊袖珍美本正價三拾錢郵税六錢

近刊
侯爵伊藤博文君題字
伯爵土方久元君題詩
饗庭篁邨君序文
續千山萬水

東洋古來第一の美本として内外の喝采を博せし千山萬水は其記する所の地東北に止まりしを烟霞の癖は更に著者をして東海畿内中國西南より北陸諸州を跋渉せしめぬ是に於てか續編あり寫眞に上れる絶景等又初編に劣ることなし
全壹冊洋裝美本 正價金五拾錢 郵税拾錢

乙羽十種

賜天覽 增補 千山萬水 全壹冊（第六版）正價五拾錢 郵税拾錢

賜天覽 花鳥集 全壹冊（第二版）正價壹圓 郵税二拾錢

五版 若菜籠 全壹冊和裝 正價二十八錢 郵税四錢

二版 風月集 全壹冊袖珍 正價三十五錢 郵税六錢

四版 名流談海 全壹冊袖珍 正價三拾錢 郵税六錢

六版 累卵の東洋 全壹冊袖珍 正價拾八錢 郵税四錢

發兌元 東京日本橋區本町三丁目 博文館

新版
初子集

全壹冊袖珍洋裝 正價四拾錢 郵税八錢
著者の錦心繡腸は花鳥集發刊の後更に幾多の美文となりて本書となりぬ。得意輕妙なる雜筆小説社會觀是れ初子の松の引けども盡きぬ妙味有べし

近刊
耶馬溪

全壹冊袖珍洋裝 正價五拾錢 郵税八錢
頼山陽をして耶馬の溪山天下に無しと迄絶叫せしめたる豐の耶馬溪著者の周踏する所となり其明快の紀文と靈妙の寫眞とに因りて本書とはなれり斯書を一讀せば復た溪を訪ふを要せず再讀せば遊意物輿嚮導を得たるを讓せざる可らず。

「乙羽十種」
『初子集』明治三十一年十一月三日
『累卵之東洋』明治三十一年十一月三日
『若菜籠』明治三十一年十二月二十八日
『風月集』明治三十二年九月八日

『千山萬水』明治三十二年一月三十一日

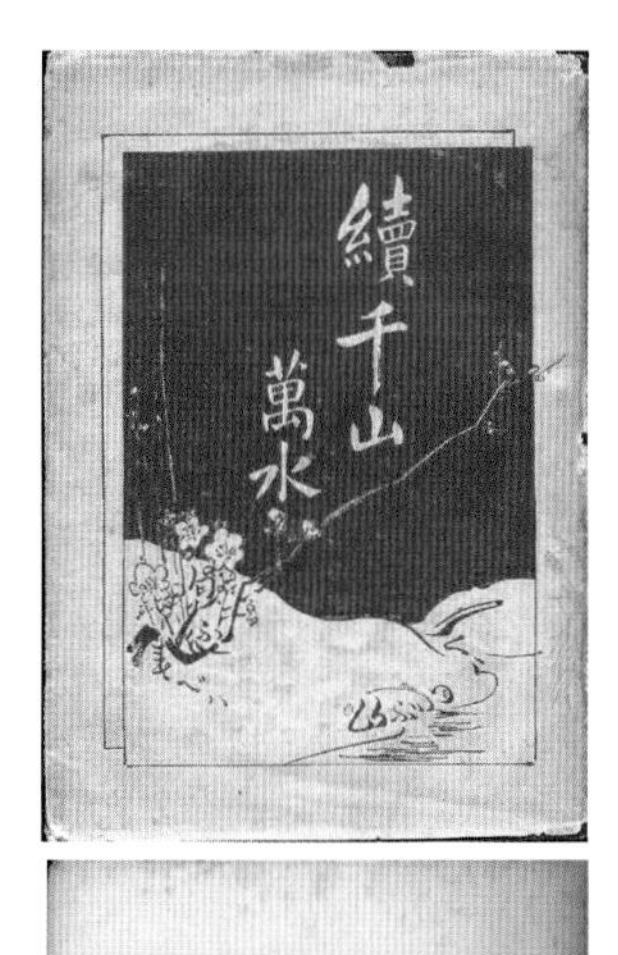

『続千山萬水』明治三十三年二月二十五日

『名流談海』明治三十二年三月二十五日

『花鳥集』明治三十二年五月五日

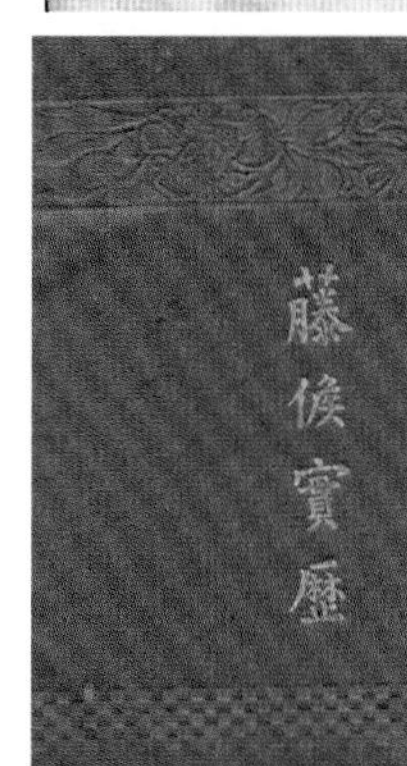

『耶馬渓』明治三十三年二月十日

『藤候実歴』明治三十二年十二月十九日

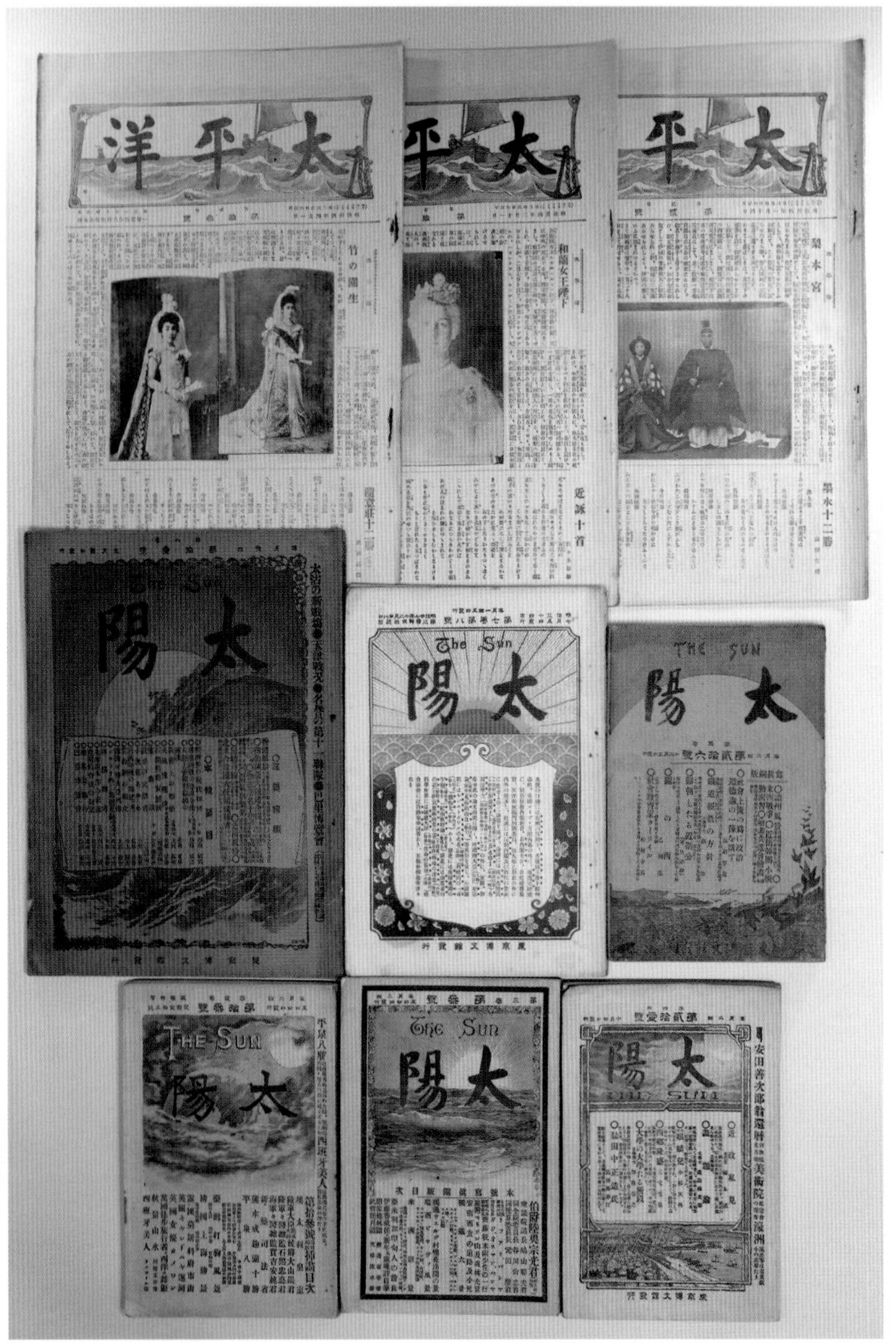

乙羽が力を入れ編輯し世間の注目を集めた週刊新聞『太平洋』と 博文館『太陽』

『歐山米水』の表紙。乙羽がライプチヒの大書林を観て「感奮」しての装幀。（本文 P250）

樋口一葉を一躍有名にした『閨秀小説』（本文 P85）

はしがきにかえて
——今なぜ大橋乙羽か

明治三十九年（一九〇六）、島崎藤村は『破戒』を刊行した。函館で網問屋をしている妻の父親と、慶應義塾出身で文学にも関心が深かった信州・佐久の地主・神津猛から借金しての自費出版であった。その七年と五ヵ月前、本書の主人公・大橋乙羽（おとわ）は、大手出版社・博文館の支配人という激務のかたわら、貯金をはたいて立て続けに単行本を刊行した。これを乙羽の「貯金文学」という。

それから百年以上経ち、今は歴史の片隅に忘れ去られていた乙羽が再び時代の先駆けとして、光を浴びてきた。同時に、その反射でいくつもの顔が浮かび上がってもきた。

もし、乙羽が貯金文学で本として残していなかったら、乙羽の存在そのものが再び照り返されてくることはきわめて困難であったろう。乙羽自身は尾崎紅葉らの硯友社（けんゆうしゃ）の小説家でありながら、『文藝倶楽部』の実質的な編集者として樋口一葉を世に送り出したことは、明治文学に触れた人なら頭の片隅に残っているだろう。しかし彼が残した『増補千山萬水』『歐山米水』などのすぐれた装幀や、写真記者として時代を切り取った写真などは、歴史の重みのなかで散逸してしまったかもしれない。

徳富蘇峰は『増補千山萬水』の装幀について、当時まだ知られていなかったウィリアム・モリスの名をあげて激賞した。また、内田魯庵は乙羽が巴里万博から帰国して出版した『歐山米水』の装幀について、「乙羽子が任ずる処は文章にあらずして意匠なり」と指摘した。『歐山米水』の装幀は現在も和洋折衷本のなかで装幀史上記憶に残る本として輝いている。

乙羽は編集者として『文藝倶楽部』や日本初のグラビア週刊新聞『太平洋』の創刊をはたし、装幀家として活躍、また森鷗外をはじめとする作家たちの肖像写真を撮り、伊藤博文・大隈重信のツーショットをスクープして話題をさらった写真記者として名をあげ、さらには人と人を結びつけるコーディネーターとして今に通じる多様な顔を持ち合わせていたのである。

ところが、このような乙羽についての単行本は今まで刊行されていない。そこでこの、小説家にして出版事業者、写真家にして美術家、装幀家にしてかつ旅行家といわれていた大橋乙羽の多面的な活動の軌跡を覚え書としてまとめてみた。乙羽という人物が時代に先駆けて疾走した姿をかいま見ていただければ幸いである。

樋口一葉を世に出した男・大橋乙羽

——目次

第二章　編集プロデューサー——樋口一葉を売り出す—— 55

第三章　写真記者・インタビュアーとして　117

樋口一葉を世に出した男

大橋乙羽

凡例

○本書の執筆に際しては多くの史資料、また先学の著作を参照している。引用に当たって正字は新字に書き換え、仮名遣いは旧仮名を原則とした。ただし固有名詞はそのままとしたものがある。また、「編輯（へんしゅう）」「写真器」は、引用文だけでなく関連する箇所においても、当時の雰囲気を伝えるためあえて「編集」「写真機」に統一しなかったことをお断りしたい。

○振り仮名は原史資料にあるものだけでなく、適宜著者が付け加えたものがある。また旧仮名は新仮名とした。

序　章　予に三癖あり

その日の尾崎紅葉

明治三十四年（一九〇一）六月一日、尾崎紅葉は午前十一時に目覚めた。晴れていたが、雲が多い日だった。前日の午後、泉鏡花がやってきた。弟子の訪問に気をよくした紅葉は、つい酒杯を傾け、歓談した。蒸し暑い日が続くなかで沈んでいた気分が久しぶりに高揚した。

——今日こそは、書こう。

紅葉はそう決心して、牛込横寺町（現、新宿区神楽坂あたり）の自宅を出て、近くに借りている仕事場用の別宅に向かった。

紅葉が『読売新聞』に連載していた「金色夜叉（こんじきやしゃ）」は、この年の四月八日付を最後に中断していた。連載が始まったのは四年前、明治三十年の元旦からだったが、胃の持病が悪化して筆をとることができなくなり、二月二十三日に「上の巻」が終わったとき、一週間の予定の休筆は半年間も続き、後編がスタートしたのは実に九月五日からであった。これが第一回目の休筆だった。

そして、元日の朝刊から始まった『金色夜叉』ははや三日目にカルタ会の場面となる。カワウソの衿皮のうちに四角い顔を埋めている二十六、七歳の青年・富山唯継がお正月のカルタ遊びをしている箕輪亮輔の広間に案内される。その指に輝くダイヤモンドの指輪をめざとく目にした令嬢が密かに隣の娘の膝を突いて囁く。

「金剛石！」

「うむ、金剛石だ。」

「恐ろしい光るのね、金剛石。」

「三百円の金剛石。」

瞬く間に三十余人は相呼び相応じて紳士の富を謳へり。

小説と同時進行していた今日は同じ正月三日。一家団欒で家族も女中も輪になってのひととき、文字の読める若い主婦が声を出して新聞を読んでいると、周りには人が集まってきて聞き耳を立てる。紅葉のリズムのある文章はまた、この金剛石のリフレインで、さらに読み手は調子づく。聞き手もまるで娘義太夫の語りに耳を傾けてため息をつくような気分。

「今月今夜」の名場面はカルタ会から二週間あとだった。富山は鴫沢宮にひかれ求婚、鴫沢家も内諾する。そのことを知った間貫一は宮の保養先の熱海へ走り、彼女の本心をたしかめようと海岸へ誘いだす。この時の台詞は「今夜限り」「今月今夜」が七回もリフレインされ、「一生を通して僕は今月今夜を忘れん、忘れるものか。死んでも僕は忘れんよ。いいか、宮さん、一月の十七日だ。来年の今月今夜になったならば、僕の涙で必ず月は曇らして見せるから、月が……月が……月が……曇ったらば、宮さん、貫一はどこかでおまえを恨んで、今夜のように泣いていると思ってくれ」。すがりつく宮を、「おのれ、姦婦!!」と声を出して宮の弱腰に脚を上げた。

わずか二ヵ月弱の短期間で二つの山場を盛り上げた『金色夜叉』は読者の心を鷲掴みにして「上の巻」がおわる。

三十四年四月八日を最後に五回目の休筆期間に入っている最中の五月二十日に男の子が誕生した。早速、鏡花と風葉とが出産祝いに駆けつけ、夏彦と命名した翌日、また鏡花が来てくれた。鏡花が足繁く訪ねてくるのは『金色夜叉』の度重なる休筆と師の健康を気遣ってのことだった。

昨日も訪ねてきて、話し合っているうちに夜になった。やっとその気になった紅葉は最後の続編を書くべく、気がみなぎってきて、翌日、別宅で原稿用紙に向かおうとしていた矢先、博文館から内山正如が大橋乙羽の死を伝えに来た。

驚きはなかった。前年、ヨーロッパ、アメリカと漫遊して帰国した乙羽がインフルエンザに罹患し、帝国大学病院に入院したのは今年の二月。やがて腸チフスを併発し、面会謝絶が続いていて、つい一週間前、見舞にいったが、衰弱がひどかった。

紅葉は人力車を呼び、帝国大学植物園（現、小石川植物園）の東にある戸崎町の乙羽邸に向かった。佐平の長男で現館主の大橋新太郎以下、博文館の幹部社員が額を寄せて、新聞社に送る乙羽の略歴の草案をつくっていた。紅葉は少しばかり助言した後、居合わせた葬儀屋に注文し、黒塗閼伽(あか)桶、紅白蓮華、金蓮花一対を葬儀場に飾るよう手配した。

大橋乙羽は、単に世話になった出版社の幹部というだけではない。乙羽は、紅葉と同世代であり、もともとは、硯友社の同人だった。

硯友社中、もっとも勢いのある若武者、といっても自分より一歳下の違いしかないが、その彼が戦死した思いにかられた。「名は末代の語草、とにもかくにも命のあらむ限を戦ふべし」と檄を飛ばしたのはいつだったか。

紅葉が名づけた乙羽の「貯金文学」

乙羽は明治三十一年から三十三年にかけて、立て続けに本を刊行しはじめた。それまでに雑誌や新聞に書きためてきた原稿を、次々と本にまとめていったのである。明治三十一年十一月三日に政治小説『累卵之東洋』と『初子(はつね)集』の二冊が同日に発行され、暮れも押し迫った十二月二十八日に『若菜籠』が、続いて翌三十二年一月には『千山萬水』、同三月『名流談海』、五月『花鳥集』、九月『風月集』、十二月『藤侯実歴』と続いた。そして、三十三年二月十日に『耶馬渓』、二十五日に『続千山萬水』が出版されるにいたって、この十冊はまとめて「乙羽十種」と出版広告された（五十頁）。

これらの書を「貯金文学」と名づけたのは尾崎紅葉だった。紅葉は『花鳥集』の扉裏で「貯金文学賛」を書いた。

恥を浮世に貽さじとて尽くその著を焚きしは古の賢者なる乎　社中の乙羽子積年の貯金を投じて五部三千頁の自著を刊す。それともいまの愚者なる乎　黄金是重く文章白紙より軽んぜらるる今日にありてはなんぞ此愚者の古の賢とする所に愧じざるを知らんや欽慕々々　明治三十二年晩春　紅葉散人

翌三十三年一月一日には博文館支配人となる人物が、なぜ、貯金をはたいてまで自費出版したのか。また、紅葉が「欽慕々々」と書いたのはなぜか。その謎が残る。

その前に、『花鳥集』の造本を見てみよう（五一頁の図）。本文一一九四頁、厚さ五センチの大著である。表紙を開くと扉に武内桂舟の美人画を添え、題名と「乙羽生著」の文字が目につく。その裏には尾崎紅葉筆による「貯金文学賛」がある。次頁から伊藤博文の題字が四頁にわたって続いたあと、近衛篤麿公爵の題字が四頁、次いで、井上哲次郎筆になる花鳥集序二頁。そのあと橋本雅邦の彩毫を五島徳次郎が刻した多色

刷木版画が二つ折りで折り込んである。

乙羽がこの貯金文学を思いついたのは、春畝（しゅんぽ）が善光寺からの帰りに、汽車のなかで、随伴した雨敬と乙羽を振り返って放った一言だった。春畝とは伊藤博文の漢詩を書くときの号で、雨敬とは甲州財閥の一人で鉄道王として知られた雨宮敬次郎である。

明治三十二年四月九日、上野発八時四十五分、伊藤博文は善光寺詣りに出かけた。随伴者は尾崎三良[①]、大岡育造、石塚重平や多額納税議員、それに松井広吉など男十五人、女三人。午後三時に軽井沢について雨宮敬次郎の別荘に入った。その夜は前の晩から東京喜楽亭の女将が座席を万端整えて、おおいに座が盛り上がった。

翌十日、雨敬別荘の庭に向いた廊下に伊藤博文を中心に座って一同の記念写真を乙羽が撮った。十三日随伴者の多くは長野からそのまま東京に向かったが、伊藤その他数人は軽井沢に下車して、再び雨宮敬次郎の別荘へ立ち寄った。二人の会談は秘密裏に行われたようで、何が語られたのかは未だに知られていない。その帰り、汽車のなかで伊藤侯が痛飲一番、同乗していた雨敬と乙羽を振り向いて口を開いた。

> 支那の書も面白いがどうにもボロ錦なので困る。味わえば一語一句妙味無限であるが、ヨーロッパの本のように首尾一貫していない。
>
> しかし、歐米の書物を読んでいて、自身の経歴に比べ、これを支那の書中にある警句に照らしてここであったと、何かのきっかけで、合点する。その意を政治

①『尾崎三良自叙略伝下』八七頁、中央公論社

上に活用しようとするときのわくわく感は雨敬が一挙に百万両を儲けたときの愉快よりもなおさら大快だ……と。

それを聴いていた、乙羽もまた愉快だった。春畝のこの一言がきっかけになったのではないか。「黄金百万、一朝にして散じてしまうが、芸術は悠遠。美衣食を得んがため富を得るのか。それとも、貧に安ずるの覚悟を決めて、文士世に処すか。いまはそのいずれかを頼ってそのもとにゆくか」と。

『花鳥集』を出版したあと、乙羽は内田魯庵にいった。

「人往々僕がかきすての零篇をすら集めて恥を後生にのこすを諫(いさ)むる者もあり。しかれども後生あにとこしへに恥と伝うるものならんや。まことに、恥ずべきものならば後生は長く伝へずして忽ち埋却して了るべし、あに深く憂うるにたらんや」と。

乙羽が自分の書き散らした小説や雑筆を、貯金をはたいてまで自費出版しようと決心した背景には彼の体験したいくつかのシーンが頭のなかにあったようだ。

ひとつは樋口一葉死後いち早く『一葉全集』の出版計画をしたときだった。一葉は雑誌『都之花』[2]に「暁月夜」をかいて藤本藤蔭から十一円四十銭を受け取っている。

② 金港堂刊、明治二十一年十月創刊～明治二十六年六月百九号で終わる。

一枚三十銭の計算になるが、当時、原稿料は売りきりで、そのまま著作権は出版社金港堂の所有となり、たとえ再版となったとしても、作者には入らない。乙羽が原稿依頼した一葉の生前の著作権は博文館に移り、あと版を重ねても一葉には一銭の印税も入ってこなかった。作家にとっては書いたものを金に換えたらそれまでで、原稿も「自分のもの」という意識は希薄だったのではないか。

『一葉全集』に収録した小説は大多数が博文館の雑誌に発表した作品で、それらの号はまだ会社に残っていたが、あと、別の出版社に発表された作品も間近なことで掲載誌名もわかっていた。しかし、乙羽のように雑誌社、新聞社を転々とし、博文館に入館したあとも、『太陽』『文藝倶楽部』等に幾種類もの号を使い分けて書き散らした文章などどうっかりすればどこへ散り消えたのか、わからなくなってしまう。

一葉死後妹のくにを一時、戸崎町の自宅に住まわせていたとき、くには姉の書いた『一葉日記』などの断片零篇も大切に保存していたことを知り、その保有の大切さを実感した。

その後、明治三十三年七月「巴里万国著作権会議」に出席して、さらに著作権の重要性を知った。自分のお金をはたいて著作集をつくろうとしたのはそのことと無関係ではなかった。博文館という大出版社の支配人となりながら、従来の出版の仕組みに飲み込まれないためには自分の著作権を所有する必要がある、と。

脱小説家宣言をするとき、その記念として、というより著作権所有者として「貯金文学」をした、と思われる。

乙羽が「貯金文学」を出版してから六年五ヵ月後の春三月、島崎藤村は小諸義塾を辞任して、家族を連れて上京した。生活費と執筆中の『破戒』出版のため、妻の父・秦慶治から四百円を借り、さらに慶應義塾出身者で文学愛好家だった佐久地方の大牧場の当主だった神津猛から百五十円を借りての決行だった。

「島崎藤村の特色ある生き方、その仕事の仕方、自費出版の企画等は文壇の噂に上りあちこちで話題になった[③]」と伊藤整は書いている。自費出版、というより、正しくは「借金出版」といってもよいが、なぜ、藤村は自費出版にこだわったのか。藤村は上京してまもなくの生活状況について神津に日記体の手紙を出している。

③伊藤整『日本文壇史8』二〇四頁、講談社文芸文庫

五月四日　この夜金尾文淵堂なる書店の主人来訪、「文藝倶楽部」誌上にて小生の出版事業を聞きたりとて、その一手販売の委託を乞いに来る。書肆の機敏可驚か尤も思ふ由ありて、発表上の相談は『破戒』の完成まで一切せざることになし（田山氏の注意もありて）同書店へもこの旨通じ申候。

この田山とは博文館編輯局に勤めていた田山花袋で、彼は当時の版権事情にも通じていたため、うっかり書肆の話に乗るな、と注意したのだろう。

奥付で「版権所有」とあるが、近代出版以前からの慣習で出版権利は版元の出版社にあるのが普通で、それを如実に表している例がある。

『異り種』は広津柳浪作で、明治三十年一月二十三日に金三十五銭で発売された。その奥付を見ると、版権所有の印紙を貼る部分に「この欄内に発行者が印章捺印なき者は偽版也[春]」の中に朱肉で春陽堂の印が捺印されている。つまり、発行者が版権を所有していたことがわかる。

おそらく、田山花袋はこのような事実を指摘したのであろう。前述のように原稿は出版発行者に一度売り渡せば、あとは何版重ねようと書いた本人には印税が入ってこない仕組みとなっていた。

もう一本は明治三十六年十月三十日発行の『思草』。奥付に「著作権所有」とあり、著者佐佐木信綱の名前の下に朱印で竹柏園の捺印がある。

たったの二例を挙げて即断することは早計過ぎるが、この間に乙羽の貯金文学があり、乙羽の「貯金文学」の賛に「欽慕々々」と書いた紅葉が二年のちに初めて印税方式で『仇浪』[4]（文禄堂、明治三十四年六月）を刊行、少し遅れるが藤村の自費出版があったのは注目して良い。

葬式と追悼園遊会

④菅聡子『メディアの時代・明治文学をめぐる状況』三四頁に、「紅葉が自らの作品について印税方式を採るのは著作権法施行後の明治三十四年六月、文禄堂より刊行した『仇浪』からである」と指摘（双文社出版）

六月一日、大橋乙羽の死の当日、尾崎紅葉が帰宅してほどなく、蒸し暑い夜となった。その日付の日記に紅葉は「鶏鳴迄寝(い)ねず」と書いた。翌二日は雨で、三日の朝になっても雨は降り続いていたが、その日は乙羽の葬儀である。

乙羽邸に行くと、傘の列が続いていた。邸内の混雑が激しかったので、紅葉は、隠居していた佐平が住む麹町区上六番町の屋敷に移動した。午後一時、紅葉ら十名の施主に運ばれ、棺は一町ばかり徒歩で運ばれた後、大八車に乗せられて日暮里村の養福寺に向かった。

六、七百人にものぼろうかという会葬者が焼香を終えたあと、棺が墓に入れられたのを確かめ、紅葉は寺を辞した。帰宅して風呂を浴び、夕食を終えるや、布団にもぐりこむと同時に深い眠りに落ちた。三日ぶりの熟睡だった。

七月十九日朝、紅葉は身繕いをすませると、牛込横寺町の家を出て、三十分ほど歩き、小石川金富(かなとみ)町（現、文京区春日）に住む石橋思案の家を訪れた。思案は、持ち前の社交性を買われ、この年から『読売新聞』の社会部長に迎えられていた。二人は揃って日暮里村の養福寺に向かった。大橋乙羽の七七日忌の日だった。

途中、植木屋に寄って、高野槇(こうやまき)と梔子(くちなし)花の株を買い求めた。乙羽の墓に行くと、ちょうど、乙羽の妻・とき子と母・松子がやってきた。四人で、高野槇と梔子花を墓のかたわらに植え、「華蔵院乙羽魁文居士(けぞういんおつうかいぶんこじ)」と法号が彫られた墓石に掌を合わせた。

「そういえば……」

とき子らに挨拶して墓所を出ながら、石橋思案が崖向こうを指さした。五年前、わずか二十五歳で亡くなった樋口一葉が荼毘（だび）にふされた日暮里火葬場の方角だった。

「寂しい葬式だったらしいね。集まったのは十人ばかりだったそうだ」

その樋口一葉が『文藝倶楽部』（二巻五編）に「たけくらべ」を一括掲載したのは明治二十九年四月、それまでも『文學界』に「雪の日」「花ごもり」「大つごもり」といった作品を掲載していたが、発行部数が二千数百部の雑誌と、一万部を超える『文藝倶楽部』とでは、注目度が違う。森鷗外や幸田露伴らがこぞって絶賛した。

大橋乙羽が、一葉の売り出しに尽力していたことは、紅葉の耳にも入っていた。残念ながら、樋口一葉は、その名が世間に喧伝されはじめたばかりの明治二十九年十一月二十三日、肺結核で早世する。その一年前に世に出た『文藝倶楽部』明治二十八年十二月号は『臨時増刊十二編 閨秀（けいしゅう）小説』を特集し、樋口一葉、若松賤子（しずこ）、小金井喜美子といった女流作家たちの作品を、口絵の肖像写真とともに掲載し、異例の売り上げをあげた。女流作家を、その作品だけでなく、顔写真を添えて売り出そうという、乙羽らしい戦略だった。九五頁以降で詳しく述べるが、現在、五千円札に印刷されている樋口一葉の写真は、このときの口絵写真であり、大橋乙羽が撮影した可能性が高い。

もし一葉がまだ生きていたら、乙羽はさらなる活躍の場を与え、日本の閨秀文学をさらに発展させていたかもしれない。そんなことを思いながら、紅葉と思案は上野まで人力車を走らせ、不忍池の畔にある上野精養軒で昼食をとり、浜町の日本橋倶楽部へ向かった。明治二十三年、日本橋区（当時）の政治家や経済人が集まって創立された社交場である。

広間の床の間に飾られた大橋乙羽の写真に参会者が焼香し、博文館主・大橋新太郎が挨拶をした後、次々と来賓が弔辞を述べた。東京専門学校（後の早稲田大学）の学監であった高田早苗は、山形県米沢に遊んだとき音羽屋という旅館に泊まったが、そこは偶然大橋の実家であり、彼の乙羽という雅号は旅館の屋号からとったというエピソードを枕に、故人が「文学、出版事業、写真術、美術鑑賞、意匠、旅行、交際」と各方面において卓絶した技量を有していたと褒め称えた。

つづいて登壇した『国民新聞』社長の徳富蘇峰は、単なる才人ではなく努力で立身した人であるとし、「文運の隆盛は、作者と出版社との協戮（きょうりく）に待たざるを得ず。乙羽子の如き、半面作者たり、半面出版社たる人にして、博文館の事に幹たらば、その両者の情意を疎通するに於いて遺憾なきに庶幾（ちか）かりしならむ⑤」と、版元と作者を仲介する編輯者として果たした役割の大きさを強調した。

陸軍軍医総監の石黒忠悳（ただのり）は、大橋乙羽が早稲田にある石黒の別荘（多聞山荘）を取材で訪れた際のエピソードを紹介した。彼が来る前に不意の客があり、用意していた料理を供してしまった。仕方なく、ありあわせの干魚でなんとか形だけ整えてもてなした。ところが大橋は「先づあしらひの膳には木天蓼（またたび）の吸物、とり肴は、広島の乾香魚（ひあゆ）、渡島の煎海胆（いりうに）の二種、次に笹巻鮨の出でたる計りなれど、何れも遠き他国の

乙羽の実家・音羽屋の広告

⑤『太陽』七巻九号「故大橋乙羽君追悼会」

名物を集められたものなり」と賞賛していたのに驚き、安堵した。こうした暖かい人柄が、他人から愛される所以であろうと、石黒は締めくくった。

その後、席を庭園に移して園遊会となった。模擬店が建ち並び葭町の芸妓が赤前垂れ姿で接待した。ところどころに配置された灯籠には、乙羽が生前に詠んだ俳句に、硯友社仲間で館員でもあった画家・武内桂舟の絵が添えられていた。

尾崎紅葉が日本橋倶楽部を辞したのは、午後六時ごろだった。その日彼は、知人の家に夕食に招かれていた。弟子である泉鏡花、柳川春葉、山岸荷葉といった、気の置けない顔見知りが集まっていた。紅葉は皆の前で、園遊会の帰りに持たされた土産を披露した。乙羽の著書『千山萬水』⑥で触れられた凮月堂の菓子。乙羽が編輯した『日用百科全書』三編「実用料理法」⑦で支那料理の会席茶屋として取り上げた「偕楽園」の一円五十銭もする折り詰め。豪華なお土産にため息が漏れた。

さらに、この日に合わせて乙羽の歐米紀行文を集めた小型の袖珍本『歐米小觀』⑧もあった。博文館編輯局員の岸上操が、親戚や知人からの聞き書きを元にした乙羽の小伝のほか、歐米漫遊中に家族に送った各国の絵はがき通信二十四枚の写真銅版と、洋画家・中村不折が乙羽を燕に見立てて描いた版画に乙羽の文が添えられたイラスト「燕の洋行」十七葉が載っている。これだけ凝った体裁の本を、乙羽が亡くなって二カ月もしないうちに完成させられたのは、印刷所も所有していた博文館の底力と言えた。

文豪・夏目漱石が「吾輩は猫である」を『ホトトギス』一月号に発表したのは明治

⑥『千山萬水』博文館、明治三十二年。一年間で八版まで刷られ、当時のベストセラーとなる。『増補千山萬水』『続千山萬水』の二冊。
⑦大橋又太郎編輯『実用料理法』（『日用百科全書』第三編）博文館、明治二十八年
⑧『歐米小觀』明治三十四年七月

三十八年だった。同じころ、日露戦争（明治三十七〜三十八年）に第二軍軍医部長として出征した森鷗外は凱旋後『うた日記』を出版、本格的な執筆活動を始める。乙羽が亡くなった明治三十四年は、二十世紀最初の年であった。それからほどなく硯友社の時代が終わり、日本文学史は二大文豪の時代となる。彼らの次の世代にあたる芥川龍之介や菊池寛、志賀直哉、武者小路実篤といった今もなお読み継がれる錚々たる作家たちが登場するのは、さらに十年余り後のことだが、そうした作家たちが活躍するステージを、同好の士たちの狭いサークルから、一気に「出版産業」へと押し広げた一人が大橋乙羽であり、乙羽率いる博文館だったと言えるだろう。

『欧米小観』中村不折イラスト「燕の洋行」

写真・美術・旅行

以上、紅葉の視点を通して、乙羽の生涯と、彼が活躍した時代を点描してみた[⑨]。乙羽の生涯については、乙羽自身が書いた自伝的な短文がいくつかある。『花鳥集』の凡例、同じく『若菜籠』所収の「小照録」、『新小説』（四年六巻）に寄稿した「鷹の羽」などだ。米沢で過ごした少年期については、上村良作の「大橋乙羽」（『米沢文化』三号）に詳しい。まとまった乙羽研究としては、『近代文学研究叢書5』（昭和女子大学、昭和三十二年）が著作年表、資料年表とともに、その生涯や業績を詳細に紹介している。

明治二十六年、乙羽が子供向け伝記『上杉鷹山公』[⑩]を博文館から出した際に知り

⑨『紅葉全集』十一巻、岩波書店、平成七年

⑩『上杉鷹山公』明治二十六年十一月

合った同館編輯局員の坪谷水哉（善四郎）は、追悼文「嗚呼乙羽君」（『太平洋』明治三十四年六月十七日号）で、葬儀当日の会葬者の多さや顔ぶれの多彩さに触れ「自ら文学者、美術家、意匠家、写真技士、偖は出版業の実務家として、何れの門戸を張るも適せざるは無く……交友は社会の上層と下層とに満る」と書いた。

彼の「多芸」ぶりを指摘する声は多い。前述の単行本『累卵之東洋』には、幸田露伴、広津柳浪、斎藤緑雨、田山花袋、高山林次郎（樗牛）らが序文を寄せているが、巌谷小波はそのなかで、「吾乙羽と交る事十年、少くとも善く子を知る一人なるべし。夫れ然り、吾は滑稽家としての乙羽を知る。小説家としての乙羽子を知る。美術癖のある紳士として、写真の技に長ぜる才人として、吾よく乙羽子を知る。将た事務家としての乙羽子、旅行家としての乙羽子、交際家としての乙羽子。吾が常に知る所なり」と書いている。

大橋乙羽自身は、自分のことを「予に三癖あり」としている（『花鳥集』凡例）。三癖とはすなわち「写真、読画、跋渉」で、「自らその癖たるを知ッて、猶除却する能はざる所、蓋し癖の癖たる所以」であり、「文学」については「直ちに是れ性命のみ」という。

まず、美術家（読画）としての面である。乙羽は、岡倉天心らと「文学美術家雑話会」を立ち上げたり、岡倉が会頭だった日本絵画協会の評議員に、下村観山、川合玉堂ら錚々たる美術家とともに名を連ねたりしている。黒田清輝が結成した「白馬会」にも参加した。そしてこうした美術家と交際するだけでなく、絵画を積極的に書籍に取り入れた。すなわち、『歐山米水』が「日本出版界に装釘の一面を開くに至つた」（坪谷水哉）と評価されるほど、意匠に力を注いだのだ。

徳富蘇峰は『増補千山萬水』について、「予は造書術（ブックメーキングクラフト）に於ては、既に室に入るに似たり」として、当時まだ世に知られていなかったウィリアム・モリスの名をあげ、「もしこの特技を利用して、博文館の出版物に、新方面を開拓せば、世を益すること疑ひなかるべく候。平民的出版物において、社会を益したる博文館の功は、掩ふべからず候。今や宜しくその一半の余力を以て、善良なる貴族的出版物に竭（つく）すべきの時節到来したりと存じ候。しかしてその適任者は乙羽子に候。英国詩人ウィリアム・モリスのごときか、其の豊富、高崇、清麗、精巧なる意匠を以て、造書術に生面を開き独り読むのみならず、見てより多き快味を感ぜしめ候」と激賞した（『藤侯実歴』巻末「東京だより」）。また、上京当時より知遇を得ていた内田魯庵は、『歐山米水』の装幀について『読売新聞』に二回にわたって連載し、「乙羽子が任ずる処は文章にあらずして意匠なり」と書いた。

これはもともと、上京した乙羽がまず入社したのが、当時日本で美術品を扱う唯一の出版社だった東陽堂だったことが大きい。東陽堂が、その絵画印刷技術を活かして刊行していた雑誌『風俗画報』は、世間を騒がせたニュースや、珍しい風俗を挿絵入りで紹介して人気があった。文字だけで構成される文学世界の方式では、世間が求める「情報」すなわちジャーナリズムは成り立たない。『風俗画報』で養われたセンスは、博文館で、さらに「写真」という新技術で発展した。

写真を始めた理由を、乙羽自身はこう説明している。『太陽』や『文藝倶楽部』『少年世界』には、毎月五百枚、年に六千枚の写真が必要だったが、当時の日本にはそれだけの写真が存在しなかった。だから「自分で撮らなくちゃ成らない[11]」わけになったというのだが、果たしてそうか。写真を掲載する需要があったから写真術を覚えたのではなく、写真が豊富な雑誌という読者の需要をつくりだすために、自ら写真を撮影することを選んだのではないか。

これまで明治文学史上有名な写真の多くは、従来は「撮影者不詳」とされてきたが、実はその多くを大橋乙羽が撮影したことが明らかになっている。森鷗外・幸田露伴・斎藤緑雨を撮影した「三人冗語同人」（一三九頁参照）、小倉左遷前日に観潮楼の茶室前で撮影した森鷗外の軍服姿の写真（一四〇頁参照）、森鷗外・小金井良精・青山胤道ら五人の集合写真（一四一頁参照）、滄浪閣の庭で撮影した伊藤候と大隈伯のツーショット（一五七頁参照）などだ。

乙羽の「三癖」の一つである「跋渉」すなわち旅行好きも、この写真と密接につながっている。

「乙羽十種」で売れ行きがよかったのは『千山萬水』などの紀行文であり、仲間たちは乙羽を「旅行好き」と見なしていた。彼の葬儀の五日後には、江見水蔭ら乙羽の

⑪ 大橋乙羽『名流談海』博文館、明治三十二年、二五五頁

友人たちが、利根川沿いの流山で「馬鹿綱引」に興じたが、この旅行を彼らは「旅行家たる乙羽追悼の意を含み旅行懇親会」と称した（江見水蔭「流山記」『太平洋』二巻二五号）。

乙羽は根っからの旅行好きだった。上京して間もない明治二十二年の正月、思いついて乗合馬車に乗って千葉までひとり旅をしている。帰りの算段をしていなかったので、暗い山道を歩く羽目になり、しかも雨に降られた。ステッキを測量器がわりにして、泥の深さをはかりながら、狐の遠吠えを聞いたこともあった。このように、若いころは無鉄砲なところがあった乙羽だが、東陽堂や博文館に勤めはじめてからは違った。

紀行文をはじめ旅行記録を精査すると、単なる物見遊山ではなく、取材や、地方の取次店の視察、地方新聞社に赴任した旧友への挨拶など、複数の目的を果たすよう合理的なスケジュールをたてて仕事に活かしていることがわかる。

たとえば、尾崎紅葉ら四人と月ヶ瀬に旅行したときは、旅館の女中から「この地の遊女は裲姿（うちかけ）なるを元林院といひ、素人風なるを木辻」と言うことを聞いたメモを残している。年越し前夜に京都を旅したときは、十代前半の少女たちが、既婚者の証である丸髷（まるまげ）を結っていることに気づき、それが「早く花嫁になる呪（まじな）ひ」であることを旅館の女中から聞き出した。能登半島の伊勢崎村では、葬式の際、コメをもらって泣き女をつとめる女性がいて、コメの貰い分によって「三升泣き」「五升泣き」と泣き方にも違いがあることを記録している。

そうした旅先でのメモを紀行文に活かすだけでなく、『文藝倶楽部』に地方各地の読者から珍しい風習についての投稿を募集する「諸国風俗」のコーナーを設け（明治三十二年一月号から）、地方読者へのＰＲにも役立てている。当時の雑誌は、文章に興味のある読者に発表の場を与える、投稿雑誌のような役割があった。

明治の文学プロデューサー

作家としてはこれといった代表作を残さなかった乙羽は、忘れられるのも早かった。死後、樋口一葉の妹・くにも交えて「乙羽会」が三回ほど開かれたが、ほどなく絶えた。だが、近年にいたって、乙羽の足跡を再評価する動きが生まれ始めている。坪内祐三は「編集者大橋乙羽」のなかでこう述べている。[12]

明治末年から大正期の出版ジャーナリズムを代表する名編集者は、『中央公論』の滝田樗陰であるが、その前の時代を代表する編集者が、実は、大橋乙羽だった。と言うよりも、近代日本の出版世界で、職能としての編集者を確立した最初の人物が彼だった。

滝田樗陰（ちょいん）（一八八二〜一九二五）は、雑誌『中央公論』を舞台に、吉野作造の論文

⑫ 坪内祐三「編集者大橋乙羽」（『日本研究』一三集、国際日本文化研究センター紀要、平成八年）七七〜八七頁

を毎号掲載して大正デモクラシーの時代に大きな影響を与え、同時に、文学史上に名を残す作家たちを数多く発掘した。白樺派の志賀直哉や武者小路実篤、夏目漱石門下の芥川龍之介や菊池寛、他にも永井荷風や谷崎潤一郎と、滝田の息のかかった大物作家は数多い。大正時代、無名の作家たちは、滝田樗陰を乗せた人力車が訪れることを待ち望んだ。

だが、大橋乙羽より十三歳下の滝田樗陰が雑誌『中央公論』を舞台に活躍できたのも、一世代前の乙羽らが、出版を一大産業に成長させ、雑誌メディアと編集者の役割を確立していたからではないか。

第一章　脱小説家宣言

人間僅か五十文

大橋乙羽が明治三十一年に刊行した『若菜籠』に収めた自伝的随筆「小照録[①]」に、次のような興味深い一節がある。

人間僅か五十文、当百ほどの命もないのに、文久銭の欠片(かけ)のやうに砕けて、瓦にもならず、玉(たま)にもならず、呆然(ぼんやり)と二十五文の関を越して、時の相場にも外れ、こ八百八町の中央(まんなか)で、文(ぶん)を横縦十文字(もんじ)の罫の桝に量つて、売り食ひして居る果敢(はか)ない稼業の文学者、あァ昔の事を考へると、むしろ十年前の方は、余程気楽なやうな心地がする。

この文章が書かれたのは明治二十八年で、乙羽が博文館に入館した翌年にあたる。その十年前といえば、乙羽は無邪気な文学少年時代。友人たちと雑誌づくりのまねごとをし、仲間内で回覧していた。純粋に書くことを楽しんでいればよかった。そのなれの果てが、文章を「桝に量つて、売り食ひ」している売文の徒……。編輯者として快進撃が始まる年なのにこの自嘲的な回顧は何なのだろう。

この章では、博文館編輯者となるまでの乙羽の前半生を探ってみたい。

① 大橋乙羽『若菜籠』「小照録」一九八頁

又蔵時代

大橋乙羽の本名は渡部又太郎。明治二年（一八六九）六月四日、現在の山形県米沢市立町に生まれた。父は治兵衛、母はかつという。生家は音羽屋という旅館で、この屋号が筆名・乙羽の由来である。五人の兄と一人の姉がいた。両親は、五番目の息子が生まれた際に「留吉」と名付け、末っ子にしたつもりだった。「又」太郎という名には、二度目の長男くらいの意味が込められている。

又太郎少年は、絵本の上に半紙を乗せて挿画の線を写し取り、紅色や紺色、青色で塗り絵をすることを好んだ。そうしてできた「作品」を一冊に綴じて家族や友人に見せたりもした。それを見た父親は又太郎を絵師にしようとしたが、母親が反対した。当時、山形の商家の人間にとって、絵師とは、各地を流れ歩き、有力者の家を訪れては絵を描いてお金をもらう「廻国絵師」だったからだ。

上等小学校を卒業した十二歳の春、山形市十日町通りに面した太物屋（呉服屋）の富士屋に奉公に出され、このとき、又蔵と呼ばれた。

又蔵は、店に出てソロバンを弾いたり、反物の目方を量ったりする仕事をしていたが、生まれつき本好きだったので、筋向かいにある市村という本屋の息子と仲良くなり、商売ものの本を借りて、手垢のつかぬよう半紙で包んで読みふけった。

当時、商売人にとって読書は余計な道楽とされていたが、又蔵は皆が寝静まった深夜、行灯に笠をかけて明かりが漏れないようにして読みふけった。睡眠不足で居眠りし、番頭から叱られたこともあった。

『花鳥集』凡例には、こうある。

十五父に別れ、十九母を喪ふ。家に学に資するの財なく、はた楮墨（ちょぼく）を供するの蓄すらあらず。

「楮墨」とは紙や墨のこと。実家はまずしく、小学校を卒業した後、上の学校に進むことはおろか、紙や墨すら与えられず、文章を書くことを楽しむ余裕すらなかったというわけだが、又蔵はそこで諦めるような少年ではなかった。

小学校時代の友人に、落合文太郎という織物問屋の息子がいて、小学校時代から「かきくら」、つまり書いた文章を見せ合っていた。明治十八年、十六歳になった又蔵は、奉公先から休みで実家に帰った折、文太郎に雑誌づくりを持ちかけた。同じ趣味を持つ仲間から文章を集めるのは文太郎がやり、それを適宜レイアウトして清書するのは又蔵の役目だった。又蔵は、「二橋」「竹泉」といった筆名を使い分けた。②

②『近代文学研究叢書5』二七八頁（昭和女子大学）

書店で和田篤太郎と会う

そのころ、又蔵が八文字屋書店に顔を出すと、店員が「東京から面白い本屋さんが来ている」と言い、「この小僧さんは小説が好きで、作るのもうまい人だから、どうか引き立てて下さい」と紹介してくれた。

髭で顔の半分かくれている耶蘇教の牧師のような男は、笑みを浮かべて言った。

「貴君（あなた）小説がお好きですか」

うなずく又太郎に、男はこう付け加えた。

「お遣（や）んなさいお遣りなさい、旨く書けたら出版しますよ」

それから男は、背負っていた白天竺木綿の大風呂敷をおろし拡げ、ちかごろはやりだしたボール紙表紙本や和本などを並べ始めた。『東京留学独案内』『英語読法』といった地方の学生向けの本もあったが多くは、『鼠小僧白浪草紙』『浜千鳥真砂の白浪』『佐賀怪猫奇談』『異国奇談和荘兵衛』といった色鮮やかな絵入りの実録小説だった。それら一冊一冊の読みどころを、男は説明した。

この男、和田篤太郎（一八五七～九九）は、岐阜県の生まれ。明治十一年ごろから本を行商して歩いていたようで、貯めたお金を資本に小さな書店を開き、明治十五年に出版を始めた。ほどなく春陽堂の看板を掲げ、後に日本画の大家となった尾形月耕描く木版画を印刷して表紙とするなど、装幀に工夫を凝らして成功した。

「旨く書けたら出版しますよ」と言われたのが心に残った。仲間内で回覧する雑誌づくりにうつつを抜かしている場合ではない。十八歳のとき、母かつが中風で倒れた。実家に帰った又蔵は、看病のかたわら、小説や随筆を書きまくり、春陽堂をはじめとする東京の出版社に送ったり、雑誌に投稿したりした。

母が亡くなった翌二十一年三月、徳富蘇峰が創刊した評論雑誌『国民之友』に「地方の実況」と題する投稿が「高橋又太郎」の名前で掲載されたのが、彼の文章が活字になった最初かもしれない（『近代文学研究叢書5 大橋乙羽』の著作年表による）。又蔵は明治十八年、高橋家に嫁いだ叔母の養子（長男）という形で籍を移していた。母の看病のため富士屋を辞めてからは、名を又蔵から高橋又太郎に戻した。

明治二十一年七月十五日、隣の福島県にある磐梯山が噴火した。母の看病疲れで病を得ていた又太郎は、福島と山形の県境を走る吾妻連峰の麓の高湯温泉で療養中だったが、十里の道を歩いて被災地をめぐり、取材記事と手製の地図を描いて、地元の『出羽新聞』に投稿し、採用された。

これが縁で、又太郎が母の看病のかたわら書いた「美人の俤（おもかげ）」[3]という小説も『出羽新聞』に掲載されたのである。[4] ちなみにこのとき、創業間もない『東京朝日新聞』に依頼された山本芳翠（一八五〇〜一九〇六）は、現場に駆けつけて爆発の様子を版木に写生した。それを芳翠の弟子である合田清（一八六二〜一九三八）が一晩二日で

③「美人の俤」は『出羽新聞』明治二十一年九月十三日より連載された。

④ 国会図書館が『出羽新聞』のマイクロフィルム化をするとき、『山形新聞』と共同で、県内に呼びかけて『出羽新聞』の収集に努めたが、揃わなかった。国会図書館、東京大学新聞研究所、山形県立図書館にあるマイクロフィルムは同一プリント。

木口木版に彫り上げ、『東京朝日新聞』の附録（八月一日付）の表紙を飾った。「磐梯山噴火真図」は、合田の代表作となった。乙羽は後に、合田と親交を結ぶことになる。

そのころ、又太郎と同じ米沢市出身で、東京で東陽堂という印刷所を経営する吾妻健三郎（一八五六〜一九一二）という男がいた。明治六年に上京し、翌年、東京開成学校（東京大学の前身の一つ）内に設けられた工作精練を学ぶ製作学教場（後の東京工業学校）に入り、ドイツ人G・ワグネルの指導で石版印刷術を学んだ。[⑤]上京して四年後の明治十年十一月に刊行されたガイドブック『懐中東京案内』には、十六の「有名銅版所」が紹介されており、その一つに「銅版画　葺屋町　東陽堂」が見えるから、二十歳を越えたころには、銅版画の版元として名をなしていたのであろう。明治十四年には石版による三色印刷を開発している。

その吾妻が明治二十一年、米沢に帰郷した際、『出羽新聞』に掲載された磐梯山噴火をレポートする記事や絵を眼にしたことが、又太郎が上京するきっかけとなった。そのころ吾妻は、印刷技術を活かした雑誌創刊を目論んでいた。そのためには、文章が達者で絵心のある人材が必要だった。又太郎はその条件にぴったりだったのだ。

吾妻は、落合文太郎を通じて生家音羽屋旅館を訪ね、又太郎に面会して上京を勧めた。記者として採用されると聞き、又太郎は一も二もなく承諾した。明治二十一年九月、十九歳の又太郎は、上京、東陽堂に入社した。月給は十五円だった。

⑤ 松野良寅『明治の曙』六章「美術印刷の先駆者吾妻健三郎のことなど」（遠藤書店）

『風俗画報』時代

『風俗画報』(明治二十二年二月創刊) は、欧米のいわゆるグラフィック雑誌の影響を受け、挿画を主体とした日本では初めてのビジュアルマガジンである。創刊号は二八頁で定価十銭だった。江戸時代の風俗考証や、全国各地の珍しい習俗、世相や流行を絵で表現することを主とした。又太郎は、『風俗画報』の二号に、高橋又太郎の署名で「徳川時代江戸服飾の変革」、乙羽庵主人の名で「流行落書」を書き、三号に「徳川時代武家土木談」という記事を書いているが、当初の雑誌の売れ行きは芳しくなかったようだ。西洋化を急ぐ当時において、伝統的な日本美術は顧みられることが少なかった。五月に刊行された四号に高橋又太郎の名で「日本駅逓の沿革」を載せて以後一年ほど、彼が書いた記事が見えなくなるのは、雑誌を売るためにはまず、読者を啓蒙せねばならないという事情から、展覧会を開く業務に時間を取られていたからだ。

昼間、各所を回ってさまざまな絵画を集めて持ち帰り、展覧会の案内状を書いて発送し、その後は朝までかかって陳列する。そんな日が続いた。後に彼は『文藝倶楽部』(二巻五編/明治二十九年四月十日発売号。樋口一葉の「たけくらべ」が掲載されている)の「雑録」に「淡粧濃抹」という雑筆を掲載しているが、それによると、住吉具慶(一六三一〜一七〇五) の「洛中洛外図絵巻物」を博物館から、英一蝶 (一六五二〜

一七二四）の「四季日待図絵巻物」を貴族院議員から借りて、肩に担いで陳列場まで持って帰ったと回想している。いずれも現在では取り扱い厳重注意の貴重な美術品だが、当時はその程度の扱いだったのだ。こうした仕事を通じて又太郎は、幕末の浮世絵師・河鍋暁斎（一八三一～八九）、無惨絵の名手・月岡芳年（一八三九～九二）のほか、野口珂北（一八四八～一九〇五）、小林永濯（一八四三～九〇）、平福穂庵（一八四四～九〇）、岡野知十（一八六〇～一九三二）といった日本美術の大物たちの作品や人物を知ることになる。

そのかたわら、又太郎は石橋思案の紹介で尾崎紅葉が主宰する硯友社同人になった。最初に発表したのは『我楽多文庫』が廃刊になった後、新たに創刊された『文庫』二十三号（明治二十二年七月十日）に掲載した「こぼれ松葉」で、乙羽庵主人の筆名だった。以後、乙羽庵、乙羽、渡部乙羽の筆名を使うようになるので、本書でも以後は、呼び名を又太郎から乙羽に改める。

硯友社入り

乙羽は、「こぼれ松葉」を書くためにかなり苦労したようだ。彼は明治二十二年の夏、病気を名目に東陽堂を休んで小説執筆に専念する。だが、家の近くが魚河岸で、競りの声がうるさいこともあり、なかなか構想がまとまらない。引っ越してまで書こうとするが、結局、病気が回復したからと出社した。このとき書きあぐねていた小説が、「こぼれ松葉」だったと推測される。

乙羽が硯友社に入ったのは、明治二十一年に上京した翌年といわれているが、それ以前に一度、上京した可能性もある。というのは、『我楽多文庫』十三号（明治二十年七月）に掲載された硯友社の新加入者名簿に「浜町　二橋仙史」の名が見えるからだ。尾崎紅葉は明治三十四年に『新小説』という雑誌に寄稿した「硯友社の沿革」（一月号）という文章で「乙羽庵は始め二橋散史と名つて石橋を便つて来た」と回想しているから、この「二橋仙史」が「二橋散史」の誤植である可能性は高い。

「こぼれ松葉」のでだしは、「私は名を花香薫と云つて、三年以前東京へ遊学に来た若者です」ではじまる「です・ます」調の言文一致体の小説である。主人公の青年は、東京の学校に進学し、下宿先の娘の学校友だちと恋愛におちいるが、そこへ父が病気という電報で帰省せざるを得なくなるという筋書きだ。乙羽自身の体験をもとに書いたものと仮定すると、明治十九年か二十年に、乙羽は一度上京して浜町に下宿していたことになり、明治二十年の硯友社の新加入者名簿の「浜町　二橋仙史」と一致する。⑥明治十九年から二十年にかけての乙羽の年譜は空白部分が多い。最初の上京を伏せざるをえなかった何らかの事情があるのだろうか。

『文庫』は明治二十二年十月発行の二十七号で終刊し、翌月、広津柳浪を主筆として『小文学』と改題されたが、乙羽はその二号（明治二十二年十一月二十九日）から、

⑥ 内田不知庵（魯庵）が「余が乙羽子を相知る今より十二年前なり」（『読売新聞』明治三十二年五月二十一日）とあるところから見ると、すでに一年前の明治二十年五月には上京したが、母の病気で帰郷していたか。

「情囚」という小説を七号まで連載した。「こぼれ松葉」が「です・ます」調の言文一致体だったのが、文語を基調とした「擬古文」と呼ばれる文体に変わっていた。

これには事情があった。その当時、多くの作家が、従来のいわゆる文語体を脱し、話し言葉（口語体）で小説を書く「言文一致」を模索していた。明治二十年、二葉亭四迷は「である」調の口語体で小説『浮雲』を刊行した際、落語家の三遊亭円朝の口演筆記を参考にしたと言われる。一方同年、「です・ます」調の口語文で『読売新聞』に「武蔵野」を発表したのは山田美妙だった。

しかし尾崎紅葉は山田美妙の「です・ます」調口語文に批判的だった。美妙が明治二十一年に金港堂から刊行した『夏木立』について紅葉は、「言語生ぬるいところ多し」「余程舌ッたるい文句に聞こえる」と酷評した。

後年、紅葉はこのころの言文一致への批判を、こう理屈づけている。いわく、「文章は画筆である。言文一致は写真器械である」「花鳥の前に画筆を置いたばかりで絹の上に花鳥は顕はれぬ。風景に対して鏡を開けば、山水は自づから其形を印(とど)める。言文一致？　あれは誰にでも出来る、講談や落語を速記したならば、適(あっぱ)れ一部の好著書と、自分は言文一致こそ正しく拙文家の隠形術(おんぎょうじゅつ)と、窃(ひそか)に憫笑(びんしょう)に堪へなかつた」⑦。

乙羽は、「こぼれ松葉」で山田美妙の「です・ます」調口語体を真似てみたが、紅葉の美妙に対する思いを知るや、あっさり紅葉好みの擬古文に変えた。乙羽は硯友社に入るに際して政治小説をやめたが、よくいえば臨機応変、わるく言えば変わり身の

⑦『紅葉全集』十巻「隠形術」（岩波書店）

早さも、乙羽の一面だった。

出世作『露小袖』

明治二十三年十月二十六日、吉岡書籍店から刊行されていた書き下ろし叢書『新著百種』[8]の十冊目として、乙羽の小説『露小袖』が出版された。

吉岡書籍店は、金港堂の『都之花』の創刊で『我楽多文庫』が廃刊に追い込まれた後、後継雑誌『文庫』に出資してくれた版元である。店主の吉岡哲太郎は明治十八年に吉岡書店を開業しているが、実はその二年前に理科大学で化学科を卒業、理学士の肩書をもつ毛色のかわった人物だった。当初は『化学書』や英語学のテキストを出版していたが、明治二十一年暮れに尾崎紅葉を訪ね「小説文学の雑誌」を相談しにきた。山田美妙の「夏木立」に先を越された紅葉は快諾した。

明治二十二年四月一日、その第一号として刊行されたのは、尾崎紅葉の『二人比丘尼色懺悔』だった。紅葉にとって初めての単行本である。以後、二号に饗庭篁村「掘出し物」(同年五月二十九日)、三号に思案外史・紅葉山人「乙女心、風雅娘」(同六月三十日)、漣山人「妹背貝」(同八月十二日)、蝸牛露伴「風流佛」(同九月二十三日)、柳浪子「残菊」(同十月二十七日)、眉山人「墨染桜」と硯友社同人の小説が次々と刊行された。

⑧『新著百種』十号、吉岡書籍店、明治二十三年十月二十六日

作家の選定権は、尾崎紅葉が握っていた。同人の江見水蔭などは、書き始めていた時代小説「剣客」が『新著百種』として採用されるよう近所に引っ越してきた晩に、紅葉を招いて、慣れぬ手つきで葱を切って牛鍋でもてなしたと回想している。[⑨] やがて書き上がった原稿を渡したがいつまでも紅葉の机のあたりに投げ出されていて見向きもされなかった。かわりに、後から同人になった乙羽の小説が採択された。

十月二十八日の夜、芝公園内の高級料亭・紅葉館で仲間内の出版お披露目会が開かれ、紅葉、渡部乙羽、石橋思案、武内桂舟、岡田虚心が出席した。小波は家で水蔭の来るのを待っていたが、一向に姿を見せなかったので彼を迎えに行くと、病気との理由で布団をかぶって寝ていたという。[⑩]

その『露小袖』は明治維新を機に四千石旗本の姫君お蝶が、かつて出入りしていた小間物屋のお上（かみ）さんになり、さらに数珠を売る身へと没落していく二十四、五年を練りあげた文章で書いている。

『露小袖』が発表になるや、多くの反響が起きた。乙羽が目にした記事は十七編ほどで、それらは『花鳥集』の巻末に収録されている。当時、帝国大学法科大学生で、のちに弁護士のかたわら文芸評論家として活躍した石橋忍月は、「世評頗る喧し、褒三分に貶七分、然れども、余は之に反す」と書いて、人間界の無常を説明したものと乙羽を擁護しているが、批判した「七分」のひとりに、『読売新聞』同年十月三十日

⑨ 江見水蔭『自己中心明治文壇史』博文館、昭和二年十月

⑩『巌谷小波日記〔自明治二十 至明治二十七〕翻刻と研究』白百合児童文化研究センター叢書、慶應義塾大学出版会

付に寄稿した「余情生」なる人物がいた。

此士満胸文章にして筆力の縦横自在なる事。後進若武者中稀に見る所なりといへども。其長とする所は亦短所にして。文を舞はし筆を弄するの弊。其の文浮華に失して思想を尽さざるもののごとし。乙羽氏の小説一として此弊を見ざるものなし。就中此編の如きは。最好く著者の真面目を表はして。其短所を示したるものならむ。[11]

余情生とは、他ならぬ尾崎紅葉の別号である。乙羽を硯友社中、唯一の「若武者」と認めていたものの、文と想の二者両択を求めていた紅葉には不満だった。同じく硯友社同人でもある広津柳浪の批判も手厳しかったが、「惜しむべし、惜しむべし」[12]と残念がっている。

それにしても、出世作でこれほどの毀誉褒貶が集中したのも珍しいし、また、この侃々諤々のなかで、緑雨が紅葉に対して横槍を入れたり、忍月が巌本善治に対して「文学を誤るを以て有名なる」といって反論を浴びせられたり、また、忍月が『露小袖』は「人間界の無常を説明したものなり」といったことに対して、「忍月居士よ」とドクトル・ニルワナという得体の知れない人物（といっても乙羽は森鷗外と推測がついていたようだ）は「居士願くは唯一篇の無常を示さざる小説を示せ」（『国民新聞』明

⑪『紅葉全集』第十巻、一一八頁（岩波書店）

⑫『花鳥集』巻末三頁

治二十三年十一月十九日）などと口を出したり、文界の水面下に潜んでいた顔が浮かび上がってくるのが垣間見えて面白い。

明治維新を機に士族が没落していく時代相を、練り上げた文体で書きながら、姫だったお蝶が小間物屋のお上さんになり、さらに数珠を売る身へと落ちていく姿を錦織のように書き上げていくのは並の書き手ではなかった。

その零落ぶりは、かつて三千石の姫がいまは柳町の裏家で、藁ごみのような所に住んでいるお鉱を訪ねた一葉が、「暁月夜」の原稿料の一部をお歳暮として渡して帰る明治二十五年暮れのシーンと重なって見えてくる。

伊狩弘が「大橋乙羽の考察――『露小袖』を中心として」[13]のなかで、次のように書いているのは暗示にとんだ文章だ。

『露小袖』は「人情の機微と風俗をうまく織り合わせてプロットを進め、章段ごとに大胆にプロットを展開させるところは、樋口一葉作品のスタイルに通ずるところもあるように思える。二十三年と言えば一葉は既に小説の練習を始めていた頃である。即断はできないが乙羽作品から学んだ面も多かったのではないだろうか」。

⑬ 伊狩弘「大橋乙羽の考察――『露小袖』を中心として」（日本文学ノート、宮城学院女子大学日本文学会、二〇〇五年七月）

その後も乙羽は、旺盛に小説を書き続けた。明治二十四年、『東京中新聞』に「出世奴」を連載（三月十四日～五月六日付）する一方、同年三月には金港堂が出していた『小説叢書』第三集に「霜夜の虫」が収録された。その年の暮れには『都之花』で「小夜衣」を連載しはじめる。翌明治二十五年一月には『文学世界』に「おもひ川」を寄稿した。その間、『風俗画報』の編輯にも携わり、精力的に紀行文を発表している。

「凌雲閣登壇人」

明治二十五年四月一日に刊行された『東京現住著作家案内』⑭には、在東京の小説家・翻訳家・狂言作家など六十五人がリストアップされているが、その「オ」の部には、森鷗外と並んで乙羽の名が見られる。十九歳で上京してから六年しかたっていないのに、六十五人の書き手のなかに選ばれたのだ。

当時、「見立」「番付」という印刷物が流行した。相撲の番付のように、流行り物や有名人を横綱から平幕までランク付けしたもので、さまざまな趣向が凝らされた。

硯友社同人の巖谷小波は、当時所有していた「凌雲閣登壇人」について書き残しているが、そのなかに乙羽が登場する。⑮凌雲閣とは明治二十三年十一月十三日、浅草千束町にオープンした十二階建ての遊覧所で、「浅草十二階」の通称で親しまれた。なかでも名物は日本初のエレベーターだった。

⑭ 桜井徳太郎編『東京現住著作家案内』（博盛堂、明治二十五年四月）

⑮『早稲田文学・胎生期の研究』（大正十四年六月）一八二頁

「凌雲閣登壇人」では、このエレベーターに乗ったかのように、ここ二〜三年で急激に名をあげた作家と、螺旋階段を苦労して登ってきた作家とに分類されている。

エレベーター組は最上階まで一気にあがってきた尾崎紅葉、幸田露伴、山田美妙ら。十一階まで登ってきているのが、二葉亭四迷、巌谷小波ら。十階まで来たのが広津柳浪、江見水蔭、そして乙羽らとされた。一方、螺旋階段で十二階まで登りし人とされたのは、坪内逍遙（一八五九〜一九三五）や森鷗外（一八六二〜一九二二）らである。

エレベーター組である紅葉、乙羽らは、いずれも明治維新（一八六八年）の前後に生まれており、この当時二十代半ば。「螺旋階段」を登ってきた坪内逍遙や森鷗外は彼らより一世代上であり、外国文学の翻訳に携わりながら、「近代文学」はいかにあるべきかを模索した世代だ。紅葉や乙羽の世代は、坪内逍遙が発表した近代小説理論書『小説神髄』（明治十八年）やその実践編といえる『当世書生気質』（明治十八〜十九年）を学び、いわば先人たちが築いてくれた理論に従って創作に打ち込むことができたのだ。

乙羽の小説は、仲間内からは高い評価を得ることはできなかったが、こうした時流に乗って、一躍その名を世間に知らしめることができたのは、幸運であったと言える。

『校訂 西鶴全集』と博文館

明治二十年代、日本の小説には、近代国家の「文学」にふさわしい、基本となる文体が確立していなかった。漢文、漢文書き下ろし、候文、欧文直訳体、擬古文、和文に俗語を加えた雅俗折衷体、そして口語体が乱立して、作家たちが苦闘しながら、「文章」をつくりあげていった過渡期でもあった。

そんななか、尾崎紅葉らがいちばん手本としたのは、江戸時代の戯作者・井原西鶴だった。西鶴は当時、忘れられた存在だった。西鶴の小説を発掘し、再評価して世間に広めたのは、淡島寒月（一八五九〜一九二六）という人物である。

日本橋の裕福な商家に生まれ、文と絵に多趣味だった彼は、福沢諭吉の『西洋旅案内』などの影響を受け、アメリカに帰化して日本文化を紹介したいと意気込み、湯島聖堂の東京図書館（明治十八年に移転、上野図書館となる）に通って、江戸時代の戯作や随筆、浮世絵を勉強しはじめた。そこで西鶴の作品に出会ったのである。

明治二十年のある日、寒月はたびたび図書館に顔を出している青年と知り合いになった（淡島寒月『梵雲庵雑話』岩波文庫）。幸田成行（しげゆき）と名乗る青年は、東京府第一中学校（現在の都立日比谷高校）に入学した秀才だった。家庭の事情で退学し、技師として北海道の電信局に勤めていたが、職場を捨てて東京に舞い戻った。家にいるのもばつが悪いので、図書館にこもっているという。寒月は八歳下の幸田青年に「西鶴は面白いぞ。ぜひ読みたまえ」と勧めた。

幸田青年は西鶴を読み始めた。かねて読んだ坪内逍遙の『小説神髄』の影響もあり、西鶴風の小説を書き始め、やがて露伴の筆名で、『都之花』（明治二十二年二月号）に処女小説「露団々」を掲載できたのは、淡島寒月のお膳立てだった。少し後だが、露伴は『国民之友』（明治二十五年五月号）に寄稿した「井原西鶴」と題するエッセイで「五月七日の夜、夢に愛鶴軒子（淡島寒月の別号）と共に野を過て行く西鶴を論ず、覚むれば身は渓の水音枕に通ふ有馬の客舎にあり。同伴の（高橋）太華子眠り熟して語るに友なく、独り静臥して西鶴を憶ふ⑯」と、夢にまで西鶴が現れるほど夢中になっていた。

乙羽が硯友社同人として初めて書いた小説「こぼれ松葉」が掲載された『文庫』二十三号には、幸田露伴の「一刹那」が、紅葉の「やまと昭君」や寒月の「百美人」（筆名は愛鶴軒）と並んで掲載されている。慶応三年（一八六七）生まれの露伴は、東京府第一中学時代、尾崎紅葉と同級生だった。明治三十年代は「紅露時代」と呼ばれるほど、文壇に並び立つ存在になる。

紅葉もまた、寒月の勧めで井原西鶴を読むようになった。もともと俳句をたしなんでいた紅葉は、西鶴の俳文体が体質にあっていた。

幅広い人脈を持つ寒月が、西鶴のよさを吹聴しつづけた甲斐があったのだろう。博文館が刊行していた「帝国文庫」シリーズとして『校訂 西鶴全集』（上下巻）が企画された。上巻には、淡島寒月が所蔵していた天和二年刊本を底本とする『好色一代男』が収録されることになり、尾崎紅葉がその校訂にあたった。乙羽も校訂を手伝い、「西

⑯『露伴全集』十五巻、一頁、岩波書店

『西鶴全集』発売禁止広告『萬朝報』明治二十七年七月十日

鶴是非」という短文を寄せた。
『校訂 西鶴全集』上巻は明治二十七年五月に刊行されることとなったが、「たはぶれし女三千七百四十二人。小人(少年)のもてあそび七百二十五人」というプレイボーイ世之介を主人公とする『好色一代男』は公安風俗を害するものとされ、発禁処分となってしまった。しかし乙羽は、同じ「帝国文庫」シリーズとして二ヵ月後に刊行された、江島其磧(きせき)(一六六六〜一七三五)の浮世草子を集めた『其磧自笑傑作集』(上下)の校訂に努めた。この間の仕事ぶりを評価され、乙羽は博文館館主である大橋家に迎えられることになった。

大橋家に婿入り

博文館館主・大橋佐平に見込まれた二十五歳の乙羽は、明治二十七年十二月十一日[17]、尾崎紅葉の媒酌で、佐平の娘・とき子と結婚し、翌日から日本橋区本町三丁目にある博文館の編輯局に出社しはじめた。『風俗画報』の明治二十八年一月号の編輯人は渡部又太郎のままになっているから、ぎりぎりまで東陽堂での仕事を続けて、移籍したのである。

乙羽が大橋家に婿入りすることになった経緯は、記録に残っていない。ただ、その年の乙羽の行動を追ってみると、八月十五日に不可解な旅をしていることに気づく。

⑰『博文館五十年史』では大橋乙羽の結婚は明治二十七年十二月とだけあって、日までは明記されていないが、『巖谷小波日記』の明治二十七年十二月十二日には「午後大橋を訪ふ 編輯局に臨む 坪谷、岸上、柳井、安原、坂下、等に会す又渡辺昨夜大橋の妹に配し本日より編輯局に出づ」とあることから十一日に婚礼があったことがわかる。

この日彼は、午後六時に福島停車場に下車し、阿武隈川のほとりにある松葉館に投宿し、翌日もそこに泊まった。[18] 乙羽は、旅に出れば常に移動して、一つ宿に二日つづけて泊まることはなかった。このとき彼は「やんごとなき君」なる人物と同宿している。乙羽は十七日に「やんごとなき君」と別れて帰京するが、「やんごとなき君」は北海道へと赴き、東京に戻ったのは十日後だった。

推測するに、この「やんごとなき君」とは、博文館の大橋新太郎ではなかったか。博文館では、創業者の佐平を「老館主」、長男の新太郎を「副館主」と呼んでおり、いわば親子で共同して経営に当たっていた。「やんごとなき君」が新太郎だとしたら、彼が十日間にわたって北海道に滞在したのは、同地の書店を巡回していたと考えれば辻褄があう。そして、松葉館で二日滞在したのは、新太郎が乙羽に、妹・とき子との縁談と、博文館入りを説得していたのではないか。[19]

大橋佐平は、妻・松子との間に五男二女があった。長男は新太郎で、次男・弘造は夭折、三男・省吾は高橋家に養子に出されていた（後に大橋家に戻り、博文館の子会社として創立された取次店・東京堂の二代目となる）。四男の修策は博文館に残り雑誌書籍の発送係長をつとめていたが、この年、二十一歳で病没した。乙羽が「やんごとなき君」と会ったのは、その十三日前である。博文館が、修策に代わる人材を補充する必要に迫られていた時期である。[20]

この明治二十七年は、八月一日に日清戦争が勃発した年であった。博文館は開戦一カ

⑱『千山萬水』一五〇頁

⑲ この時の紀行文「阿武隈川の秋」に「嗚呼変らぬは月影、変るはわが身の上なり」とあるところから、この日、乙羽に一身上の変化があったことがうかがわれる。

⑳ これと似たケースは今度は乙羽が明治三十四年二

月たらずの二十五日に『日清戦争実記』を創刊、空前の売れ行きを示した。その前年の二十六年三月、大橋佐平はシカゴで開かれた万国博覧会に赴き、海外の出版事情をつぶさに視察して帰国した。まだ日本にはない、写真中心の雑誌づくりができないかと考えていた折、写真家の小川一真（いっしん）が訪ねてきた。アメリカで写真技術を学んだ経験のある小川は、海外の最新技術である銅版写真を誌面に利用することを大橋に勧め、大橋は同意した。

　日清戦争は、銅版写真技術を活かす恰好の機会だった。従来、日本の雑誌で主流だったのは石版画のイラストだったが、『日清戦争実記』は口絵に陸海軍首脳や出征軍人の銅版写真を掲げ、本文には数多くの地図を載せ、当時としては真に迫った誌面を読者に提供し、成功をおさめた。月に三回、戦争終結の翌年である明治二十九年一月まで五十編が刊行されたが、肖像写真だけでなく、戦場写真も掲載されるようになった。

　これをきっかけに、博文館は、それまで十三あった雑誌を統廃合し、『太陽』『少年世界』『文藝倶楽部』の三誌に絞り込んだ。京都の『日出新聞』に勤めていた硯友社の巌谷小波は、『少年世界』の主筆として博文館入りした。その歓迎会の席で尾崎紅葉から、「君、珍しい話があるよ。乙羽が博文館の養子になるぜ」と耳打ちされた。

　老館主こと大橋佐平はすでに六十歳。将来を見据えて、頼りになる人物を同族に迎えたがっていた。彼はもともと故郷・越後長岡でさまざまな事業を営んでいたが、明治十九年、五十二歳のとき、上京して翌年六月、本郷弓町に博文館の看板を掲げた。

月十四日、腸チフスにかかって東京帝国大学第一医院へ入院する前日に起きている。この日、鶯亭金升は博文館館主から著作を書く約束で主任に請われた。金升はこのころ、午前十時より正午までは読売のポンチを考え、午後よりやまと新聞へ出社、夜になって家に帰れば『団団珍聞（まるまる）』の編集と諸方の評など書くかたわら、訪問客とも接する毎日が続いていた。寝るのは明け方の三時、時には五時という超ハードスケジュールをこなしていたが、書き手の乙羽が倒れた博文館は、乙羽に代わる書き手として鶯亭金升を請い、彼はついに「四足の草鞋（わらじ）」を履くことになる。

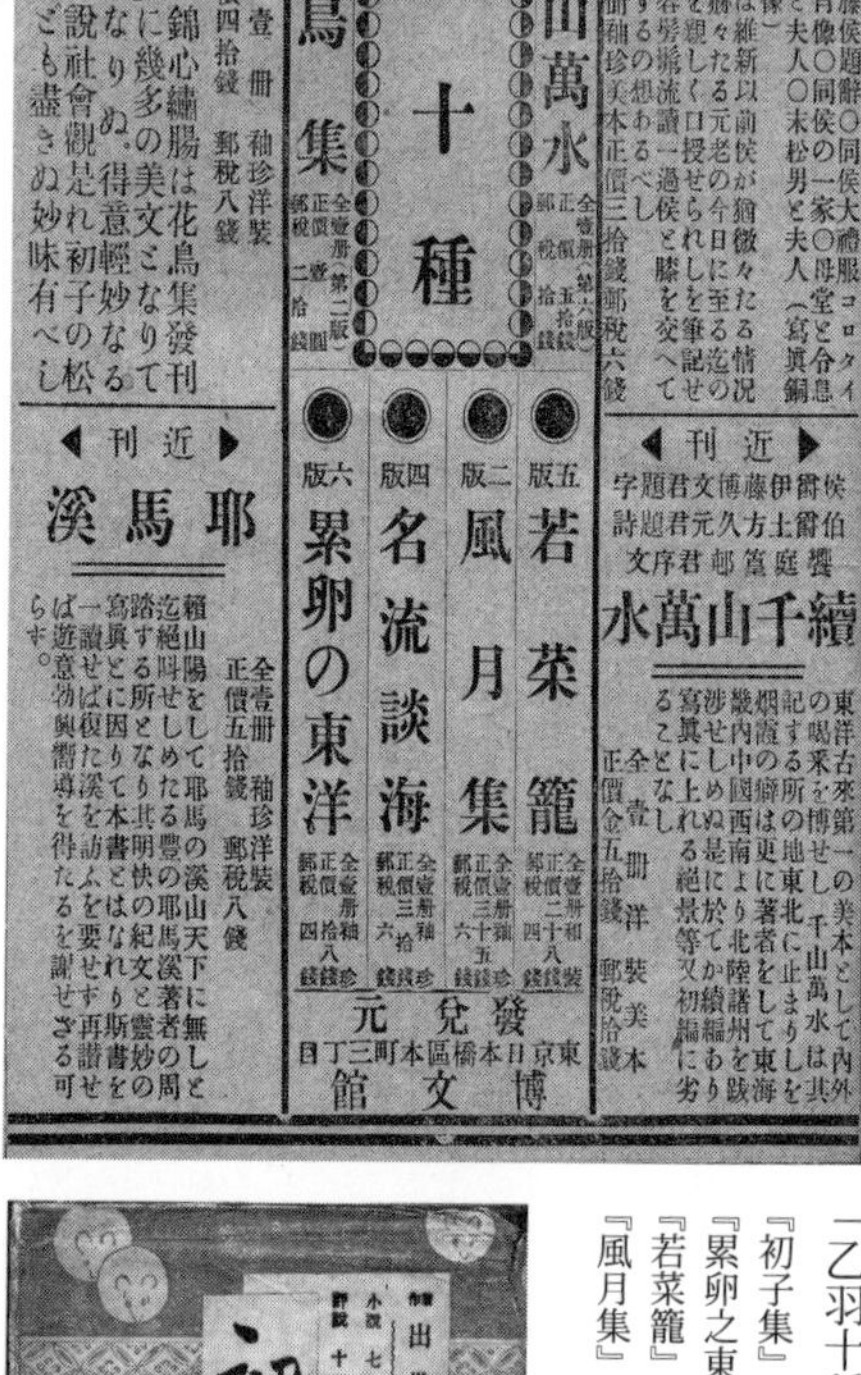

「乙羽十種」
『初子集』明治三十一年十一月三日
『累卵之東洋』明治三十一年十一月三日
『若菜籠』明治三十一年十二月二十八日
『風月集』明治三十二年九月八日

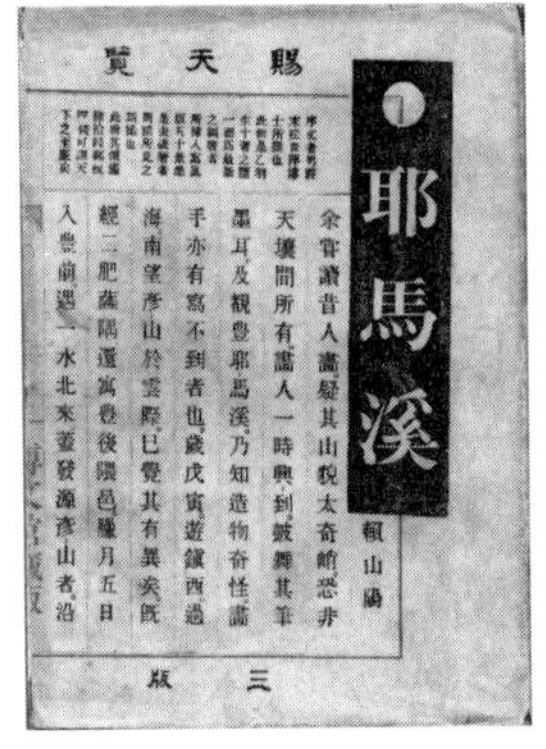

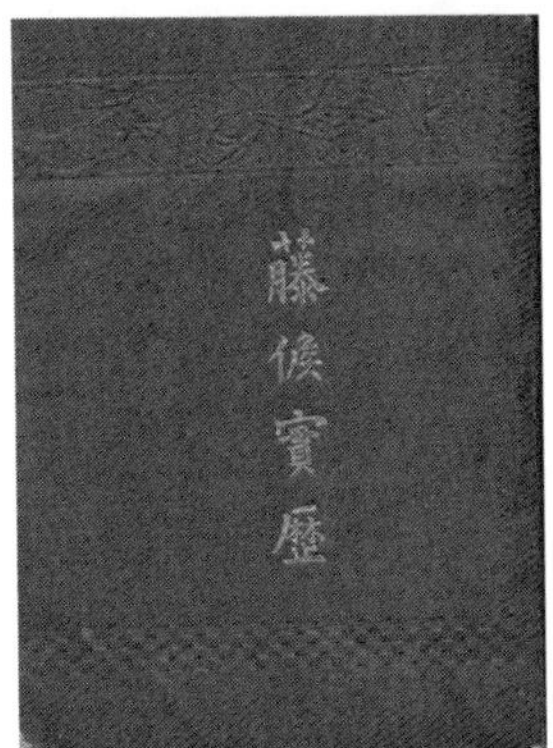

『千山萬水』明治三十二年一月三十一日
『続千山萬水』明治三十三年二月二十五日
『名流談海』明治三十二年三月二十五日
『花鳥集』明治三十二年五月五日
『耶馬渓』明治三十三年二月十日
『藤候実歴』明治三十二年十二月十九日

そのとき、経営していた『越佐毎日新聞』で六年にわたり主筆を務めていた松井広吉を引き連れてきたが、二年で辞めてしまった。別の新聞社にも籍を置いて二重に報酬を得ていたことが明るみに出たのだ。

副館主の大橋新太郎は激怒した。当時、記者が複数の出版社や新聞社に勤めるのは珍しいことではなかったが、松井は博文館の番頭的存在であり、一般社員ではない。しかも、松井が担当する『日本之時事』『日本之文華』の二誌は、発行日が遅れがちであった。創業三年目の大事な時期になにごとか、というわけである。

そもそも松井には、人を人とも思わぬ横柄さがあった。老館主・佐平にとっては、松井の横柄さも、愛すべき稚気と映っていたが、若い副館主の新太郎はそうはいかなかった。佐平が宥めたにもかかわらず、結局、松井はその年の秋に博文館を去った。

そういう苦い経験を持つ佐平は、有能なだけでなく信頼できる人材を同族に取り込む必要性を痛感していた。筆も立ち、硯友社と太いパイプを持ち、仕事が速く、苦労人で如才がない乙羽は、うってつけだった。『風俗画報』の編輯に携わってきたから、ビジュアル中心の雑誌をよく知っている。最新の写真にも興味を持っていた。経営者としても編輯者としても、最適の人材と見えた。

我、文壇を去らん哉

この章の冒頭で紹介したように、大橋乙羽は博文館に入館した翌明治二十八年、「人間僅か五十文」で始まる自嘲気味の文章「小照録」を書いた。これは、自身が校訂した『校訂 西鶴全集』の扉に掲げた西鶴辞世の句とその詞書(ことばがき)から取ったものと思われる。

人間五十年の究(きわま)り、それさへ我にはあまりたるに、ましてや
浮世の月　見過ごしにけり　末二年

西鶴がこの句を詠んで没したのは五十二歳の時だった。人生五十年の時代、晩年とされる年齢だった戯作者の心境を、まだ二十代の乙羽が共感できたとも思えない。だが、「人間僅か五十文」に続く「文を横縦十文字の罫の桝に量つて、売り食ひして居る果敢(はか)ない稼業の文学者」という、売文の徒たる自らを自嘲気味に表した一節に重ねると、この乙羽の文章は、小説家としての自分の人生に対する「辞世」ではなかったか。「小照録」で乙羽は、かつて呉服屋でソロバン片手に奉公していた時代を振り返り、もし今でもソロバンを手に商売を続けていたら、ひとかどの実業家になっていたかもしれない、と思う。そこで、「我が第二の故郷なる山形市の子弟諸君よ、諸君は決し

て文人にはなり給うな。早く前田正名[21]先生などの門に入って、大法螺、否、大商人、大工業家におなりになりなさい」と訴えている。

乙羽は、たとえ大法螺吹きと呼ばれようが、狭いサークルのなかで、文体がどうの思想がどうのと、競っているようでどこか馴れ合いたがる小説家よりも、着実に利益をあげ、大勢の人々の生活を豊かにする実業の道を選ぼうとしていた。そして、四年後の明治三十二年に刊行した『花鳥集』の凡例には「嗚呼、我将(まさ)に文壇を去らん哉」と書いた。乙羽三十歳、「脱小説家」宣言であった。「貯金文学」と揶揄(やゆ)されつつ、かつて自分が書いた小説や紀行文などを「乙羽十種」として刊行しつづけたのもまた、小説家・乙羽への「辞世」だったかもしれない。

[21] 祖田修『前田正名』(吉川弘文館、昭和六十二年)

第二章　編集プロデューサー

――樋口一葉を売り出す

『太陽』『少年世界』の創刊、そして……

明治二十七年十二月十一日、乙羽と大橋とき子との結婚式当日、乙羽は勤めていた駿河台袋町の東陽堂近くに下宿したままだった。大橋家からは、新太郎の従兄弟にあたる大野金太郎が迎えに来た。大野は佐平の妻・松子の妹の夫で、明治二十一年三月から博文館の会計と仕入係を担当していた。

几帳面な性格で知られた大野は、いちばん適切な時間を選んで迎えにいったつもりだったが、不在だった。下宿の女主人に訊ねると銭湯にいったという。なるべく清潔な姿で花嫁や婚家の前に現れたいという乙羽の気遣いだった。やがて戻ってきた乙羽に支度させ、本町一丁目の大橋邸に向かい、式を挙げた。このエピソードは、博文館の坪谷善四郎が、大野の口から直接聞いて、ヤマトヤ文具店製の原稿用紙に書きとどめた[①]。

式の翌日、乙羽は新婚旅行にも出かけず[②]、博文館編輯局に顔を出した。なぜ、それほど慌ただしく、十二月の半ばに式を挙げ、その翌日には新婚旅行にも出かけずに博文館編輯局に顔を出さざるをえなかったのか。

それには博文館の事情があった。前年、三月三十日、館主・大橋佐平が横浜を出航してシカゴ万国博覧会を見学した後、欧米の出版事情を視察して帰国したのは十一月

① 坪谷善四郎著『稿本博文館五十年史』三康図書館蔵

② 『旅行案内』(『日用百科全書』十四編・明治二十九年七月)の口絵は富岡永洗の「新婚旅行」の図で飾られている。つまり、この書は新婚旅行案内書とみることができ、当時はすでに新婚旅行はかなり普及していたようだ。

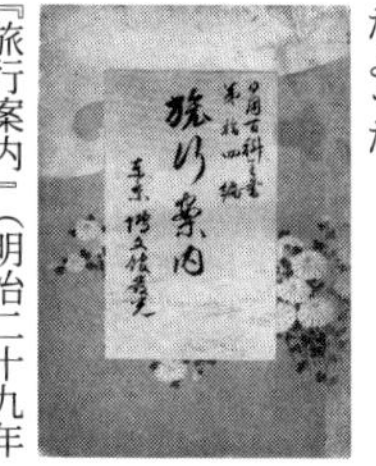

『旅行案内』(明治二十九年七月二十七日)

十四日だった。その間、編輯局の人事異動があり、局員十三名中、じつに七名が入れかわった。

明治二十六年、大橋佐平が欧米巡遊している間にこのような動きがあったこととともに、七ヵ月間のシカゴ博やヨーロッパの出版事情の見聞知から、これからは最新の技術を応用した新しい雑誌の時代がくると佐平は思い、新太郎もまたその考えだった。そのやさき、小川一真が訪ねてきて、写真銅版をすすめた。従来、人物肖像は石版が主であったので、クレヨンで描いたようにざらっとした太めの線でシャープさがない。写真がはやりだした頃で、この写真が印刷できれば人物の実在感が増す。

八月一日に日清戦争が勃発したとき、博文館はいち早く、『日清戦争実記』（八月二十五日）を創刊したが、このときの出征の陸海軍人や時局に活躍する主要人物写真を集めて、この技術で表紙を飾った。菊判百頁の本文に写真銅版口絵と戦地地図をそえた。一冊八銭、毎月三回の発行で、新聞の号外が出るごとに発売実数が増え、空前の好評を博した。[③]

一方、創業以来、発行してきた雑誌は創刊・廃刊を繰り返して二十六種にもなり、二十七年度現在も『日本大家論集』をはじめ、十二誌にもなっていた。雑誌の種類を絞って、一誌あたりの発行部数を上げて、そのぶん、価格を安くする。と同時に、新しく発行する雑誌を新聞同様、広告媒体として利用する考えにいたった。[④]

「価格は旧に比して倍々廉にし、発行の多種を求めずして断じて著作の精良なるを

③「第一篇は二十三版を重ねて三十四万冊をだし、第十三篇までに三百万冊の巨額に達した」（「太陽の発刊」『太陽』一巻一号）

④『日清戦争実記』には「本誌定価」のみ記載さ

求め、内外諸大家の寄稿につき、選択必ず精にし、取捨必ず厳にし、一意いよいよ第二維新後の文運を裨益し、兼ねて邦人の著作を海外に紹介するの道を開通せんとす。而して一方には全力を挙げて『太陽』に注ぎ、傍らこれに合併すべからざるの『少年世界』を興して、この旭日光を放つの新天地に立たん事を力む」と、自ら発行者と署名して、大橋新太郎は一千字余の発刊理由を『太陽』創刊号で述べた。

この主旨で『日本大家論集』(定価十銭)、『日本商業雑誌』(八銭)、『日本農業雑誌』(八銭)、『日本之法律』(十銭)、『婦女雑誌』(六銭)、『文藝共進会』(六銭)の六誌がまとめられ、『太陽』一誌に姿を変えた。

月一回、五日発行で定価は十五銭だった。その上、当代一流の諸名家をこの一冊に集め、そのジャンルは論説、史伝、文学、家庭、政治、法律、芸術、農業、工業、海外思想と万般にわたり、しかも、大橋新太郎がいうように「邦人の著作を海外に紹介する」ため末尾に十八頁もの英文までついていた。人物の肖像は小川一真が提案し、『日清戦争実記』で人気をとった写真製版が十頁もある。

その反響は大きく、『太陽』創刊に関する記事が出たのは二十七件もあった。そのうちの紙誌の三分の二ほどに共通する評価は「百科総覧的膨大さ」に関するものだった。

「我が国未曾有の大雑誌なり」(『都新聞』)

れていて、本文百四頁＋「博文館発兌図書総目録」六十四頁の二本立構成になっているが、『太陽』は創刊号から表紙に「本誌定価」に並んで「広告料」欄が新設。「六号活字一行(二十四字詰)二十銭」と明記。三号からは十頁にわたって、天賞堂、恵比寿ビールなどの広告が掲載されはじめた。取次は「内外通信社」。

「我邦未曾有の一大雑誌と云ふべし」（『大阪毎日新聞』）

「『太陽』は巨大なる雑誌なり、その所載の項目亦夥し」（『青年文』― 記者は田岡嶺雲）

などと続いた[⑤]。

五日発行の『太陽』に続いて、十五日に『少年世界』が刊行された。編輯人は小波だったが、彼は明治二十五年の秋、杉浦重剛から、京都の『日出新聞』が紙面大刷新するに当たって、人を探している、誰か心当たりがないかと相談された。給料は四十円だった。適当な人物がいなかったため、自分が行くことに決め、十一月十八日九時五十分の汽車で京都に向かった。このとき紅葉を初め、乙羽、柳浪、思案等が見送りに来たが、『日出新聞』にはわずか二年の在任ではやばやと退社して東京に戻ることになった。そこには大橋新太郎の強い意志が働いていた。

二十七年十月十九日、小波は「大橋より帰京を促し来る。この返事大橋および尾崎へ与ふ。二十八年の事情および家事にして来七月まで猶予の事なり」と『小波日記』[⑥]に書いている。

翌二十八年には京都で内国博覧会があり、また、日清戦争の最中で新聞社は多忙をきわめていたので、一段落つくまでは退社できる環境ではなかった。そのため、大橋と紅葉に事情を話して七月まで待ってくれと書いたが、二十一日に紅葉は再び帰京を催促し、翌日には新太郎から手紙があったので、あらためて難しいことを返事し

⑤「『太陽』創刊号の反響」大和田茂（雑誌『太陽』と国民文化の形成）

⑥『小波日記』は『巌谷小波日記（自明治二十年 至明治二十七年）翻刻と研究』（慶應義塾大学出版会）の略称

た。二十四日も紅葉から切々とした書状が届く。小波は師・紅葉の願いを断り切れず、二十七日に東京へ帰ってきた。「例の少年雑誌の件確定のため」と書いている。

すると、『少年世界』の創刊計画はこの日にはすでに社内的にも決定していたようだ。以後、二十九、三十日、新太郎と連日の打ち合わせがあり、小波はそのときの過食とストレスで翌日は腹の調子が悪く、寝込んでしまった。少し良くなったので武内桂舟と会い、表紙の打ち合わせをした。二人の間に『文藝共進会』が置かれていた。表紙は生巧館の木版画で、広げた巻物のなかに文藝共進会の題名があり、その下に硯や筆、水滴、文鎮、書籍などが描かれていた。

その表紙を指さしながら、小波が口をひらいた。

「学生には文房四宝もよいが、今は戦勝気分が欲しい。世界を一望できる地球儀をどんとおいて、その前に双眼鏡や本を置いたら、どうだろう。巻物の替わりに拡げた真つ白い扇子に「少年世界」と入れ、その背景に富士山……これからの少年たちの憧れのやうな雰囲気をだしたい」

小波がそのように強調したのには訳があった。石井研堂が編輯責任者として率いている『少国民』は表紙や口絵を特色として[⑦]、一万五千部の発行高を誇っていたから、それに勝る絵と附録で対抗する必要があった。

かくて、『少年世界』は『日本之少年』『幼年雑誌』『学生筆戦場』の三誌を合併して月二回、菊判百二十頁、定価十五銭で創刊された。執筆者も名だたる作家が並び「小

⑦「『少年世界』創刊時の視覚表現」藤本芳則（『国際児童文学館紀要 23』）

説」「史伝」「科学」の他に学校案内や遊覧案内、図書案内の欄を充実し、「春期大附録」もつけた。

この二誌に比べると『文藝倶楽部』の創刊そのものは曖昧だった。大橋新太郎が滔々と述べた『太陽』創刊宣言を読み直してみると、「全力を挙げて『太陽』に注ぎ、傍らこれに合併すべからざるの『少年世界』を興して、この旭日光を放つの新天地に立たん事を力む」とあるだけで、そこには『文藝倶楽部』の名前はなかった、というより、初めから文芸誌創刊という考えはなかったのではないか。

二十七年に出版していた雑誌を合併して新雑誌を創刊するという考えであったが、この年に出版されていたのは九誌で、そのうち六誌を『太陽』が飲み込み、残った三誌を『少年世界』が引き受けているから、もともと『文藝倶楽部』が引き受ける雑誌はなかったのだ。

小波が入館した当時、少年向け雑誌は明治十年七月から発刊されている少年少女の投稿雑誌『穎才(えいさい)新誌』があり、発行所に寄せられた投稿雑誌『少年文庫』、それに『少国民』(学齢館)などもそれぞれ根強く、息の長い支持を得ていた。

一定の支持層ははっきり見えていた。そこへ『桃太郎』を一篇として七月から毎月一冊ずつ博文館から刊行して、童話作家として人気を集めていた小波が『少年世界』の編輯人なら、との計算で大橋新太郎が入館させた。二誌の発行人は本人自ら率いて、編輯人は編輯局のトップ・坪谷善四郎であり、かたやナンバー二とはいえ人気が高くなった巖谷小波であった。

　このときの『太陽』創刊号の奥付頁には恭賀新年として館員全員の名前があり、その下に「愛読者諸君ニ謹告ス」という告知があって二誌の名前が明記してあるが、『文藝倶楽部』名も、文芸誌を暗示する言葉もなかった。

『文藝倶楽部』創刊の内実

　明治二十七、二十八年の世相は日清戦争に目が奪われ、文芸誌を創刊するような環境ではなく、いわば「文界の冬」[⑧]状態だった。

　かつて、大手出版社が文芸誌でしのぎを削っていた時期があった。明治二十一年十月、金港堂が『都之花』を立ち上げたのに続いて、翌十一月には春陽堂が『小説萃錦（すいきん）』を創刊、さらに十二月には博文館が『やまと錦』を創刊した。春陽堂は編輯部に同好会を置いて明治二十二年一月、『新小説』（第一期）をだした。

　それに危機感を強めた創業間もない博文館は、『やまと錦』と『日本之女学』を合併して『日本之文華』と改題、大橋新太郎とともに長岡から上京してきた松井広吉を編輯人として、明治二十三年一月に創刊したものの、一年しか持たなかった。

　『新小説』は半年前に休刊していて、『都之花』一誌が一人勝ちとなっていたが、それも百九号（明治二十六年六月）で「当分休刊」と広告したまま終わった。いまや、

⑧『青年文』一巻一号（明治二十八年）少年園

三社は文芸誌においては休眠状態となっていた。

このような時期に、再び文芸誌を創刊できるかどうか、博文館内部でも話題にならぬまま明治二十七年の暮れに近づいていた。渡部又太郎が博文館編輯局に顔を出したのは小波の入館より一ヵ月半ほど遅れていた。乙羽の入館で文芸誌の創刊が唐突にわき上がってきたのだろうか。ここには尾崎紅葉の思惑が隠されていたようだ。

『太陽』の創刊宣言でも、『太陽』『少年世界』の名前があるだけで、広告でもこの二誌が従来刊行していた諸雑誌を引き継ぎ、愛読者の払い込み前金のほうはそれぞれ代用配達をするゆえ、ご承知くだされたしと、創刊号で広告をだしている。

この広告出稿時にはまだ乙羽の入館も文芸誌の創刊も決まっていなかった、と見てよい。広告では『文藝共進会』は『太陽』に合併されていたのに、なぜ、いまになって、この一誌だけがまた外されたのか。

小波、乙羽の入館に尾崎紅葉の舞台裏での働きがあった。紅葉は大橋新太郎とは肌が合わなかったが、二人の硯友社同人を入館させることに協力したのは、二十四年八月に終わった吉岡書籍店の『新著百種』に続く、硯友社同人発表の場を模索していたからと考えられる。

明治二十四年六月創刊された『千紫万紅』は、発行所の盛春社をはじめ水蔭方に置いていたが、ついで思案方、紅葉宅に移されていることからもわかるように硯友社系の雑誌[9]だった。しかしその雑誌生命は短く、明治二十五年四月、九号で終わっている。

⑨『明治の文芸雑誌——その軌跡を辿る』杉本邦子、明治書院

明治二十五年十一月に江見忠功（水蔭）が発行者兼編輯者として自宅で興した江水社[⑩]から『小桜緘』をだしたが、五十頁の小冊子で田山花袋と水蔭の小説二本だけだった。山岸藪鶯の『東京文学』もこの年の二月に創刊されたが、六月に四号で消え、これも短命に終わった。

紅葉は次の硯友社の雑誌発行をもくろんでいたが、今までの経験で資力のない個人雑誌では長続きしないことを身を以て体験していた。ここは博文館の力を借りるしかない。さいわい『少年世界』の発行計画で京都にいる小波に白羽の矢がたった。京都『日出新聞』にいる小波を度重なる説得で上京させ、入館歓迎会でも紅葉自ら幹事となった。乙羽の仲人をつとめ、入館にも一働きした。大橋新太郎と尾崎紅葉のそれぞれの思惑が一致した。残るは文芸雑誌の創刊であった。

一度、『太陽』に合併された雑誌『文藝共進会』を外して、それに雑誌ではないが、定期的に発行していた『明治文庫』『春夏秋冬』を加えたらどうか、という構想だった。『明治文庫』は正しくは『短編小説 明治文庫』で、第一編（明治二十六年十月）が巌谷漣山人（小波）の「風流辻占飴」をはじめ、八編が収められ、第二編は眉山、思案、柳浪、水蔭の各短編が、第三編は水蔭の十四編が続く。そして、第九編には渡部乙羽の十一編となっていて、いわば硯友社同人の発表文庫の観があった。その『明治文庫』も明治二十七年十一月に十八編で終了している。この時期に終了しているのも、新雑誌への移行を前提にしているのが透けて見える。

⑩ 江水社の発行所は東京市牛込区北町四十一番地で水蔭の住所と同じ

硯友社系の雑誌を創刊しようという大まかな計画ではあったが、慌ただしく立ち上げたので、一月創刊号の『太陽』広告出稿時に『文藝倶楽部』の広告は間に合わなかった。すべてが入館したばかりの大橋乙羽に丸投げされた。

新しく創刊された『文藝倶楽部』の編輯人は入館してまだ二年もたっていない宮澤春文で、編輯局に九名いるなかで席順からいえば七番目の男であったし、発行者は編輯局から人事異動で営業に移った堀野賢龍だった。営業では六番目の席にいた。乙羽は大橋一族にあって、表面には出ていなかった。

このような社内環境は先行二誌と比べて力の入れ方に雲泥の差があった。その不満の表れが、『文藝倶楽部』創刊号の冒頭にある石橋思案と巌谷漣(小波)による有名な「文藝倶楽部略則」となった。

『文藝倶楽部』第一編をひもとくとその扉には「文藝倶楽部略則」があり、第一條の名称から第七條の退会までの戯文が掲載されている。記した人は「大日本文藝倶楽部名誉書記　思案外史」で、書記の正確なるのを保証した人は「名誉幹事　漣山人」とある。

名称

第一條　本会は単に文藝倶楽部といへど、一名誰でもおよみん会ともいふ、幹事私に名けて、たんと買つておくれん会と曰ふ、実は明治文庫、春夏秋冬、世界文

庫、逸話文庫、文藝共進会の、茲に大同団結なせるものなり、

目的

第二条　河海は細流を撰ばず、雑魚是魚混合、苟も文芸と名くるものは、悉く網羅す。ウフ……、諸事分業の御時世、そんな事がと疑ふものは、最寄りの勧工場に散歩を試む可し。

第三条（以下略）

この第一、二条の戯文は次のように読み替えることもできる。

この雑誌は『文藝倶楽部』という名称だが、別名、硯友社同人たちの集まりで、「おくれよみん会」といっている。幹事が密かに思っていることだが、先行二誌に「おくれ」て文芸誌を創刊することにあいなった。

しかし、この雑誌の目的は『太陽』のように「諸大家の寄稿につき、選択必ず精にし、取捨必ず厳に」することなく、「雑魚是魚混合、苟も文芸と名くるものは、悉く網羅す」といい、ウフ……と石橋思案、巌谷漣が顔を見合わせて含み笑いしている顔が想像できる。

では、そのように密かに思いのうちを漏らしたのは誰か。漣は名誉幹事であるし、

思案は名誉書記であったので、実質の幹事は乙羽その人である。

すでに、『太陽』一号は大成功だった。その広告頁に『文藝倶楽部』創刊号は一月十五日に発売されると予告されていた。

ウフ……と笑ったものの、編輯人宮澤春文は入社二年生。乙羽だって新聞社、雑誌社につとめて文章は書いているものの、原稿書きと原稿依頼などの一人何役かは荷が重すぎる。頼るのは紅葉と硯友社同人、それに『都之花』に連載していたときにつきあっていた作家ぐらいだった。誰に執筆を頼むか。まず、紅葉と小波の意見を聞こう。『春夏秋冬』に毎号書いていた筆力のある川上眉山、それに三編の『はつ雁』に「不具者」をかいた小杉草秀（天外）の「どろどろ姫」は今手元にあるから、紅葉閲として掲載したらどうか……。ただ、『文藝倶楽部』と名付けたからには硯友社同人雑誌となってはまずい。このあたりは乙羽のバランス感覚が働いていた。乙羽は『都之花』が廃刊となり作家たちの原稿の持って行き所がないことを知っていたし、『少年世界』創刊号にも書いている渡辺霞亭からは「古榎」をもらった。さらに旧知の宮井安吉（卯の花奄主人）に頼んでスティーブンソン原作の「たから島」抄訳を依頼した。雑録には乙羽生「新宝船の説」と二橋生「義士の打揚」の二本を書き、詞筵の頁は『文藝共進会』の田沢きん子の応援を頼んだ。

これで、一応、雑誌の形式をとれるだけの原稿の目安がついたが、まだ、何かたりない。

極彩色の木版口絵

——何かこれまでの文芸誌とは違う、新しい売り物はないか。

乙羽は思案した。

頭のなかには前の年の一月、春陽堂が巌谷小波、幸田露伴、石橋思案、ちぬの浦浪六、それに歌舞伎俳優の市川新蔵ら十名の作家の短編を集めて刊行した百七十頁ばかりの薄い『学園花壇』があった。乙羽も短編「高利貸」を書いたが、その表紙には丹頂鶴が五、六羽描かれ、表紙を開くと売花翁のはしがきがあり、次いで正月飾りのある居間で狆（ちん）を抱いた若奥様が背を向けて、屏風をうっとり眺めている見開き木版画があった。屏風にはひらひら舞い落ちる扇子が描かれ、その扇子には作者と小説の題名がそれぞれ書かれていて、目次となっていた。いかにも春陽堂らしい工夫を凝らした趣向だった。

そういえば、博文館が刊行している季刊雑誌『春夏秋冬』の創刊号は、甲午（きのえうま）の新春（明治二十七年）にふさわしい、甲冑武者の大首絵を描いた凧が、遥か下界の上野競馬場とおぼしきところを走る競べ馬を見下ろしている派手な表紙が印象に残っていた。表紙をめくると武内桂舟筆の口絵が続いていた。赤い母衣（ほろ）を背につけた若武者、シルクハットに葉巻をくわえた男、烏帽子（えぼし）に鞭を持った男、あれ、むさ苦しい男に混じって、紅一点が人力車にのっている。五頭の馬と人力車が今にも飛び出そうという図だった。源悪太郎、今おとなびて尾崎紅葉と名乗る男がけしかけていた。

当時、他社から定期刊行されている文芸雑誌は、墨一色の印刷がほとんどである。白黒の挿絵が添えられているだけで、色彩や華やかさに乏しい。大手出版社・金港堂から刊行され、他誌を廃刊に追い込んだ『都之花』さえそうだった。

そうだ、『文藝倶楽部』は色刷りの口絵を毎回掲載してそれを売り物にしよう。少年時代から絵が好きで、画家になろうと思っていたこともあり、つい数ヵ月前まで『風俗画報』にいた乙羽らしい思いつきだった。

表紙の絵は紺色の絵の具を刷毛でさーっと横に払っただけの単純な意匠にした。口絵にはこの年、編輯局員となった武内鉦平(しんぺい)こと桂舟に、眉山の「大さかずき」の絵を描いて貰った。木版極彩色刷の口絵で、上質な和紙に、男が酔っ払って、狒々(ひひ)倒しと銘のある酒樽を枕に裸で寝ている姿を、丸枠の中から娘が見下ろしているという、読者の目を引く構図だった。

『文藝倶楽部』は『太陽』と同様、従来の文芸誌と比べ二百五十頁と分厚かった。その割に十五銭と安く、豪華な口絵も付されていてお得感が強い。売れ行きは好評で初版四千部[11]だったが、『太陽』『少年世界』の五万部に比べ十分の一にもたらなかった。しかし、木版口絵をつけたことで『文藝倶楽部』に色づきおん柱が建った。

⑪「明治期博文館の主要雑誌発行部数」浅岡邦雄(『明治の出版文化』臨川書店)

以後、この木版極彩色口絵は、大正三年（一九一四）二十巻八号の近藤紫雲画「五月女」まで十九年にわたって続き、総数は二百九十五枚。[12] 作家別で見ると、一番多かったのは武内桂舟の六十四枚、続いて、水野年方の五十二枚、梶田半古の二十九枚と三人で全口絵の半数を描いた。富岡永洗二十八枚、鏑木清方十七枚、鈴木華邨十七枚と続く。乙羽が『風俗画報』時代に知り合い、同じ下宿で共同生活をしていた寺崎広業も十三枚描いている。

『文藝倶楽部』二編からは、口絵に写真も加わった。鹿島清兵衛が経営する玄鹿館から借りた「擬雁金五人男」と題する写真を載せた。当時、東京で評判の芸者五人が番傘をさして見得を切っている。江戸時代、大坂を荒らした雁金文七（かりがねぶんしち）一味五人を題材にした歌舞伎が評判になっていた。「男殺し五人娘」といった趣向で、人気一番だった玉野屋ぽん太。十六の初花ながら踊り、長唄、琴、下方（囃子方）、生け花に一流の師匠がついて芸に磨きをかけていた。二番人気は細身の小松屋おゑん。「引手数多（あまた）子」と評判の十七の真っ盛りだった。

清方が紅葉に「金色夜叉」にえがいていた宮のイメージを聞いたところ、「姿はお艶に、顔はぽんた」に、と誂らえたという（泉鏡花「『金色夜叉』小解」）。

⑫『文藝倶楽部』口絵総目録（山田奈々子『浮世絵芸術』一四四号）

『文藝倶楽部』への評価

『文藝倶楽部』の一編は予定の一月二十日をずれて、二月に入って発行できた。毎月二十日の発行日に近づけるよう、乙羽は執筆者の手配と原稿催促にも気を配っていたため、小説を書く時間さえなかった。続く二編で、小説「女画師」と雑録「学者と役者」を書いた。

漣山人が「色風琴」で応援してくれ、田山花袋も「山家水」を書いた。南翠も一編に続いて寄稿してくれ、『文藝共進会』で活躍していた浦浪太夫は写真「擬雁金五人男」の雑録を書いて調子を上げてくれた。浦浪は四編に小説「髑髏盃」を寄せたが、のち、消えた。「跛娘」くれかし、「榎長者」柴田千稲子、「花笠奴」浜太郎などの名があるが、彼らも以降名前を見ない。

三編も乙羽は「赤十字」と二橋生「世話女房」の小説二本を書き、写真と雑報で誌面を埋め合わせた。思案も「新作二時」と雑録「都々逸文学講義」を書いた。「新作二時」の木版極彩色口絵は水野年方であった。この三編から乙羽は自分が撮った写真を載せて解説を書き、また、美人の芸者写真を掲載するようになり、表紙絵も変えて『文藝倶楽部』の方向がようやく決まりかけてきた。

一ヵ月前に『日用百科全書』の編輯に従事するため、紅葉宅から戸崎町の新居二階へ引っ越してきたばかりの泉鏡花が、畠芋之助の名で「妖怪年代記」の連載を始め、小説「夜行巡査」は紅葉がつけた鏡花の名で発表した。

発行日もようやく三月二十五日まで近づけることができ、四編でやっと予定の二十日発売にたどり着けそうだ。

創刊号で募集した会員はわずか三名であったが、三編では三十五名となり、「発兌日の早朝よりわれもわれもと詰寄するもの」が来るようになった。

三編の初版が一万五千五百部[13]と部数も伸び、発行日も予定に近づくことができた。そんな気分のよい春うららかなひととき、乙羽は一息ついて手許にあった薄い雑誌を手にした。縦半分白黒となっている表紙の黒い部分に白抜きで『文學界』とあるだけの薄い、定価六銭の雑誌だった。

いってみれば同人雑誌に近く、あえて広告出稿するほどの媒体でもなかったが、広告を掲載すれば「時文」で創刊紹介を大きく取り上げてくれるかもしれない、と期待するところがあった。一月三十日発行の二十五号裏表紙の半頁に『文藝倶楽部』創刊号の広告を、二十六号にも四分の一ではあるが博文館の『気質全集』の広告をだしていた。新聞でも広告を出稿すれば関連の雑報記事ぐらい書いてくれるのがあたりまえの時代であった。

ところが、いま手にしている二十六号の「時文」には『文藝倶楽部』の記事はわずか七行で済まされていた。二十五号に大きく取り上げられた『太陽』『少年世界』の

⑬ 前掲「明治期博文館の主要雑誌発行部数」

紹介記事に較べると、あまりにも扱いが小さい。しかも、紹介文が気になる。

　思案外史これが書記にして小波山人幹事たり。眉山人の大さかずきは言文一致なれど頓作にはあらざるべし。（略）其他は霞亭主人の古榎、小杉草秀のどろどろ姫、南翠の磐桃海鶴、卯の花菴のたから島など、中には新聞にて一度見かけたるものもあるべし。倶楽部のおもしろきは却て雑録、詞筵（しえん）、雑報にあり、文人逸話に大家は松葉一人の如き一笑の種といふべし。桂舟が極彩色の挿画をも添へ、一冊十五銭とは出版社会恐くは博文館に敵するものなかるべし。

『文藝倶楽部』から肝心の「文芸」を省いてしまって「倶楽部のおもしろきは却て雑録、詞筵、雑報にあり」とあるのは乙羽としては聞き捨てならぬことだった。それに、三月十日に『青年文』の一巻二号が出た。表紙に『青年文』と袋文字で書いただけの題名と目次が並ぶこれも貧弱な雑誌であったが、「時文」には次のような記事が目についた。

　名からして既に博文館のものなり、中身も矢張博文館のものなり、（中略）この書は実に文界の勧工場なるべし、小説もあり、詞筵もあり、雑録も、雑報もあり、何でもござれの八百屋主義、紙数が二百五十頁近く、これで定価が十五銭とは駭（おどろ）

くべき安価なるかな。されどもこの二百五十頁中我慢して読めるのが何頁ぞ、勧工場仕入れだけありて見答へのするものはなし、中に古物さへ交りたれば、差引勘定あまり御安直のものにもあらず、安からう、悪からう[14]（略）

『青年文』の発行元は博文館を目の敵にしている少年園発行だから、やむを得ぬか、と思ったものの、二誌とも「古物さへ交」じっているとか「一度見かけたるものもあるべし」と指摘されてはたとえ急場しのぎでも編輯責任者としては立つ瀬がない。たしかに、「どろどろ姫」は半年ほど前に『小日本』に撫浪漁史の名で草秀が掲載した作品だった。自分が一番切実に感じていることを指摘されたので、恥じ入るばかりだ。硯友社以外の新しい書き手が欲しい、という思いが一層つのってきた。

『青年文』で「『文藝倶楽部』名からして既に博文館のものなり、中身も矢張博文館のものなり」と非難してあった対向頁には一葉女史の紹介記事があった。

それには十二月の『文學界』に発表された「大つごもり」と、未完なれどと断り書きして「たけ競[15]」が紹介され、「元禄体の軽妙たる語調に、さすがは女の、緻細なる観察を写されて、時にいま一息と思はるる節なきにあらねど、何にしても近来の傑作中に数ふべし」とあった。

⑭『青年文』一巻二号（明治二十八年三月十日）少年園

⑮『青年文』一巻二号に「たけ競」との表記があるためあえて漢字表記とした。『文學界』二十五号（明治二十八年一月三十日）には「たけくらべ」とある。

樋口一葉への手紙

『文學界』二十六号には一葉の「たけくらべ」其の二が掲載されていて、子どもたちが心待ちにしていた年に一度の千束神社祭礼の日の出来事が書かれていた。有名な幻灯会の場面である。

「たけくらべ」の連載はまだ二回目でこれからどのような展開を見せるかわからなかったし、仲間内の評判も今ひとつであった。乙羽が『都之花』百二号（明治二十六年三月五日）から「当世錦の裏」を連載したが、その前の百一号に藤蔭が「女子にまれな一葉（ひとは）とは」と売り出し口上で紹介している一葉女史の「暁月夜」に比べて一段と成長していた。第一、文章が何よりもよい。口ずさんでみると、まるで歌を詠んでいるようなリズムがある。かつて乙羽は『露小袖』を書いたとき、浅草観音に咲く牡丹の花と蝶の描写をしつこく書きすぎて「その文浮華に失し」ていると批判されたが、一葉の文章には調子があって心地よい。つい、声を出して読んでみた。

> 大鈴小鈴背中にがらつかせて、駆け出す足袋はだしの勇ましく可笑し、群れを離れて田中の正太が赤筋入りの印半天、色白の首筋に紺の腹がけ、さりとは見なれぬ扮粧（いでたち）とおもふに、しごいて締めし帯の水浅黄も、見よや縮緬の上染（じょうぞめ）、襟の印

の染揚(あが)りも際だちて、うしろ鉢巻きに山車(だし)の花一枝……

そういえば、老館主佐平は上京したときから、かねて、女子教育が盛んになることを察して、『日本大家論集』に続いていち早く『日本之女学』を創刊したし、去年までは『婦女雑誌』も出していた。そうだ、女流……小説家、一葉がいい……。同人雑誌とはいえ『文學界』には毎号書いていて、筆力がある。

「一葉に小説を頼もう」

そう思った乙羽の頭に『都之花』の発行編輯人であった藤本真の名前が浮かんだ。藤本は藤蔭隠士の名で五号（明治二十一年十二月十六日）に「藤の一本」を書いて以来の常連で、三十九号からは香亭中根淑にかわって発行人となっていた。乙羽はこの『都之花』に「破色紙」「捨身経」「かたみ薄」「小夜衣」「当世錦の裏」など五編を連載してきたので、藤蔭[16]とは顔見知りで、彼から一葉の噂を聞いていた。一葉は九十五号から三回にわたって「うもれ木」を連載、続いて百一号に「暁月夜」が掲載され、藤蔭から原稿料十一円四十銭を受けとってる。一枚三十銭の勘定だった。

もう一人、一葉の師・半井桃水(なからい)にも彼女の紹介を頼み、原稿依頼の手紙を書いた。「本郷区丸山福山町四番地の樋口一葉様　御願用」と書き、二銭切手を貼った。封筒裏には「東京日本橋区本町三丁目　博文館　大橋乙羽庵　拝」と書いて投函した。[17]

⑯藤本藤蔭は明治三十三年に博文館編輯局員となる。

⑰『樋口一葉来簡集』二四〇頁　筑摩書房

謹啓一書候

未だ御目もじはつかまつらず候へども、御高名は諸雑誌にても承知つかまつり、かねては半井桃水、藤本藤蔭両名よりも承り、敬慕この事にござ候。就て御住所をも半井君より伝へうけたまはり、突然ながら御願ひ申し上げ候。御存じも候らはんか、当館より文藝倶楽部といふ小説、否、文学雑誌発行し、すでに三号まで出版つかまつり候が、二三十枚の短篇小説、一篇是非頂戴つかまつりたく、御閑もあらせられずとは存じ候へども、其内にてよろしく候間、是非是非、御寄稿願ひ上げ候。御謝儀は御満足とはまゐらず候なれど、御労力に酬ひ奉るべきだけの事は屹度つかまつるべく候間、何分御願ひ申し上げ候。まづは用向のみ申し上げ候。

敬具

まだ、お目にかかっていないがお名前は諸雑誌にて知っていたと、書いているが、実は先ほどふれたように乙羽と一葉は近い位置にあった。『都之花』の同じ号に二人の名前が並ぶことはなかったが、百一号に「暁月夜」が、百二号から百八号まで乙羽の「当世錦の裏」が連載されているから、一葉は自分の名前を知っているはずだと、思っていた。したがって、一葉宛の手紙は編輯者・大橋又太郎の名前ではなく、小説家・大橋乙羽の名で差し出したのだった。

丸山福山町に一葉を訪ねる

手紙を出した次の日曜日、乙羽は小石川戸崎町六十一番地の家をでて、本郷区丸山福山町四番地の一葉宅を訪ねた。家からは東南に向かって直線距離にして六、七百メートルほどの距離で、歩いても十五分ぐらいの近さだ。

一葉は愛想のよい笑顔を見せて現れた。聡明そうな黒目がちの顔立ちをしていて、縮れた薄い髪の毛を銀杏返しに結っていた。乙羽はあらためて挨拶をした後、『都之花』の休刊のことや藤本藤蔭の噂、それに、昨日発売になったばかりの『文學界』二十七号の「たけくらべ」や、『毎日新聞』掲載の「軒もる月」などを褒めた。ついで、「ああいう作品を、私どもの雑誌に書いていただきたい」と依頼した。

一葉は去年の五月一日に下谷竜泉寺の荒物駄菓子屋をたたんで、ここを三円で借りて移り住んでもう一年近くにもなる。経済的にはどん底で、米櫃には一粒の米もなく、金の入るあてなどもなくて、今日一日をどのように過ごしたらよいのか、途方に暮れていたときだった。母親や妹を養うためなら、売文の徒と呼ばれても我慢しよう。ひねり出した歌を短冊に書いて軒先に並べて売ってもいい。誰か、私の文章を高いお金で買って欲しい……。そんな心境だった一葉の前に、大橋乙羽が現れたのだ。

乙羽の依頼を受けて、一葉は「たけくらべ」を中断して、原稿料をすぐ払ってくれると言った乙羽の依頼に応えた。

　ちょうどこの時期、京都で第四回内国勧業博覧会が七月まで開催されていて、一種の旅行熱がもりあがっていた。「新婚旅行」という言葉も流行りだしていた。

　乙羽は旅行好きだった。一葉の故郷が山梨・塩山（えんざん）と聞いていたので、持参してきた野崎左文著の一冊を見せた。『日本名勝地誌 三編』で現在好評発売中のシリーズ「東海道之部 下」だった。一頁目から甲斐国の紹介が始まり、その六頁目には日本三奇橋の一つ、猿橋の西洋木版細密画があった。さすが、生巧館の彫ったもので、見事な出来映えだった。溶岩を浸食した深い谷間を流れる水面から見上げた猿橋は両岸の断崖絶壁にかかって、空高く小さく見える。

　一葉は目を見張った。散歩がてら、妹とよくでかけるお茶の水の橋とは全く違う造りと風景に驚いたようだ。

「故郷への道にはこんな珍しい橋や歌枕で有名な差出の磯や塩の山、それに、『古事記』に日本武尊が休息をとったという酒折宮など、いろいろな名勝地がありますね。汽車で旅行に出かける時代になってきたので、なにか、いまふうの道行きを書くのも面白いかもしれません」

　乙羽は、さりげなくアドバイスした。

　乙羽の楽しげな話を聞きながら一葉は乙羽に好感を持った。今まで交流のあったどの人とも違う爽やかさを持っていた。それ以上に、売文で生活できる確かな手応えを感じた。

一葉は、執筆を承諾した。乙羽は礼を述べた後、他にもお願いがあるのです、と続けた。

そのとき、乙羽は『日用百科全書』という、日常的な社交上のきまりや手紙の書き方、育児、料理、旅行など生活に役立つ実用書を計画していた。その第一編は『和洋礼式』と決まっていた。その編輯作業のため尾崎紅葉宅にいた泉鏡太郎という男を自宅に引き取って準備を整えたところだったが、巻頭に掲載する題字や短歌、序文を書いてくれる上層階級の人を探していた。当時としては、本の箔付けによく使われた手法で、皇族や華族、軍高官が好まれた。

『和洋礼式』だから、できれば名流の婦人が好ましい。一葉が通う中島歌子（一八四五〜一九〇三）が主宰する「萩の舎」は上流階級の令嬢が多く、特に鍋島侯爵夫人と懇意と聞いていた。『和洋礼式』に歌などお寄せいただけるよう、取り持っていただけませんか、と頼む乙羽に、一葉は、私でお役にたてるなら喜んで、と承知した。

「もう一つお願いしたいことがあるのですが」と乙羽はさらに付け加えた。

第一編『和洋礼式』のあと、シリーズとして毎月一冊ずつ出していく予定になっていて、十一編は『旅行案内』、十二編に『通俗書簡文』を予定しているが、これを執筆してもらいたいと付け加えた。一葉の「軒もる月」（いまは職工の妻となっている主人公のお袖が夫の帰りが遅いとき、ふと、かつて小間使いとして奉公していた殿に寵愛を受けていたことを思い出して、今まで、殿から来た封も切らずに葛籠の底に隠していた十二通の手紙を読んで心が揺れる）を読んで、手紙がどれだけ人の気持ちを動かしたりするかということがよくわかったこと、そこで、今計画している『通俗書簡文』にあの小説の中の文面を例文として、いろいろ書いてもらいたい、と依頼した。

あれは小説ですから、と答える一葉を、手紙文が小説になれば「手紙文学」[18]として、それはそれで面白くなると説得する。

乙羽は、体裁を二百三十～四十頁前後にしたいこと、本文は上下二段に分け、本文は一葉による四季のお見舞い便りと、そのお返しの返事などを入れ、上欄には書簡文の効用、組み立て法などを入れたいと思いを語った。

⑱ 明治三十七年三月、『手紙雑誌』が有楽社から創刊。続いて、十月に『ハガキ文学』が創刊される。主幹の大橋（森垣）光吉は博進社印刷工場に勤務しながら、日本葉書協会を設立して、雑誌を発行する。

一葉、『太陽』に登場

乙羽が一葉に初めて出した手紙は三月二十九日の金曜日であったが、なぜか、「(日)」と書き込んでいた。十日余り経った頃、一葉から「ゆく雲」の粗筋が届いた。

乙羽は四月十一日にお礼の返事を書いて、封筒の表書きに「至急」と付け加えた。粗筋を画家・水野年方に渡して、すでに下絵はできあがり、今は彫師のほうへ回した、と報告をして、原稿の進み具合はいかがですか。大至急、ご送付ください、という内容だった。

一葉は粗筋を送った二日後にはもう作品として完成させて日本橋本町の博文館宛に送っていた。乙羽はなぜ、急に原稿を急がせたのか。

この小説は初め、『文藝倶楽部』に掲載する予定で原稿を依頼していた。ところが、五月五日発売の『太陽』五号に掲載する小説は塚原蓼洲(りょうしゅう)の「他流試合」一本しか決まっていなかった。『太陽』は創刊号から小説を二本載せることになっていたが、四号の広告入稿時にはまだ次号掲載の小説が決まっておらず、「他流試合」しか予告できなかった。編輯人の坪谷善四郎に相談を持ちかけられた大橋新太郎は乙羽に相談した。

乙羽は『文藝倶楽部』四編に掲載しようと頼んだ一葉女史の粗筋原稿が手許にあり、すばらしい文章で将来有望なので、大々的に紹介したいと強く推薦する。

だが、編輯人の坪谷はためらった。『太陽』は十万部の発行部数で出発し、号を重ねるごとに販売部数を伸ばしていた。登場する書き手は「当代第一流の諸名家にのみ執筆寄稿の労を請い」とある。『文藝倶楽部』とは格が違うと言いたげな坪谷に、乙羽は言葉を重ねた。

『太陽』一二号に掲載した花圃女史が激賞している新人であること、五月は小松宮頼子殿下、伏見宮利子女王殿下、閑院宮智恵子殿下といった、女性皇族の銅版写真が口絵を飾るので、同じ号に、女流作者を登場させるのがふさわしいと力説した。

さらに、こんどの号には「京都新案内記」や「汽車旅行」の記事も掲載されることを挙げて、一葉の「ゆく雲」は旅行小説だといいながら、山梨の酒造家の養子・桂次と、桂次の下宿先の娘・お縫の恋物語で、手紙が重要な役割を果たしている、とその概略を話した。主人公が故郷へ帰っていくところがまるで名所案内道中記となっているところも忘れず強調した。

結局、これから汽車の時代で、名所案内が売れはじめていること、『通俗書簡文』の宣伝ともなることを理解した新太郎の一言で掲載が決まった。乙羽が「大至急」と原稿を急がせた裏側には編輯局内で、このようなやりとりがあったのではないかと推測される。

一部の人には知られているものの、いまだ世間には無名に近い新人、一葉の作品がこの五号のいわば檜舞台に掲載され、一躍世間の注目を浴びた。『太陽』[19]に掲載された一葉の略伝を乙羽は次のように書いた。

記者曰、一葉女史樋口夏子の君は明治五年をもて東京に生れ、久しく中島歌子女史を師として今尚歌文を学ばるゝ傍、武蔵野、都之花、文學界等の諸雑誌に新作の小説を多く見えぬ

⑲『太陽』一巻五号（明治二十八年五月五日）に掲載された「ゆく雲」と水野年方の絵

その反響はすぐに身近なところからわき上がってきた。七日の夕方、『文學界』同人の馬場孤蝶と平田禿木がはじめて上田敏を連れて丸山福山町の一葉の家を訪れた。三人は一葉が取り寄せた寿司を囲んで、酒もないのに酔ったように笑い、語り合った。三人が帰っていったのは夜の十時近かった。

上流階級に近い人々が歌を習いに来る萩の舎の稽古日の十一日、この日は二十名ほど出席していたが、この号の『太陽』を持ってきた人がいて、話題になっていた。

『文藝倶楽部』第十二編臨時増刊『閨秀小説』——花といふ花をあつめし

「ゆく雲」が『太陽』に掲載されたのち、乙羽と一葉の接触は濃密になっていく。一週間後、『和洋礼式』の巻頭を飾る前田侯の書が郵便で中島歌子から届く。受け取った一葉はすぐに乙羽宛に車夫を走らせて届けた。ところが、乙羽は日曜出勤で留守であったため、家人が状箱だけを受け取った。

翌朝、乙羽は一葉に昨日の礼の手紙を書き、二十三日には刷り上がったばかりの『和洋礼式』を献本した。一葉は翌二十四日早朝、出勤前の乙羽宅を訪ねた。乙羽は「何かふるきものにてもよきが」と原稿を依頼して、家を出た。その後しばらく一葉はとき子[20]と話し込んで、家にかえり、原稿の依頼があったことを母親と妹・くにに話すと、

⑳「水の上」日記、五月二十四日に「早朝大橋君のもとを訪ふ　はじめて妻なる人にあふ」とあって、こ

「これで、月末を乗り越えることができる」と、胸をなで下ろす。

翌日の土曜日、一葉はかつて春日野しか子という名前で『甲陽新報』に発表していた「経つくゑ」に手を加えて乙羽に送り、『文藝倶楽部』六編に掲載された。二十八日にはとき子が和歌の弟子入りのため一葉を訪問している。

三十一日に原稿料が届いた。一葉は翌日の稽古に着ていく着物がなかったので、午後、母とくにがその原稿料で浴衣を買いに出かけた。

五月は無事に過ごすことができたが、六月は原稿が仕上がらず、その上、亡父則義の七年忌が近づいてきたため、一葉は七月七日の日曜日、乙羽を休日に訪ねたが、来客があったため切り出せずに、とき子としばらく話して帰った。帰ってすぐに、とき子に手紙を書き、先ほどお耳に入れた亡父の七年忌のこともあり、お店から三十円ばかり、拝借のほど、旦那様へよろしくお取りはからい願いたいと訴えた。

こうして大橋家を訪れては話し込んでいる間に一葉ととき子は次第に親しくなり、一葉はさまざまな相談事を持ちこんでいたようだ。二人の間に交わされた手紙にもその間の事情が窺える。新太郎の意を汲み、また乙羽を扶けて一葉の面倒を見たのはとき子であった。一葉の入院、そして葬式の世話をしたのもまたとき子である。一葉だけでなく、不遇の作家たちを陰で支え続けてもいた。とき子は表舞台にでることはなかったが、このころの文壇に果たした功績はきわめて大きなものがある。

とき子からその話を聞いた乙羽は翌日、出勤して新太郎に相談したところ、相手は

の日に一葉は乙羽の妻とき子とはじめて会ったと、書いている。ところが、泉鏡花によると『文藝倶楽部』四月号に処女作「夜行巡査」を発表して七、八日経ったころ、当時、住み込んでいた乙羽の家の奥廊下でとき子と顔を見合わせたときに「私はね、今少し用があって、一葉さんの処へ行ってきましたが、それ（注「夜行巡査」）を見て近頃にない大変面白いと思って読みましたって、お夏さんが賞めてましたよ」といわれたと「処女作談」にある。これによると、とき子は五月上旬あたりに、一葉の家に何かの用事で出かけて、一葉に会っていることになる。五月十三日の朝十時ごろ、乙羽は一葉のところへ使いを出して手紙を届けているから、手紙を持っていった人はとき子で「夜行巡査」の批評を聞いたのはその時か。あるいは鏡花の記憶違いかもしれない。

作家なのだから、ただお貸しするのではなく、何か原稿を頂戴してその原稿料ということにしてはどうか、という意見だった。その旨の手紙を書き、書きかけの原稿なり、旧作などお取り置きがあれば手紙を持参した者に、お渡しくだされば金子は直ちに調達できるかと思いますとしたためた。

八月三十一日、乙羽は新太郎の長男を連れて、伊豆へ避暑に出かけていたが、この日の夜、帰ってくると、一葉からの原稿が届いていた。翌日、新太郎に見せたところ、是非頂戴したいとのこと、謝儀は十五円でいかがですか、ご一報いただければ原稿料は直ちにお届けしますと、夜、会社から一葉宛に手紙を書いた。

九月二十日『文藝倶楽部』九編に「にごりえ」が掲載された。その数日前に「十三夜」を脱稿[21]していたと思われるのに、十月、十一月発行の『文藝倶楽部』には掲載されていなかった。一葉は原稿を書いてその月々の生活費にしていたはずだから、「十三夜」の原稿料も当てにしていたであろう。乙羽のことだから原稿料は原稿と引き替えに渡していたことは容易に想像できるが、なぜ、掲載は見送られたのか。

その頃、『文藝倶楽部』に何か新しい試みがありそうだという噂が立っていた。それを耳ざとく聞きつけたのは『青年文』の記者で、いち早く「『文藝倶楽部』の大設計[22]」という見出しで「時文」に書いた。

㉑『樋口一葉全集』二巻、一一七頁、補注

㉒『青年文』二巻四号

> 毎号掲げ出す美人の写真のみにては、未だ世のお利口連を籠絡するに足らずとてか、このたびは女流作者一色の臨時増刊をさるゝといふ。例の銅版口画まだ成らずんば、請ふ試みに我人の計策に耳を貸し給へ。花圃一葉より初めて、稲舟とか薄氷とかいふ方々まで、あらゆる女流作者の写真を採用されては如何や。買口よき事大請合なり。

この文が出たのは『閨秀小説』発売のちょうど一ヵ月前にあたる。しかも、「例の銅版口画まだ成らずんば」といっているところ、稲舟、薄氷（うすらい）の名前が挙がっているところなどを見ると相当早い時期に具体的な計画が記者の耳に入っていたことになる。乙羽が一葉の「十三夜」を二ヵ月も手元においていたのは、十二月発行の臨時増刊号『閨秀小説』を特集するためにストックしていたのではないか。

外部に漏れていたにしても、『青年文』記者の計策に耳を傾けて、女流作者の写真を「例のように」並べるのは工夫がなさ過ぎる。ここは一工夫と考えていたやさき、内田魯庵が『国民之友』㉓で「にごり江」評を書いた。その批評の後半「女流作家頗（すこぶ）る秀才に富めり。花圃女史の優麗閑静なる文藻、若松賤子の流暢自在なる訳文、小金井君子の清新雅健なる詩峰いづれが優り劣りあるべき。（略）一葉女史は最も後れて出でしものなれども小説家としての伎倆は優に以上の三女史に抽（ぬき）んづるものあり」

この考えは乙羽と同じで、魯庵と会ったときはお互いにその意見で通じ合っていた。

㉓『国民之友』明治二十八年十月十九日

一葉は魯庵の書いた内容をおそらく乙羽を通して聞いていたのだろう。

「わか松、小金井、花圃の三女史が先んずるあれども、おくれて出たる此人をもて女流の一といふをはゞからず、たゝへても猶たゝへつべきは此人が才筆などといふもあり」と「水のうへ日記」（明治二十八年十月十五―三十一日）に書き込んでいる。

他に述べるが乙羽はこの特集のため、一葉の写真を撮影していたと推察できるし、あるいは稲舟、薄氷の顔写真も撮っていたのかもしれない。

田澤稲舟は山田美妙の紹介で小説を『文藝倶楽部』に発表して、この『閨秀小説』が発売された月に二人は結婚している。乙羽とはなじみの作家であり、北田薄氷は紅葉に私淑、『文藝倶楽部』五編に「鬼千疋」を書いて評判になった。のち、挿絵画家・梶田半古と結婚した。梶田は『文藝倶楽部』に口絵二十九点を描いて、夫婦ともに顔見知りの間柄だったから、この二人の顔写真を撮りに行くにはやぶさかではなかった。あるいは博文館応接室が臨時のスタジオになったかもしれない。

明治二十年代後半、女流作家十二名と十七名の新体詩、六名の日本画家を集めて、一誌に掲載した新しい試みは、いまでは当たり前のことであるため重く見られていないが、当時としては画期的なことであった。この臨時増刊に登場する男性は、不忍池を臨みながら本を読む美人を描いた渡辺省亭ひとりだけだった。

乙羽は、はしがきに、中島歌子からいただいた和歌に目を落とした。

花といふ　花をあつめし　こゝちして　みるふみいかに　たのしかるらん

「花といふ花をあつめ」てみたが、中には名花もあれば、名もなき雑草に近い花もある。それらを一緒にしたのでは色が濁る。幼い頃から「淡粧濃抹」嗜好の強かった乙羽は花の色付けを何かでくくり分けることはできないか、と考え続けた。花・に・舞う……、蝶。出世作『露小袖』の書き出しと維新の浪に溺れていった姫・おちょう……。「花鳥」という言葉がよぎった。のち、乙羽は『花鳥集』という題の大冊を残している。「花と鳥」という組み合わせで、一瞬、考えがまとまった。

『閨秀小説』の表紙を開くと、中島歌子のはしがきに続いて、美人が本を読む構図の見開き本版画が目につく。次頁には目次とその対向面に鳥を中心にして小金井喜美子、若松賤子、そして樋口一葉の三人の顔写真が並べてあった。

小金井喜美子（一八七一〜一九五六）は当時、二十四歳。森鷗外の妹で、兄の先輩にあたる解剖学の権威にして東京帝国大学医学部教授の小金井良精に嫁いだ。多くの歌や随筆を残したが、なかでも大きな業績は、兄・鷗外を助け、日本の近代詩に大きな影響を与えた訳詩集『於母影』（明治二十二年）に参加したことである。子育ての最中に鷗外の家に深夜までとまって翻訳作業に没頭したが、嫁ぎ先が理解のある家で、姑との折り合いもよかった。

三十一歳の若松賤子（一八六四〜九六）は、小金井喜美子と並んで「閨秀の二妙」（石橋忍月）と称された才女である。会津藩士の娘で、母校・フェリス女学院の教壇に立っていた折、教育者の巌本善治と知り合って結婚した。巌本が主宰する雑誌『女学雑誌』に数多くの記事を書いたが、なかでもバーネットの『小公子』の翻訳は評判となり、坪内逍遙に賞賛された。

小金井喜美子と若松賤子は、ともに既婚者で、いわば名流夫人であり、その業績もすでに幅広く知られている。彼女らと比べれば、樋口一葉はようやく名前が知られるようになった駆け出しにすぎない。

この口絵は、頁全面に一羽の鳥の写真が印刷され、その余白に、三人の写真が並べられているという配置になっている。猛々しい嘴とたくましい脚を持つその鳥は「ゴイサギ」という。

「ゴイサギ」の左上には和服でメガネをかけた若松賤子の写真が、右上には洋装で顔の上半分をベールでおおった伏し目がちの小金井貴美子の写真が並び、いずれも視線は対になる右頁に向けられている。一方、鳥の左下に置かれた樋口一葉の写真は、二〇〇四年から五千円紙幣を飾っているお馴染みの肖像だが、上に配置された二人とは逆に、左に視線を向け、きゅっと口を結んでいる。

なぜ、このようなレイアウトにしたのか。

この口絵をめくると、つづいて、同じように「コサギ」の写真を中心に、四人の女性作家の写真が並べられている。二十一歳の田澤稲舟（一八七四〜九六）、十九歳の

『文藝倶楽部』十二編臨時増刊　『閨秀小説』(明治 28 年〈1985〉12 月)
左上：若松賤子　右上：小金井喜美子　下：樋口一葉。
ゴイサギの頁

北田薄氷（一八七六～一九〇〇）、石榑わか子、伊藤簪花など、いずれも二十歳前後の新進作家たちだ。

小金井喜美子や若松賤子は、作家としての名声も、家の格も高い、まさに「閨秀の中の王」にふさわしい女性たちである。一方の樋口一葉は、「子供の時私立の小学校へ少し斗かよひたる」程度の学歴しかなかった。萩の舎にかよう華族や高級官僚の令嬢たちのなかにあって「無位無冠の平民」でしかない彼女は、「歌会に見えるお客様方のお膳を出したり、御酒のお酌をしたり、一緒にお手伝ひをしたものでございます[24]」と語っているとおり、女中扱いされていた。

そんな一葉を、大橋乙羽は、小金井喜美子や若松賤子と同列に並ぶべき作家であり、田澤稲舟ら「無官のコサギ」より位は上だと、口絵のレイアウトで宣言しているようだ。

㉔『全集樋口一葉別巻』（小学館、昭和四十一年）三九頁

同編　コサギの頁
左上：石榑わか子　右上：田澤稲舟
左下：北田薄氷　右下：伊藤簪花

同じ 12 月に出版された『文藝倶楽部』十三編。
鶉の頁

なお、十日後に発売された定期の『文藝倶楽部』では、鶉の写真を背景に、六人の芸者の写真が同じような構図で配置された口絵が付されていた。まるで、女流作家を芸者と同様に扱っているという批判が起こった。㉕一葉より六歳上の読売新聞記者の関如来（一八六六～一九三八）は憤慨し、「乙羽にでも御迫り、断然御けづりのほど」を求めるのは「識見上、小説家として（中略）当然の御所置」ではないかと提言している。『閨秀小説』増刊号から写真を外してもらえと言ったのだ。

大橋乙羽にとっては心外だったであろう。なぜなら、鶉は江戸時代はセクシャルな笑いに使われることが多かったからだ。たとえば、『醒睡笑』㉖には、下女の部屋に忍び込んでいたところを女房に見つけられた亭主が、素っ裸なので逃げることもできず、頭から着物をかぶってしゃがみこんでいる姿が鶉そっくりだったので、女房は思わず笑って「鶉そっくりさん」と言うと、亭主は「チチクハイ」と鶉の鳴き真似をした、というのである。吉原遊郭の格子を鶉格子と呼ぶ習わしもあった。博文館に入る前に、尾崎紅葉とともに『校訂 西鶴全集』や『校訂 其磧自笑傑作集』を手がけていた乙羽には、そのあたりの知識は暗黙のうちであったようだ。㉗

いずれにせよ、臨時増刊『閨秀小説』は成功を収めた。『文藝倶楽部』の発行部数も、この臨時増刊を境にぐんとのびた。その様子を一葉は、「水のうへ」で、大阪の愛読者から聞いた噂として、こう書いている。

㉕小川昌子氏は「『一葉女史』誕生―博文館発行『文藝倶楽部』をめぐって―」（『国語国文研究』一一二号）の中で、『閨秀小説』写真の中に「芸者と女性作家」を同じようにさす「好奇の視線」の存在をみる紅野謙介・関礼子両氏に対して、「果たしてこれらは妥当な解釈と言えるだろうか」と疑問を呈している。

小川昌子氏は『太陽』と『文藝倶楽部』とで取り扱われる写真の違いを指摘しながら、「都新聞」に掲載の『閨秀小説』広告文に触れ、「写真になった『閨秀』たちの名前は別に『肖像』として挙げられて」いるのに注目して、次のように書いている。

「ここで想起されるのは間違いなく『太陽』の『肖像』写真であり、つまり編集側としては『閨秀』たちの写真をいつもの『美人写真』とは違うものとして提閨秀小説のうれつるは前代未聞にして、はやくに三万をうり尽くし、再版をさへ出すにいたれり。はじめ大坂へばかり七百の着荷有しに、一日にしてうれ切れたれば、再び五百を送りつる。それすら三日はたもたざりしよし。[28]

このころから一葉のかいた門標が盗まれたり、雑誌社から先を争って原稿依頼が舞い込むようになった。

一葉の写真は誰が撮影したのか

ところで、五千円札にも使われている有名な一葉の肖像写真は、誰がどのように撮影したのであろうか。十二編臨時増刊『閨秀小説』口絵には説明がない。

この写真について、一葉は日記で、こんなエピソードを残している。明治二十九年の一月八日夜、川上眉山が訪ねてきて、一葉の写真がほしいとねだった。そのころ、一葉の耳に、彼女が眉山との間に婚約を交わしたという噂が入ってきた。身に覚えのないことだったが、眉山本人は特に否定もしないでいるのを訝しく思っていた一葉は拒絶した。すると眉山は、あなたの写真を手に入れるだけなら、博文館に頼めばくれるでしょう。でも、さらにまた噂がたってしまうと悪いと思って、こうやって訪ねてきたのです、と食い下がる。一葉は、貸すだけならば、と五日間の期限で手渡したが、

示する、つまり〈貴〉人として『閨秀』の『肖像』を掲げるという意図があったのではないだろうか」と指摘している。

㉖『醒睡笑』「恋のみち」七〇頁（東洋文庫）

㉗西鶴や其磧の影響を受けた柳沢淇園が二十一歳の時に遊里のことを書いた『ひとりね』の中に「下ばかまとりてびゃくゑのはんじ物鶉屋花村にし田や九重」とある。鶉屋は吉原京町二丁目にあった遊女屋鶉屋三衛門でお抱えの遊女に「はな村」があったと、『日本古典文学大系』九六巻、六八頁にある。

㉘『樋口一葉全集』三巻上（筑摩書房）四六二頁

何カ月たっても返さない。半年後の六月二十一日、眉山が久しぶりに訪ねてきて、やっと写真を返してきたが、どうやら焼き増ししたものらしく、色が変わっていた。

このエピソードで、眉山が「この写真、博文館から貰はば、事はあるまじけれど」と言っているのは、写真の原板が博文館にあったということではないか。当時の一葉が、口絵写真のために自ら写真館を訪ねたとは、家計の状況からは考えにくい。乙羽は「写真屋で自分の顔を写して貰ふにも一円や一円五十銭は要る」[29]と言っている。一葉が借りている借家の家賃が三円だから、かなりの出費になる。

一葉の肖像写真には、同じときに撮影したものでも二種類残っている。ひとつは、臨時増刊『閨秀小説』や現在の五千円札に使われているものだが、もうひとつ、襟元の花模様がなく、地味な印象のバージョンがある。どちらがもともとの原版だったかは分からない。当時、原版（種板）は写真館が所蔵し、注文されれば焼き増しできるよう通し番号を振って保存しておくのが普通だったからだ。種板からプリントした写真だと、紙焼きの下か裏側に写真館の名前が箔押しされているの[30]が普通だが、そういう写真は現存しない（塩田良平著『樋口一葉研究』[31]は、『文藝倶楽部』所載の襟元に花柄のある写真が「原画」をもとにして印刷されており、それは「明治二十八年晩秋中黒写真館」で撮影され、樋口家に寄贈されたが「現存せず」。襟元に花柄のない写真については、「中黒写真館複写の一葉像。複写年月日不明。死後遠からざるもの。樋口悦氏蔵」としているが、なぜ中黒写真館撮影なのか、なぜ二種類のバージョンが存在するのか説明されていない）。

㉙ 大橋乙羽『名流談海』二六〇頁。なお、鹿島清兵衛経営の写真館・玄鹿館の広告にも「手札六枚一組一円五十銭、カビネ三円、四切八円」とある。（松本徳彦「文明開化のなかの写真」『日本写真全集 写真の幕あけ』小学館、昭和六十年）

㉚ 江崎礼二の写真館のクレジット（写真つき）

㉛ 塩田良平『樋口一葉研究 増補改訂版』（中央公論社、昭和四十三年）

以下は推測だが、この写真の撮影者は、専門の写真館ではなく、大橋乙羽自身ではなかったか。

仲間の伊東夏子によると、[32]恥ずかしがり屋の一葉がよくぞ雑誌の口絵に写真を出したものだと疑問に思い、本人に問うと、一葉は「写真を写しに来た人が、三宅（花圃）さんも、出されると、言うたので、それでは私が出さぬと、高ぶるから」と答えたという。

当時、写真館の撮影技師が出張撮影することは、特別な場合をのぞいて、なかった。[33]被写体となる人物が写真館に出かけていってスタジオで撮影してもらうのだ。写真器を持って気軽に出かけることができる素人写真家、しかも臨時増刊『閨秀小説』の口絵に三宅花圃の写真が掲載されることを知っている人物というと、大橋乙羽を挙げないわけにはゆかない。

おそらく写真は乙羽が撮影し、種板は博文館で保存していたのだろう。眉山が「博文館から貰はば、事はあるまじけれど」と言っていることが、それを傍証する。一葉が「五日間」と日限を切って写真を貸したのも、その一枚しか一葉の手元になかったからだろう。

襟元に花模様のないバージョンが存在するのは、明治二十九年十一月二十三日に一葉が死去した際、もとの写真は派手すぎて遺影にふさわしくないと修正を加えたのだろう。「薄い髪（け）の前髪を小さく取つた意気な銀杏返し（いちょうがへし）[34]」を髪黒々と修正し、襟元の花

㉜ 田辺夏子「一葉の憶ひ出」五八頁（『全集樋口一葉別巻　一葉伝説』小学館、平成八年）

㉝ 渋沢栄一の長女・歌子は小川写真館を自宅に呼び、西洋庭で同族三家二十二人を集めた集合写真を依頼している。撮影後、小川は持参した最新の蓄音器を皆に聴かせるなどサービスをしている。写真家を自宅に呼んで撮影するというのは例外であって、渋沢歌子のような上流階級の人でも少人数なら写真館へ出かけている。

㉞ 疋田達子談「樋口一葉」（『全集樋口一葉別巻　一葉伝説』小学館、平成八年）

模様を消したのではないか〔補注1〕。その修正にあたったのが中黒写真館〔補注2〕だろう。同写真館は本郷四丁目十九番地にあり、「多年の経験があるため撮影の術頗る巧妙」（『東京新繁昌記』）と評判であった。

〔補注1〕

『樋口一葉　その生涯』（文京ふるさと歴史館、特別展・平成十五年）カタログ表紙の一葉写真（樋口智子氏蔵、写真の枠外に「井口義雄謹製　東京小石川」と記されている）は左襟元と、胸元にあった花模様を消したあとがわずかに白っぽくなって残っている。さらに画像をパソコンに取り込んで拡大してみると黒目や唇など黒い部分に白い刷毛のあとが向かって右上から左下に流れていることがわかり、眉毛、目、唇などの補筆はもちろん顔全体を白く修正している。マウントに「井口義雄謹製」とあるのは一葉を撮影したのではなく、もとの写真を葬儀用ないしは回忌用のために修正したことを意味している。当時の写真師はスタジオにあって人物を撮り、それで生計を立てていたから、被写体を実物以上に美しく見せるように補筆する技術を身につけていた。加藤信一著『写真術階梯』（小西本店、明治三十七年）によれば「写真師の写した人物は皮膚の艶麗なるに引きかへ、素人の写した人物は醜いと云ふのはまつたく補筆すると、為ないの差である」とあり、続いてその技術を説明している。

『文藝倶楽部』掲載の一葉写真は鼻の頭と右上唇を修正した不自然なあとがあるが、これはいかにも素人の手による補筆で、後の写真師がこの不自然さを少しでも和らげようと努力している様子をうかがい知ることができる。一葉の写真は後になるほど、色白で美人となっていく理由はここにある。

〔補注2〕

『樋口一葉研究〈増補改訂版〉』塩田良平著（昭和五十四年　中央公論社）の最初の頁「樋口一葉肖像」の説明に「小花写真館複写。修正あり。（補遺二十参照）」がある。それによると萩野静枝という女性が山路てつ子へ送ったハガキに「西川の君に送りしは中黒写真店この度のは小花写真」とあるのに注目し、中黒写真店の一葉像は『文藝倶楽部』に掲載された写真と同一で、「半襟の模様が浮き出てゐる」のにたいして、小花写真店のは「帯揚げが見えず、羽織の紐の結び方が横に張つて」いて、「これには明らかに小花写真館が中黒写真の現物を修正した形跡が見える。一体何故、小花写真館が他店のものを複写する必要があらうか」と疑問を投げかけている。樋口悦氏も小花写真館には覚えがないと語っている。

実は中黒写真館は写真業・中黒善全といい、菊坂の下り口、左側に当たる本郷四の十九で写真館を開業していたことは『第一版日本商工営業録』（明治三十一年九月出版　日本商工営業録発行所）に明記されている。税金十三円九十六銭を納めていた。ところが、明治三十五年出版の同書第三版には同番地に写真業・小花一陽の名があり、納税額は十円十四銭とある。隣番地四の二十には同じ小花姓である徳進なる人が洋小間物小売の明治屋を営業していて、納税額は二十円八十二銭納めている。この小花は同族であろう。

明治三十一年九月から三十五年の間に中黒写真館から小花写真館へ変わったのには明治三十一年三月二十三日に発生した本郷一帯の大火に原因がある。午前二時に春木町からの出火は折からの烈風に煽られ全焼九百六十三戸となり、焼け野原となった。本郷四丁目はかろうじて焼け残ったが、この火事が原因で営業不振となった中黒写真館は居抜きで小花一陽に譲ったのではないか。

したがって、中黒写真館にあった一葉の写真は小花写真館で複写・修正したと考えられる。萩野静枝が山路てつ子に送ったハガキの日付が明治三十三年四月三日となっているから、すでにそのときには小花写真館となっていたことになる。萩野は中黒写真館と思って出かけていったのだろう。

『めさまし草』（ま記の四）合評会はいつ開かれたのか

『文學界』二十五号（明治二十八年一月三十日）から一年間にわたって不定期に連載されてきた「たけくらべ」が、ようやく、翌年の一月三十日発行の三十七号で終了した。

途中、四ヵ月ほど中断していたのは乙羽からの注文で「ゆく雲」などを書いていたためであろう。博文館からの依頼を優先していたが、一段落したので再び寄稿しはじめて、三十七号で最終章の十五、十六章を発表した。その連載終了を待っていた乙羽は二月六日消印の葉書で、今夜実家から「たけくらべ」掲載の『文學界』七冊と『太陽小説』一冊をお届けさせます、と書いた。

おそらく、一葉に連載が終了したら、『文藝倶楽部』に一括掲載したいと申し入れをしていたのであろう。そのとき、一葉の手許には『文學界』の掲載誌の何号かが欠けていて、乙羽に揃いで見たいと希望を出していたのだろう。

「たけくらべ」掲載の『文藝俱楽部』(二巻五編、明治二十九年四月十日)が出版されてから十五日後に『めさまし草』(まき記の四、明治二十九年四月二十五日)で、「たけくらべ」の批評が紹介された。

それをいち早く見つけた上田敏は雑誌を大学へもって行き、前年、帝大英文科へ入学した戸川秋骨と二人して声高らかに教室で朗読した。秋骨は授業が終わるやその足で大学前にある版元の盛春堂に立ち寄り、十銭を投じて一冊を買い求め、湯島四丁目に下宿していた『文學界』同人の平田禿木を訪ねた。「これを見ろよ」。平田禿木は秋骨が投げよこした雑誌を受け止めて、一読すると感激のあまり涙をにじませた。二人は丸山福山町に一葉を訪ねて「何かご馳走してよ」といいながら六十四頁の薄い雑誌を渡した。

その雑誌には鷗外・露伴・緑雨の匿名による「三人冗語」があり、その時々の雑誌に発表された小説を取り上げて批評する合評会で、今回は二回目に当たる。鷗外が主宰している雑誌だけあって、世間から注目された。

この号で取り上げられた小説は『文藝俱楽部』二巻四編に掲載された「保険娘」遅塚(ちづか)麗水、「若白髪」山田美妙斎、「片輪児」黒田天外、「透骨猫間扇」柳塢亭寅彦、「浮世の嵐」深雪女史、「歳暮賽日」南新二と、二巻五編の「泥水清水」江見水蔭、「秘妾伝」

畠芋之助、「朝鮮太平記」松居松葉、「当世義士伝」くさひで、「たけくらべ」樋口一葉女、「むらくも」有本樵水の十二編で、すべて『文藝倶楽部』四、五編に掲載された作品で占められていた。そのなかでも、群を抜いて絶賛紹介をされたのは「たけくらべ」であった。

合評会ではまず鷗外頭取がこの作品の粗筋を紹介して始まるが、それを受けて、ひいきが「全体の妙は我等が目を眩ましめ心を酔はしめ」と褒め、むだぐちも「真に此篇の妙作たることを認むべし」と評した。鷗外第二のひいきも「作者が補へ来りたる原材とその現じ出したる詩趣とを較べ見て、此人の筆の下には、灰を撒きて花を開かする手段あるを知り得たり」と絶賛した。

合評に十二編、十三頁をついやしているが、そのうち六頁にもわたって「たけくらべ」を脱天子露伴、登仙坊緑雨、鐘礼舎鷗外の三人が絶賛したことで一葉の名前を高めた。

ここにも、乙羽の仕掛けた裏舞台があったのではないか。というのは、『文藝倶楽部』二巻五編の発売日は明治二十九年四月十日で、『めさまし草』（まき記の四）の発行日は四月二十五日。その間、僅か十五日しかない。ということはこの間に鷗外、露伴、緑雨の三人が発売されたばかりの『文藝倶楽部』を読んで観潮楼に集まり、合評会を開いて、「三人冗語」の原稿をまとめていなければならないことになる。入稿日は印刷日の少なくても十日前とすると、「三人冗語」同人会評はさらに限定される。十日前としたのには理由がある。

『めさまし草』（まき記の四）
明治二十九年四月二十五日

これは後のことであるが、露伴が『新小説』(四年五巻)に「六十日記」を書いたとき、その最後の日付は「癸巳(みずのと) 日曜」となっているから、三月二十六日に入稿して、四月五日の発売に間に合わせていることがわかる。その間、九日間で印刷・製本されている。金曜日の二十四日から「六十日記」は日付だけとなって、その日の事柄が書かれていないため、二十四日に原稿を急遽入稿しているのかもしれない。すると、十一日間の印刷・製本期間となる。この原稿は目次が印刷されたあとで入稿されたようで、目次の「雑録」には露伴の名前はあるが、「六十日記」という題名はない。発行部数の多少はあるにしても印刷に十日間はかかるという例証になる

かりに印刷日数を十日とすると『めさまし草』の入稿は四月十五日締めで、『文藝倶楽部』発売四月十日から僅か五日間の猶予しかない。ふつうは発行日の一ヵ月前に座談会を開くのが『めさまし草』のスケジュールのようだ。

しかも、鷗外は四月四日に父静男(六十一歳)を亡くし、向島須崎町弘福寺に葬り、九日には喪が明け、十三日には陸軍衛生会議議員に兼補せられるという忙しい日々が続く。

一方、緑雨はといえば十四日の夜から熱を出して、十五日の昼から寝込んだ。「又、肋膜へでも来なければいいが」と思いながら「苦しくてたまらぬゆゑ、例の言文一致で御免蒙る」[34]と上田萬年に手紙を書く。緑雨は二十五年十一月末に肺喀血をしているから、再発を恐れていたのだった。その上、一ヵ月ばかり不在にしているあいだに家

㉞『斎藤緑雨全集 巻八』三〇八頁、筑摩書房

賃不払いのためにすべてが差し押さえられていて、損料布団にくるまって寝込んでいる状態だった。

この頃の露伴の行動記録はない。ただ、四月五日の日曜日、乙羽は向島寺島村に露伴を訪ねている。二人は横浜まで行くつもりにしていたが、寝過ごして汽車に乗り遅れ、次に来た赤羽行きに乗って目黒で下車、丸子の渡しまで歩いている。乙羽は写真器を担ぎ、露伴は酒の入った瓢簞をぶら下げて同行した。このとき、乙羽は「矢口の渡」など撮影して『太陽』(二巻八号)に発表した。

このような事情を踏まえて四月十日発行の「たけくらべ」掲載の『文藝倶楽部』から二十五日発行の「三人冗語」が掲載された『めさまし草』(四)の十五日間を見てくると、緑雨の手紙にある「十二日に御目にかかりて」という日が観潮楼で三人揃って合評した日にちと推測できる。その日以外は鷗外、緑雨共に都合がつかない。そして乙羽も博文館が休みの日曜日で晴れの日は写真器を担いで外出するのが行動パターンだった。

おそらく、乙羽は交流の深い露伴を通じて「三人冗語」の二回目の合評会が開かれる日を知っていて、刷り上がったばかりの『文藝倶楽部』をあらかじめ三人に送っておいて、当日は写真器を担いで観潮楼へ腕車を走らせたのだろう。本来、この日の合評会は三月十日発行の二巻四編だけの予定になっていたが、乙羽が薦める「たけくらべ」掲載の二巻五編も急遽、合評に追加することになった。一回目の合評会にとりあげられた『文藝倶楽部』(二巻三編)は二月十日発行だったから、その期間、四十五日の余裕があった。

今回、たった数日間という短時間の間に鷗外、露伴、緑雨の三人が揃って『文藝倶楽部』を読み、批評を載せたというあまりのタイミングの良さはこのような仕掛けがあった、と推理できる。

一葉生前唯一の単行本『通俗書簡文』

『日用百科全書』は洋装美本、石版着色表紙、木版極彩色口絵、写真版三頁、菊判二百五十余頁で定価は一冊二十銭。十二冊前金であれば二円十五銭であった。刊行は明治二十八年五月上旬から毎月一冊、『和洋礼式』を第一編として順次十二冊が発売される予定となっていた。

乙羽がはじめて一葉宅を訪問したとき、小説の依頼をした後に、いま、企画中の『日用百科全書』シリーズの話に移って、一冊目となる『和洋礼式』の巻頭に載せる題字、題歌を萩の舎の中島歌子を通して鍋島侯爵夫人にお願いできぬかと頼んだことは先に書いた。

ところが、当主の直大(なおひろ)が病気のためいま少しの間は歌もできかねる、今、いまのことであれば、ちょっと……と断られた。

『和洋礼式』(明治二十八年五月十五日)

すでに『太陽』五号に『日用百科全書』シリーズの一頁広告を掲載していて、五月上旬発刊と発表していたので、別の人に頼めないかと焦っていた。一葉は四月二十六日、雨のなかを萩の舎に出かけ、その旨を伝えた。乙羽は早朝、出勤前に一葉の家を四月二十日の土曜日と二十六日の金曜日に訪問してその進捗状況を聞きにいっている。

中島歌子から鍋島侯に代わって、前田利嗣侯の題字とその夫人・朗子（鍋島侯長女）の和歌を巻頭に飾ることができた。それが一葉宅に届いたのは五月十二日で、直ちに車夫に持たせて戸崎町に走らせたが、乙羽は留守だった。

その日は日曜日だったが、大橋新太郎が京都へ出張中であるのと、せっぱつまった仕事のため日曜出勤していた。帰宅してから一葉からの届け物を見て、翌十三日朝、一葉宛に礼状を書いた。『和洋礼式』の奥付は五月十五日印刷発行となっているから、まさに神業である。

『和洋礼式』は二百四十頁で、誌面は上下に二分され、本欄には博文館がこれまでに収集してきたわが国の礼法本や蔵書家から借りだした文献資料をもとに、博文館編輯局の泉鏡太郎（鏡花）と硯友社同人の岩田千克[35]が編輯した。上欄にあたる上の三分の一は、乙羽と同郷で東京専門学校（後の早稲田大学）出身の五十嵐力が西洋礼式を紹介した。

㉟ 岩田千克は後に『通俗書簡文』の上欄に「書簡文法」を編集する。

その後、月に一冊のペースで『日用百科全書』は刊行され、一葉が執筆する『通俗書簡文』は十二冊目で、翌明治二十九年五月に刊行予定となっていたが、この手のシリーズものは常に変更が起こる。

一葉は明治二十九年二月二十日「みづの上」の冒頭で明け方まで机に向かって書簡文の原稿を書いていたが、ついうたた寝して夢を見ていたところ、烏の声で目を覚まして気づけばもう二十日になっていて、五日も締め切り日が過ぎてしまった、と記している。

この日記を書く半月前の二月六日、乙羽はハガキで一葉に「『書簡文』本月中旬中に御脱稿に相成るべくや、御急ぎくだされたく候[36]」と書き送ってきた。前年八月二十日の広告では、『通俗書簡文』は四月刊に繰り上げられていた。それをまた、二月中旬までに脱稿して欲しいというのは、ひょっとしたらさらに三月発売と前倒しされていたのかもしれない。

その後の広告を見ると、第五編目以降の刊行スケジュールが頻繁に変更されていることがわかる〔補注3〕。

㊱『樋口一葉来簡集』二四八頁

【明治二十八年六月二十日】	【八月二十日】	【二十九年三月十一日】
一編『和洋礼式』	『和洋礼式』	『和洋礼式』
二編『茶の湯と生花』	『茶の湯と生花』	『茶の湯と生花』
三編『実用料理法』	『実用料理法』	『実用料理法』
四編『家政案内』	『家政案内』	『家政案内』
五編『衣服と流行』	『琴曲独稽古』	『琴曲独稽古』
六編『住居と園芸』	『裁縫と編物』	『衣服と流行』
七編『手芸指南』	『衣服と流行』	『裁縫と編物』
八編『実用音楽』	『住居と園芸』	『住居と園芸』
九編『内外遊戯』	『勤学と処世』	『勤学と処世』
十編『商業手引』	『育児と衛生』	『育児と衛生』
十一編『旅行案内』	『通俗書簡文』	『通俗書簡文』
十二編『通俗書簡文』	『旅行案内』	『俳諧独学』

刊行予定だったものが延期されたり、新たなテーマが加わったりと、めまぐるしい変化があったのは、『日用百科全書』シリーズが好評であったため、明治二十八年末あたりに、当初の予定十二冊から倍の二十四冊に増えたのが原因のようだ。一葉は、恩義ある乙羽に応えようと、寝る暇を惜しんで懸命に書いた。

その後、締め切りは二月中旬から三月十日に延ばされた。三月十一日印刷発行の第十編『育児と衛生』の広告頁には、第十一編『通俗書簡文』が三月二十五日に発行されると告知されていたが、結局、『通俗書簡文』が出たのは、当初の予定通り、五月二十二日、第十二編としてだった。

このような編輯上の混乱状態のさなか、若き桐生政次（後に反骨のジャーナリスト・桐生悠々）が宮井安吉の紹介状を持って戸崎町に乙羽を訪問した。宮井は『文藝倶楽部』創刊号に「新作たから島」を発表した人物で、乙羽とは旧知の仲だった。

桐生はその宮井と同郷金沢の縁で知り合っていて、明治二十八年九月に東京法科大学へ入学したのを機に、彼の紹介状を懐に入れて、戸崎町を訪れた。乙羽は彼の苦学に同情し、いま博文館から発行中の百科全書中の一編『勧学と処世』を編纂してみないかといった後、編纂に必要な参考資料を提供した。

彼は当時、泉鏡花の紹介で弟の斜汀と三島霜川とに英語を教えていたので、『勧学と処世』の後半はこの二人にまかせ、一ヵ月ほどかけて書き上げた原稿を持って行くと「何と、原稿料は三十円」もくれた、と驚いている[37]。

三十円を目の前にして、彼は戸惑い、半分の十五円だけ貰って、あとは必要な時にいただきますからそれまで預かって置いて下さい、と頼んだ。帰り道、古道具屋で本箱を買って、その引き出しに受け取った十五円をしまい込んだが、泥棒が入ってきて

『通俗書簡文』（明治二十九年五月二十二日）

『勧学と処世』（明治二十九年二月四日）

㊲『桐生悠々自伝』太田雅夫編、現代ジャーナリズム出版社、昭和四十八年

盗まれるのではないかと夜もおちおち眠れなかった。

彼が一ヵ月かけてまとめた『勤学と処世』には編纂者としての桐生の名前もなく無署名のままであったが、桐生政次はその頃から愈虐、悠々という筆名で小説などを『文藝倶楽部』に書き始めていて、残りの十五円で小石川の原町に棟割り長屋の一軒を借りて自炊生活を始めた。米を買う金がなくなると、持ち合わせの英書を翻訳して戸崎町へ持っていったりして、食いつないでいた。

このような持ち込み原稿は桐生に限ったことではなかったようで、水哉坪谷善四郎が原稿用紙に万年筆で書き記した『稿本博文館五十年史』㊳（未刊）には【此らの原稿ハ大概ハ反古となる□多き故、押売原稿ハ今後成るべく拒絶の方針を励行せしも、其後も依然年々増がある有様であつた】とある。

この【】部分を万年筆で消したあと、さらに墨で消しているため、判読しにくく、□の一文字は不明である。悠々が原稿を持ち込んでいた頃から三年後には「押売原稿は拒絶」の方針となるまでにいたっていたが、なお、「依然年々増がある有様であつた」という。

「勤学と処世」が発行された三ヵ月後、一葉生前中に唯一の単行本となった『通俗書簡文』が印刷発行された。一葉は日記に『通俗書簡文』の原稿料については一言もふれていない上、その頃の日記部分が欠落しているため、推測する以外にない。

㊳『稿本博文館五十年史』は八冊で、校正用に孔版とした『博文館五十年史初稿』は四冊からなる。いずれも三康図書館蔵。この三十二年の項に『博文館五十年史』には未掲載の「各雑誌未掲載原稿堆積」があり、この記事部分についてはすでに浅岡邦雄氏が『国文学』平成十六年五月「明治期出版社と著者のデリケート・バランス」で取り上げられている。

「各雑誌未掲載原稿堆積」は当時の具体的な数字が上げられているのと、編輯局長・坪谷善四郎の乙羽への微妙な感情を読みとることができるため、長くなるが引用する。

各雑誌未掲載原稿堆積

其頃ハ文士の生計概して裕かならぬ為に、窮するときハ、原稿を本館に持参し、現金に代へんとする者多く、其等の押売原稿にして、掲載の望みな

『日用百科全書』シリーズには著者の名前がないのが普通で、あとは題字・題詠を依頼した爵位の高い人と口絵木版の作者名を明記するだけであるなかで、『通俗書簡文』の凡例に一葉の名前があげられているのは例外である。

　本書本欄は閨秀小説家として有名なる、一葉女史樋口夏子君の編する所、君が文壇に於るの位置は世既に定評あり。君がその創作に用ふる材を藉（か）つて、ここに淑女諸子の為に経営惨憺これを草す。読者若し夫れ薫風渡る書窓の下に、穏かに此編を執て熟読せば、編中金玉の諸章、燦として声あるべし。豈啻（あにただ）に諸君がその日常の材たるのみならむや。

乙羽は題詠を花圃三宅龍子に依頼、序文を一葉の千景流の艶麗な筆で飾ったことを述べるとともに、さらに、本文最後には《以上樋口一葉女史稿》と念を入れていることを見ると、乙羽がいかに一葉を手厚く遇していたかがわかる。

『通俗書簡文』の枚数は四百字づめでほぼ三百枚見当のようだ。一葉が藤蔭から「暁月夜」三十八枚の原稿料十一円四十銭を受け取っていて、一枚三十銭の計算となるから、これに準ずれば九十円を貰っていることになる。ちょうど、この『通俗書簡文』が出版された年、博文館編輯部にいて小説を書いていた広津柳浪は、「今戸心中」の原稿料一枚四十銭だった。これを参考にすれば百二十円となる。

きものハ成るべく拒辞する方針なるも、多くハ窮状を訴へて採用を求め、止むを得ずして引取り、終に永く掲載せずして保有するもの甚ハだ多かりし故、此年九月末に、各雑誌の保有原稿にして、既に原稿料渡し済のものを検べたるに、左の如くであった。

少年世界
　九十六編　五百七十二円二十銭
少年文集
　二十編　約七拾円
文藝倶楽部
　小説七十一編
　雑録二十八編　八百七十九円三十銭
太陽
　論説三編
　家庭及雑録三十八編
　小説七編　二百五拾円
合計
　金一千七百七十一円五十銭

また、下欄にあげた『博文館五十年史』未収録の「各雑誌未掲載原稿堆積」にある座談会を読むと、明治三十四年頃の原稿料は帝大出で六十銭、早稲田は十銭安く五十銭とされている。

もちろん、小説家によって原稿料の上下はあるものの、一つの目安として一葉は『通俗書簡文』で九十円から百五十円の間の原稿料を手にしていたと想像できそうだ。福山丸山町の借家が三円、萩の舎の代稽古の手当が二円という時の百円前後である。この時に受け取った原稿料は一葉にとっては大金に違いなかった。しかし、不思議なことに、その一ヵ月後の六月二十三日に「此月くらしのいと侘しう今はやるかたなく成て春陽堂より金三十金とりよす人ごころのはかなさよ」と書き、春陽堂から三十円の借金をしている。

一体、この一ヵ月の間に、何があったのか、大金が何に費やされたのか、日記は空白のままになっている。

『通俗書簡文』が発行された四日後の二十九日に斎藤緑雨が一葉宅を訪れた。五月二十四日に初訪問して、これが二度目の訪問だった。彼は五月十日発売の『文藝倶楽部』に発表された一葉の「われから」の批評について、『めさまし草』での合評会で意見が分かれたので、二点ほど作者自身の意図を聞きたいといってきたのだった。あなたの作品はいつも議論をよぶのです。一昨夜も夜の十一時から朝方の四時まで露伴

其れに就て昭和十年六月号『文藝春秋』の「文壇あれこれ座談会」の中に、近松秋江、正宗白鳥、徳田秋声、其他数人の座談の記事中、原稿料に就て近松　青軒（三宅）といふ人間ハ余り良くなかった。博文館の聟(むこ)になった大橋乙羽といふ人ハ苦労人で、年末年始には文士に非常に便宜を図ってくれた。島村抱月君が「あの人が死んでは博文館も事業上に頓挫するだらう」と言って居たが果たしてさうであった。青軒ハさう云ふ便宜を図るより、要求を容れなかった。とて、不要原稿を拒む者ハ文士に敵視せられ、寛大に其れに応ずれバ賞賛し、現に此所でも乙羽氏が歿した為に博文館の事業は頓挫したと語って居る位だが、乙羽氏の死亡ハ三十四年六月で、博文館ハ其後頓挫どころか、明治三十七八年

と議論していた、といったあと、ところで、あなたはこの頃、博文館から書簡集とか文反古のような物を出したというが、それは真か、と聞いた。

一葉は「そうです。でも文反古のような小説めいたものではありません」と答えた。

「書簡文でもあなたが書いたものなら面白いことだろうからさっそく読んでみよう。乙羽がいうには『通俗書簡文』という題だけど、終わりのほうは純然たる小説と語っていたが、なんのあの男の批評眼なんて大したことはないが、君が書いたものならきっと面白いものに違いない」

「いえ、ご覧になるのはいやです。ご勘弁下さい」

「しかし、もう、印刷して世に出ているのなら詮方なしですよ」

四十日ほど前に血痰を吐いた緑雨は痩せて、妖気の漂うような凄みのある面構えのうえ、目が異様に光っているが、愛嬌のある口元からは低く涼しい声が漏れてきた。一葉は日記に「この男かたきに取てもいとおもしろし　みかたにつきなば猶さらにをかし」と書く。緑雨はこの日、四時間も一葉宅で話し込んだ。その間、腕車を待たせていた。

一葉はすでに肺結核におかされていて、苦しいなかで書き上げていたが、それを口に出して緑雨には言っていない。

〔補注3〕

明治二十九年三月十一日発行の『育児と衛生』の広告を見ると、当初、予定になっていた十二冊は倍の二十四冊に増えていた。このシリーズが好評だったため、急遽、二十九年一月

の日露戦争前後が最高潮期であることを無視して居る。

同じ座談会で、

徳田　大橋乙羽ハ義理に立てたが、そのために無駄に随分原稿を買ってしまって、雑誌に載らない原稿が非常に沢山あった。是ハ現に博文館内に居て実際を知って居る徳田秋声の言ふのが真実だ。近松秋江も三十四年の夏から秋まで数月博文館に居たが、数月間に過ぎぬ故、実際に通じないのだ。

序でだから同座談会に原稿料の相場が話題に上がって居る故左に書く。

近松　明治三十四年の頃だったが、其時分に僕が八十銭だったと思ふ。是ハ博文館の払った原稿に余ほど懸値がある。

徳田　僕が『中央公論』から原稿を頼まれた頃は『新小説』の原稿料が六十銭だった。

近松　当時上田敏に払った

ころ、編輯局内で検討されていたようだ。この混乱期に一葉も巻き添えになっていたようだ。

なお、『日用百科全書』シリーズは三十年代半ばになると三十五冊に増え、さらに三十一年春には五十冊となって、『日用百科全書』は『通俗百科全書』と並んで博文館の二大百科全書に育ち、「国民必携の書」となった。

『一葉全集』「事のついでに」の思い

これから、わずか三ヵ月もたたない八月上旬には一葉の病状は絶望的となり、明治二十九年十一月二十三日、二十四歳と六ヶ月の若さでこの世を去った。前日は日曜日で、昼前より大降りの雨となったが、この日は新嘗祭に当たり、明け方から晴れてことのほか暖かかった。翌日も晴れていて、斎藤緑雨、戸川秋骨、川上眉山らがお通夜に集まったが、会葬者はくにの考えで内輪にしたため、数は少なかった。「萩の舎」から参加したのは、一葉と同様「無位無冠の平民」の伊東夏子と田中みの子だけだった。

作家としての一葉の人生は十四ヵ月しかない。明治二十七年十二月号の『文學界』に「大つごもり」が掲載されてから、「たけくらべ」が完成された明治二十九年一月三十日までの間に代表作を書き上げ、「奇跡の十四ヵ月」といわれている。が、実際に一葉が、

のが四十銭だった。

正宗　春陽堂もさうだったが、博文館ハ帝大出身者ハ六十銭、帝大と早稲田でハ十銭違って居った。

小山内君と僕でハ、僕が十銭安かった。春陽堂も六十銭と五十銭だったか五十銭と四十銭だったかで、十銭位違って居た。

此等の記事に依て其頃の原稿料の相場が、大概察せられる。

『めさまし草』での合評会によって作家としての地位を確立したのも、生前唯一出版された単行本『通俗書簡文』が世に出たのも、「奇跡の十四ヵ月」の後になってからである。一葉と乙羽との関わりはそれほど重く論じられてこなかったが、乙羽の「仕掛け」がなければ、作家として発掘される時期が遅れたであろうことは想像に難くない。

　一葉の死の報せを受けて、大橋乙羽の動きは速かった。翌明治三十年一月七日には『一葉全集』を刊行した。二十一編の小説を収録したが、いずれも短編なので、全集といっても四百五十八頁一冊の分量だった。表紙は武内桂舟の装画で飾り、色刷り木版口絵は鈴木華邨の筆になるもので、藤の花が垂れる窓際、硯を右脇に頬杖をついている女性が描かれている。奥付には「編輯者　大橋又太郎」と署名を入れた。さらに、前書きとして「事のついでに」という文章を執筆した。

　『一葉全集』出版に際し、乙羽は斎藤緑雨に校訂を頼んだ。ところがこの当時、緑雨は年末の借金返済に向けて、金策に追われていた。乙羽も十五円を貸しているが、緑雨は鷗外ら作家仲間にも無心している。とても全集校訂どころではなかった。仕方なく、乙羽は雑誌掲載時の誤植も訂正せずに、大晦日を三日後にひかえた「年末鞅掌（おうしょう）」のあわただしい時の刊行となった。いそいで「事のついでに」を書いたせいか思い違いもあるが、そのままとした。すると緑雨は、「一葉全集の校訂に就いて」（『早稲田文学』明治三十年三月一日号）なる随筆を発表し、一葉全集初版には誤植が多い、と一つ一つ例を挙げた。一葉は死に際して「わが亡き後若（も）し文筆に関する用事あらば、挙げて一切を緑雨に托せよ」と遺言したと主張する緑雨は、一葉が朱筆を入れてあった小説掲載紙を預かっていたのだ。

その半年後、『一葉全集』は再版された。誤植は訂正された。あらたに四編が追加されただけでなく、鈴木華邨の木版画はカットされ、かわりに一葉の肖像写真が口絵に入るなど、体裁が変えられた。巻末には『一葉全集』初版刊行時に雑誌に載った批評文が集められ収録された。「事のついでに」も割愛され、「一葉女子樋口夏子君は東京の人なり。明治五年三月廿五日を以て生る。歌を善くし、文を著し、兼て書を善くす。その初めて筆を小説に下したるは明治二十五年二月なり。ここに小品とともに集むるもの廿四編、別に通俗書簡文の書あり。明治二十九年十一月廿三日病を得て没す、二十五歳」という短い略歴が巻頭に掲載された。

日記と書簡文を収録した『一葉全集』前後編が出版されたのは、それから十五年後の明治四十五年五月十一日だった。幸田露伴が「序」を書いた。すでに大橋乙羽も斎藤緑雨も没していた。奥付からは編輯者大橋又太郎の名前が消え、発行者は大橋新太郎であった。

一葉の「ゆく雲」が『太陽』の檜舞台に登場してから、絶筆「すゞろごと」が『文藝倶楽部』に掲載されるまでの十四ヵ月は文学上の奇跡ならぬ「メディアによる奇跡の十四ヵ月」といえよう。

第三章　写真記者・インタビュアーとして

三陸大津波に臨時増刊『海嘯義捐小説』を発行

この章では、大橋乙羽が自身の「三癖」としてあげたうちの二つ「写真」「跋渉」をクローズアップしたい。

『めさまし草』「三人冗語」の合評で樋口一葉の名声が一気に高まり、乙羽のいう「時の相場」に乗りかかったころの明治二十九年六月十五日夜、三陸地方に大津波が押し寄せ、甚大な被害が発生したというニュースが飛び込んできた。新聞各社はこぞって記者を三陸へ派遣した。

大橋乙羽が博文館特派員として出発したのは三日後の十八日だった。当時、上野発の青森行き直行列車は午後二時半発の一本しかない。ちょうど、旧知の『日本新聞』記者・浅水南八が乗り合わせていた。聞けば、『日本新聞』は従軍記者として正岡子規とともに日清戦争を取材した画家の中村不折がすでに出発したという。当時の技術では、新聞紙面に写真版を掲載することは難しかった。速報性で劣る雑誌メディアでは、よりリアルに惨害の模様を伝える写真は大きな武器になる。乙羽はそう確信し、写真器を携えて出発したのだ。

翌朝四時五十四分、宮城県の石越駅で下車した。駅前旅館で人力車や手伝いの人夫を調達しようとしたが、津波の影響でそれどころではないと帳場で断られた。

左：志津川町浸水後の光景と救護医院。右上：細浦村窮民集合。右下：孤児が変死の母を葬る。

左：志津川途上の光景。右：死体発掘の惨状。

狀慘の町川津志

SCENE AFTER THE DISASTER AT SHIZUKAWA.

山上より志津川市街を望む

(特派員乙羽生撮影)

同町慘狀の二

上下：志津川町の惨状。中：山上より志津川市街を望む。

濁水を隔てゝ清水村の惨状を望む

AFTER THE DISASTER AT SHIMIZU-MURA, WHERE THE WA ER STILL COVERS THE LAND.

（特派員乙羽生撮影）

同村の惨状其二

濁水を隔てて清水村の惨状を写す。

細澤村滿目荒涼中無難の倉庫

A SOLITARY GO-DOWN LEFT SLANDING AMIDST THE DEBRIS.

細浦の災後

(特派員乙羽生[illegible])

細浦村災後の全景

(出稼人災後の故郷に歸る態)

AFTER THE TIDAL WAVES AT HOSOURA-MURA.

Labourers who were saved by being absent returning to the Scene of disaster.

細沢村に残った倉と災後風景。

志津川町浸水後の光景

SCENE AFTER THE GREAT TIDAL WAVES AT SHIZUKAWA.

(特派員乙羽生撮影)

山上にある志津川病院(負傷者救療所)

THE SHIZUKAWA HOSPITAL.

上：志津川町浸水後の光景。下：山上にある志津川病院。

ところが偶然、故郷・米沢の知人がその旅館の支配人をしていたので、なんとか手配することができた。

石越駅から徒歩で十二里を歩き、志津川湾岸の本吉村（現、南三陸町志津川）に出た。この村だけで、死者二十四名、行方不明者十名を数えていた。宮城県全体では死者三千四百五十二名、流出家屋三千百二十一戸（宮城県海嘯誌）。岩手県では死者二万二千五百六十五名、負傷者六千七百七十九名、流出家屋六千百五十六戸（岩手県宮古測候所調べ）であるから、志津川湾岸の被害はまだ軽いほうだったが、それでも、壁や柱が崩れた家屋や、発掘された遺体など、現場の写真を撮影することができた（一二〇～一二四頁参照）。

取材を終えて帰京した乙羽は、六月二十三日の深夜に「嘯害実況　桑田碧海録」と題した記事を書き上げ、七月五日発行の『太陽』二巻十四号に間に合わせた。さらに、定期発行の『文藝俱楽部』（二巻八編）とは別に、二十五日に臨時増刊を企画した。津波をテーマにした小説や随筆、詩、口絵に載せる写真、絵などを寄稿してもらうために駆けずりまわったのである。

乙羽は、『文藝俱楽部』編輯人の宮澤春文や、入社したての二十四歳の徳田末雄（後の秋声）と手分けして、市内に在住する文士に原稿を依頼した。とにかく時間との勝負である。かつて硯友社で仲間だった江見水蔭は当時、江ノ島に近い片瀬に住んでおり、ちょうど尾崎紅葉、小栗風葉、石橋思案、柳川春葉、巖谷小波、広津柳浪らが遊びにきていた。そこに乙羽から小波に、大至急出社せよ、と電報が届いた。小波はすでに博文館の館員だった。東京に戻った小波から、硯友社の作家たちが江見水蔭の家に集まっていることを聞くと、乙羽は今度は水蔭宛に「三陸海嘯の義捐（ぎえん）小説を博文館から出すことにしたから至急寄稿ありたし」と電報を送った。

徹夜で書き上げよう、ということになった。文机は一つしかないので、水蔭と柳浪が向かい合って使った。残る四人は、米びつをひっくり返したり、鞄を机がわりにして書いた。真っ先に書き上げたのは石橋思案で「車の上」と題する二十四枚の小説だった。水蔭は三十四枚の戯曲「磯白浪」、柳浪は三十枚の「長坊」、風葉は十三枚の「片男波」、春葉は八枚の「神の裁判」だった。ひとり尾崎紅葉は、「浦さひし藻屑の中のあやめ草」という俳句だけを送った。「すゞろごと（ほとゝぎす）」という随筆を寄稿した樋口一葉は「いとあわただしうて、見苦しかりしか」と日記に書いている。

かくしてできあがった『文藝倶楽部 二巻九編臨時増刊 海嘯義捐小説』は明治二十九年七月二十五日に発売された。「義捐」と題したのは、収益金はすべて被災地に寄付することにしたからである（大橋新太郎の名義で三百円が贈られた）。

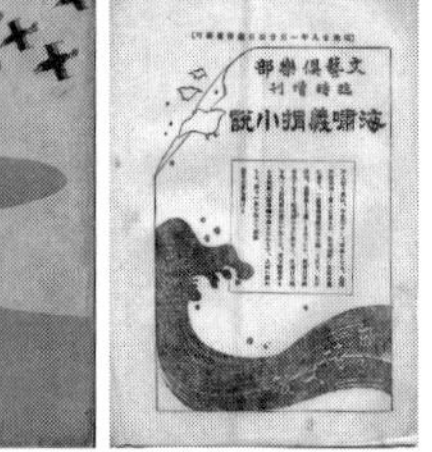

『文藝倶楽部 二巻九編臨時増刊 海嘯義捐小説』の袋と表紙

「奠都（てんと）三十年」イベントを記録

明治二十八年の『閨秀小説』、二十九年の『海嘯義捐小説』と、臨時増刊号を成功させた翌三十年は博文館の創業十周年にあたる。乙羽は『太陽』臨時増刊として「明治小説傑作集」を刊行し、当時の代表的な小説を網羅して、三十八銭という廉価で売り出し評判を呼んだ。

翌明治三十一年は、東京に奠都してから三十年目にあたる。四月二十五日、博文館は、『太陽 四巻九号 臨時増刊　奠都三十年』を刊行した。

奠都とは新たに都を定めることをいい、都を移す遷都とは異なる。明治元年、幕府を倒した新政府は、天皇を東京に移して新しい政治を始めようとしたが、京都の旧勢力の反対が強かった。そこで、天皇が東京に行幸し、そのまま京都には帰らないという形をとった。政府が公式に、東京に首都を移したと宣言したことはない。

したがって、明治三十一年四月十日、盛大に開かれた「奠都三十年祭」は政府主導の行事ではない。企画したのは、他ならぬ博文館だった。同年一月二十七日、雑誌社が集まっての懇親会席上で、博文館主・大橋佐平は「本年は明治天皇御奠都以来満三十年にあたり、その間に於いて東京市は非常なる発展を来したる故、市民はすべからく盛大なる東京奠都三十年祭を挙行し、両陛下の行啓を仰ぎて、御聖徳を頌すべし。しかしてそれにはまづ各新聞社を誘ふて共に主唱すべし」と発言した（『博文館五十年史』）。発議は全会一致で可決された。民間主導での大イベントが決まったのである。

三月三日、日本橋倶楽部で、百五十人が出席しての発起人会が開かれた。発起人代表として東京府知事・岡部長職が開会の趣旨を述べた後、東京商業会議所会頭・渋沢

奠都祝典式場臨御の圖

I. M. the Emperor and Empress at the Celebration.

奠都祝典式場の正面

Front of the Celebration.

市内公私立小學校生徒の二重橋外奉迎
SCHOOL STUDENTS SALUTING I. M. THE EMPEROR AND EMPRESS BY THE NIJŪ-BASHI.

128 頁上：奠都祝典式場臨御の図。まだ人影がまばら。
　　下：奠都祝典式場の正面。

129 頁：市内小学校生徒が二重橋外に整列して、君が代唱歌で奉迎する。

130 頁上：『奠都三十年』の「奠都祝典余興大名行列」。式典が終了したのちの余興。風俗姿の大名行列。
　　下：『写真集 明治の横浜・東京――残されていたガラス乾板から』(神奈川新聞社)の「奠都 30 年行事」。上の大名行列を同じ方向から数分後に撮影されたシーンか。

131 頁上：奠都祝典余興 奥女中姿の行列が花笠を差しかざして踊りをはじめる。
　　下：その後に続く、武士行列甲冑隊。

132 頁上：裃(かみしも)のいで立ちで馬に跨り、紅白の母衣(ほろ)を引く姿。
　　下：丸の内の各種余興が式場の前をへて、上野公園へと繰り出す。

133 頁上：山下見附の余興と人出。
　　下：新橋芸者の手古舞の山車。

賀都祝典餘興大名行列

Procession of a Daimyō, a Festival Entertainment.

奥女中行列

PROCESSION OF OKU-JOCHŪ, A FESTIVAL ENTERTAINMENT. NO, 1

武士行列甲冑隊

PROCESSION OF WARRIORS.

母衣引

"Horobiki."

丸の内餘輿の繰出し

Processions of Festival-Cars from Maru-no-uchi.

各種の餘興山下見附を出づる光景

SIGHT OF THE FESTIVAL CARS AT YAMASHITA-MIT UKE.

新橋藝者の手古舞の山車

DANCE AND FESTIVAL CAR OF SHIMBASHI SINGING GIRLS.

栄一を座長とする会議が開かれ、祝賀会規定が決定された。

四月十日当日の模様は、『太陽 臨時増刊　奠都三十年』に詳しい。口絵には、イベントの模様をうつした銅版写真五十枚が並べられ、大橋乙羽の筆になる「奠都祭絵解」なる説明文が付されている他、本文では五人の記者が書いた当日の詳しいレポート記事もある。日本で映画撮影が始まったのは明治三十一年だが、いずれもスタジオ撮影であり、屋外での映画撮影技術はまだ確立されていなかった。乙羽は、最先端の印刷技術を駆使して、この一大イベントを記録し、多くの読者に提供したのだ。

当日朝六時、百一発の号砲を合図に、宮城周辺では、関係者以外の通行が止められた。和田倉門、桜田門、馬場先門には緑門（常緑樹の葉で包んだ弓形の門）が設けられ、午前八時から警官と憲兵が配備された。九時に入場開始。緑門をくぐることができるのは、祝賀会員だけである。門をくぐると、宮城（皇居）前正面の芝生百七十坪に、仮設の屋根付き貴賓席が設けられてあった。東京駅を設計した辰野金吾のデザインになる奠都祝賀会場である。大橋乙羽は式が始まるより早く九時前に準備完了し、「朝の中ゆゑ、頗る寂寥」な祝賀会式場を撮影している。

午前十時、入場者は奠都祝賀会式場前に整列させられた。天皇・皇后が式場に姿を現したのは、十時四十五分。岡部東京府知事と渋沢会頭が、天皇の御前に進み出てそれぞれ頌徳（しょうとく）表を読み上げる。厳粛な式典が終わり、天皇・皇后が退席したのは十一時四十分すぎ。つづいて、余興が行われた。まず、江戸時代の大名行列が再現され、さらに江戸城の奥女中や甲冑武者のページェントが続く。落語家たちが桃太郎の鬼退治、舌切り雀などの昔話を再現し滑稽な仕草で練り歩く。洋服裁縫組合による「軍艦と大砲の山車」、天狗印タバコで有名な岩谷商会主催「天狗の行列」などのパレードが次々と祝賀会場前を通り過ぎ、東京の街中へと繰り出した。上野や浅草、新橋では屋台や出店が並び、芸者衆の手古舞に観客が沸いた。

　これらの情景はすべて、『太陽 臨時増刊　奠都三十年』の口絵に収録されたが、もちろん、大橋乙羽一人で撮影したわけではない。宮城内での撮影は制約が多かったが、乙羽は大日本写真協会の会員であったので、会頭である侯爵・徳川篤敬（あつよし）（一八五五～九八、最後の将軍・慶喜の甥）、副会頭の公爵・二条基弘（もとひろ）（一八五九～一九二八）の尽力により、天皇・皇后が座する玉座の左手前方に写真櫓を組んでの撮影が許された。

　乙羽がこの櫓にいたであろうことは、乙羽自身が書いた口絵の説明文「奠都祭絵解」で、式場内の描写については「両陛下の御還御（ごくわんぎょ）になりました後は、当日の余興として、差控へて居りました連中が、ゾロゾロ来賓席の前を通行し始めました、即ち来賓席といふのが、中央の玉座を除きて、左右の長廊下と、棟続きの二棟とである、いづれも令夫人と、令嬢とを御連れになつたので、その服装の美しいこと、満簾花影移香来とでも云ひたい程だ、殊に外国公使の奥さん抔（など）が、体を前に乗り出して、余興に見惚（みと）れて居る様は、実に興に入つたやうに見受けました」と詳しいのに対し、宮城外でのイベントの説明は、たとえば「日本橋区葭町の山車」は「これは葭町芸妓連の催で、右近桜左近橘の山車である。こはその山車の小屋に入れる体である」と素っ気ないのは乙羽自身現場の空気を吸っていなかったことがうかがえる。

この時、撮影に当たったカメラマンは、大日本写真協会所属の光村利藻（一八七七〜一九五五、光村印刷の創始者）、小川一真（一八六〇〜一九二九、夏目漱石の肖像写真を撮影）、柴田常吉（一八七〇〜一九二九、現存する日本最古の映画「紅葉狩」を撮影）、杉儀之助（詳細不詳）といった人々だが、博文館写真部からも齋木寛直、板倉春波、斎藤紫白、遠藤耕渓、さらに光村利藻の「家従」である泉谷氏一と中尾新太郎も動員された。一方、記者は五人だから、二倍のマンパワーを割くほど、写真撮影に力を入れていたのだ。乙羽は「奠都祭絵解」の末尾で「私は信ず、我が写真にして、僅か一日の出来事を、斯く細大漏れ無く、読者に報導することを得たのは、恐らくは他に其類を見ぬことを、これが江湖に向つて、少しく誇るに足るべき所である」と自負している。

鷗外の二枚の写真

写真のない時代、人々が立ち会えなかった歴史的イベントを味わう方法は、立ち会った者の話を耳で聞くか、文字や絵で読むしかなかった。写真は、よりリアルに味わう最新技術だった。とはいえ、これだけのイベントが毎月行われるわけではないし、それをいちいち、チームを組んで取材するのも困難である。

そのかわり、『太陽』は毎号口絵に、皇族、政治家や軍高官、家族の夫人令嬢など、現代風に言えばセレブの肖像写真を掲載した（『文藝倶楽部』は風景や美人の写真が中心というふうに差異化していた）。

たとえば、『太陽』三巻十号に「森鷗外君の一家」と題して掲載された家族写真がみられるが、その右端に、首に白い布を巻いた鷗外が立っている。同一の写真は『鷗外全集』①にも掲載されているが、撮影者の名前はない。

森鷗外の長男で、父と同じ医学の道を歩んだ森於菟（おと）（一八九〇〜一九六七）は、『父親としての森鷗外』（ちくま文庫）でこう書いている。


「私の家には長く残っていた大きい写真が三枚あった。観潮楼庭の一部、それは西南隣の酒井子爵家に近く横たわっていた牛の背のような形の大石を中心に数名の人物を置き、玄関の西に続く六畳間（庭に臨んだ父の書斎）前から写したもので、主なる人物は白い布片をのどにまきつけ着流しに白い兵児帯をぐるぐる巻き、黒の紋付羽織を引っかけ、庭下駄で無造作に立っている。一つは家族一同とともに立つもの、一つは真中に立つのが露伴、右に緑雨が立木に背をよせ、左に父が石に掛けているいわゆる三人冗語の写真、この二枚は今も複製が残っていて所々の文芸雑誌にも見られる。（中略）

①『鷗外全集』（岩波書店、昭和四十六〜五十年）二十一巻の口絵にある「家族の写真」も「明治三十年頃の写真」とあるだけで、撮影者・大橋乙羽の名前がなく、『鷗外全集』二十八巻月報の連載「三木竹二（二）」（石川淳）に使用されている「三博士と二学士」にも大橋乙羽の名前が記載されていない。
森潤三郎は『鷗外森林太郎』（丸井書店、昭和十七年）で大橋乙羽に触れて「写真が上手で度々観潮楼へも撮影に来た」と書き、この本の扉に小倉へ転勤する前日に乙羽が撮影した軍服姿の写真が掲載されていることから、明治二十九〜三十二年前後の写真で撮影者不詳となっているものは乙羽がシャッターを切った可能性が高いことが考えられる。

以上の大型写真はいずれも縦三十センチ横三十五センチほどの台紙に貼りつけたもので、博文館の写真記者大橋乙羽が長い三脚のついた大きな写真機をかついできて、自ら黒幕をかぶりシャッターを切ったもので、時も所も同一なのであり、目的は三人冗語が主で、それとともに在る鷗外を博文館の『太陽』『文藝倶楽部』などの雑誌につかい、残りの一枚は祖母へのサービスで、皆原板から特に拡大したものを森家に贈ったものと考える。写真撮影も新聞雑誌記者もきらい、そして博文館も余りすきでない鷗外に大橋乙羽さんはふしぎに嫌われない人物、つまり如才のない人であった」（五三〜五四頁、傍点は著者）。

ここで於菟は、大橋乙羽が撮影した写真が二点、森家に長く飾られていたことを回想しているのだが、そのうち一枚が『太陽』三巻十号に掲載されたものである。乙羽は、写真を雑誌に掲載した後、鷗外邸の壁に飾れるよう引き伸ばして贈呈したものと思われる。

もう一枚は、同じ場所で、鷗外、幸田露伴、斎藤緑雨が並んで撮影されたもの（次頁写真上）。鷗外は左端で庭石に腰をおろし、やはり首に白布を巻いている。中央の露伴はいなせな風体で立ち、右端の緑雨は、この人らしく腕組みして庭木に背をもたせかけ斜めに構えた風情だ。

この二枚の写真が同じ日に撮影されたことは、二枚とも鷗外が首に白布を巻いてい

「三人冗語」頃。観潮楼の庭にて。右から緑雨、露伴、鷗外。
撮影 大橋乙羽　『緑雨全集』巻 3(筑摩書房) より。

『太陽』3 巻 10 号 (明治 30 年 5 月 20 日)「森鷗外君の一家」。
左より末弟森潤三郎、母峰子、長男於菟 (6 歳)、祖母清子、鷗外。

第十二師團軍醫部長
陸軍々醫監醫學博士森林太郎君
MR. R. MORI, IGAKUHAKUSHI.

（大橋乙羽撮影）

『太陽』5巻16号（明治32年7月20日）／大橋乙羽撮影。

篤次郎とともに。
明治 30 年（1897）　観潮楼玄関前にて／撮影者不詳 『写真でたどる森鷗外の生涯』（文京区立鷗外記念本郷図書館）より。

医界の三博士と二学士。『太陽』３巻１９号（明治 30 年９月 20 日）／大橋乙羽撮影。左の写真は乙羽撮影の写真をトリミング拡大した同一写真と推察される。

森鷗外の父静男の一周忌記念。明治３０年４月　観潮楼玄関前にて／撮影者不詳。『写真でたどる森鷗外の生涯』より。この記念撮影のあとに、あらためて同一場所、同一アングルで右上の写真が撮られたと思われる。

る共通点や、左端の庭石の上に同じような形の蜘蛛の巣状の小枝が見えることでも明らかであろう。この「三人冗語」写真は、長らく明治三十年四月撮影として紹介されてきたが、その時はすでに、『めさまし草』の合評会は、従来の三人に依田学海、饗庭篁村、尾崎紅葉、森田思軒を加え、タイトルも「雲中語」[②]と改められている。となると、前章で取りあげた、樋口一葉の知名度を飛躍的に高めた「三人冗語」合評の日――すなわち明治二十九年四月十二日の撮影ではないかという推測が可能となる。この日の合評で一葉が取りあげられることを知っていた乙羽は、当日、鷗外の家を訪れ、二枚の写真を撮ったのではないか。

この二枚の写真を見比べると、家族と撮影したときと違い、三人冗語仲間で撮影したときは、鷗外の髪の毛はきちんと整えられ、首に巻いた白い布にも皺が見えない。緑雨や露伴が来る前に到着した乙羽はまず家族の写真を撮影した。その後、やってきた二人との写真を撮ることになったが、それが博文館の雑誌にでも掲載されるであろうことを予想した鷗外は、髪の毛や首に巻いた布をきちんと整えたのではないだろうか。

②『めさまし草』の「三人冗語」は「ま記の七」（明治二十九年七月三十一日）までで、「ま記の八」（同年九月二日）からは七人メンバーの「雲中語」となる。

素人写真家・乙羽――光村利藻と鹿島清兵衛

このように、写真を雑誌メディアで有効活用した乙羽だが、写真について語った文章は意外と少ない。唯一の例外が『都新聞』のインタビューに答えた記事「素人写真談」で、後に「乙羽十種」のひとつ『名流談海』（明治三十二年三月二十五日、博文館）に収録されている。

それによると、乙羽が写真を使った誌面づくりを考えはじめたのは明治二十六年、『風俗画報』で働いていた時期だという。紀行文を書いていて「文章に書いても充分に景色を現はす事が出来ないから、始めて写真の必要を感じ」たという。ただし当時、写真器は百円以上した。月給十五円の記者の身分で買えるしろものではない。社主の吾妻健三郎に勧めて会社で買ってもらおうとしたが、承知してくれない。やむを得ず国産の安いカメラを入手したが、使い物にならなかった。

> 左様して居るうちに博文館に来て『太陽』の挿絵をやるに就いて、諸方から集まる写真ばかりでは往かん、種々な雑誌を合せると、月には五百枚、年には六千枚も要るが、日本に一万枚の成功した種板を持ッてる者は殆ど無いので、自分で撮らなくちゃ成らない訳に成ッた。

前述したように博文館は、乙羽が入社する直前、写真中心の誌面づくりで成功を収めた『日清戦争実記』を刊行していた。日清戦争が起こった明治二十七年から翌二十八年にかけて、日本の写真器材の輸入高は四万八千九百九十七円から十一万六千八百二十円と二倍強にはねあがっていた時期だった。博文館は、早くから写真に目をつけ、小川一真の小川写真製版所と協力しながら、写真印刷技術の発展に寄与したのである。

乙羽が所有していた写真器は、私費で購入したのか、会社の備品なのかは不明であるが、いずれにせよ、博文館に入ったことで、乙羽のカメラマンとしての、あるいはビジュアル編輯者としての才能が開花することになったのだ。

当時の屋外撮影は、大変な労力が必要だった。乙羽は「折角撮ッた中で成功したものは廿分の一も無い」と語っている。当時のカメラは暗函（暗箱）と呼ばれた。前面に鏡玉（レンズ）が、後面には四角いピントガラス（艶消しガラス）がはめ込まれ、その間は提灯胴と呼ばれる蛇腹でつながっている。ピントガラスは、文字通りピントを合わせるために使われ、撮影時にはそれを外して、感光板（乾板）をはめこむのだ。

面倒なのは、このピント合わせで、現在のオートフォーカスのような便利なものはない。蛇腹で鏡玉と感光板の距離を調節するのだが、その「光線の加減が難しい、同じ天気予報の晴でも、曇天の晴もあれば非常に熱い晴もある、其れから日中と日暮と朝の空気とは其の冷熱の度合が違ふ。其の度合の違ふ天気不天気を巧みに利用すると言ふ事は、如何しても数を撮ら無くちや往かんです」。

ちなみに当時、写真器材の価格は、キャビネ（写真のサイズ、百二十ミリ×百六十五ミリ）用で暗函が最低二十円、レンズは同じく十二円から、三脚が三円なので、三十五円くらいしていた。レンズが一つ売れると、写真材料商の夫婦と店員一名が一ヵ月暮らせたという。さらに、感光板が一ダース一円五十銭。使える一枚のために最低二十回はシャッターを切らねばならないのだから、こちらの費用もばかにならない。

だから撮影旅行のとき、大切なのはロケハンである。「先づ旅行をして横浜を撮らうと思ふと、宿屋に着いても器械を持たず市中を一巡して来て、何町の何の建物は午前何時で無くちや日がマンベンなく照して居らん、其れから野毛山を写すには何時頃で無ければ日に向ふ（著者注／逆光になる）やうに成る、といふやうに始終日光に注意して往く」。

ところで、先述の奠都三十年祭のとき、写真班を務めた光村利藻は、写真撮影のために年間一万五千円を使うと言われていた。神戸の豪商光村弥兵衛の庶子として生まれたが、唯一の男児だったので本家に引き取られ跡取りとなった。弥兵衛が死去したとき、十五歳で三千万円の遺産を相続する。

慶應に通っているころ、『智徳会雑誌』という雑誌を企画し、博文館に印刷を依頼したのがきっかけで、乙羽と知り合った。乙羽は八歳下の光村とよく写真撮影旅行に出かけたが、二十キロ近い写真器を担いで歩く乙羽と違い、光村はいつも二人の「家従」に重い器械を担がせていた。単に撮影するだけではあきたらず家のなかに印刷施設を設け、後に光村印刷会社を創始する。

乙羽の最後の著書『歐山米水』は、口絵に数多くの写真を掲載したが、その印刷には「光村家印刷部（後の光村印刷）」の協力を得たと序文に書いている。また、後述する伊藤博文を取材した折には、手みやげとして『太陽』『文藝俱楽部』のほかに、光村が発行していた『智徳会雑誌』を持参し、「御存じの神戸の光村の倅が出します雑誌です」と売り込んでいる。

なぜ、一年間に一万五千円も使うかについて、乙羽はこう語っている。

世間では如何して斯様に要るだらうと思はうが、細かに計算すると造作ない事で、此の写真は器械の作用であるのに、其れで日に月に新発明の器械が出来て来るので、新しいものを撮るには新しい器械を求め無くちや成らん。其れから贅沢も進んで、最初は「手札」（注／写真のサイズ[③]、八十三ミリ×百八ミリ）「カビネ」で満足して居ッたものが、最後には「四ッ」（四ッ切、二百五十四ミリ×三百五ミリ）でも往かず「半切」（三百五十六ミリ×四百三十二ミリ）でも往かなくなる、其処で全紙（四百五十七ミリ×五百六十ミリ）といふものまで撮ると成ッて来ますね、左様すると全紙の器械は三千円するとか四千円するとか、といふことに成ッて来る。

③『写真用語辞典』改訂版 (株)日本カメラ社、平成九年）

もう一人、当時「写真大尽」と呼ばれたのが、鹿島清兵衛（一八六六〜一九二四）である。大阪・天満の酒問屋の次男として生まれ、東京の同業である鹿島屋に養子に出された。たまたま養父が購入したものの使い方が分からず押し入れに放り込んであったフランス製の写真器を見つけ、写真道楽に耽ることになる。

明治二十八年、イギリスから帰国した弟・清三郎を館長として、京橋木挽町（現在の銀座六丁目あたり）に、百五十坪の大スタジオのある「玄鹿館」という写真館を開業させた。スタジオには回り舞台がしつらえてあり、客の求めに応じて背景を変えることができた。夜の撮影用に二千五百燭光の電灯も設置したというから、当時最新式の設備を備えた写真館だった（飯沢耕太郎『日本写真史を歩く』新潮社）。『太陽』は、口絵に掲載する高位高官の肖像写真の撮影を、玄鹿館に発注していた。

ところが、翌明治二十九年三月、清兵衛は手切れ金二十五万円を手渡され、鹿島から義絶された。九代目団十郎の「暫」を等身大写真として撮影するため、イギリスのマリオン社に「全紙」四倍大の乾板をわざわざ特注するほど、写真に資産を傾けていたせいであったが、他にも理由はあった。乙羽は、先のインタビューで、「一言素人写真家に警告したいことがある」と、こう語っている。

> 写真道楽には三期の段があつて、第一山水、第二に動物、第三期は乃ち人物を撮影することである、その人物も皺くちゃ老爺だの、梅干老婆だのでは、何うも満足が出来なくなる。底で美人を写さうとする。そのモデルになるものは何？（中略）畢意油絵師がモデルを妾にすると同じことで、未だ世に馴れぬ馬鹿息子などが、

　ツイそのモデルの為に、身代を茶々無茶にするといふ結末になり了るに至ります、
　近い譬へは鹿島君……。

清兵衛が「身代を茶々無茶」にした「モデル」は、「ぽん太」という芸者だった。本名は谷田えつといい、明治二十八年二月二十五日発売の『文藝倶楽部』二編の口絵写真「擬雁金五人男」にも登場している。同年七月に刊行された『日用百科全書』第三編の『実用料理法』にもなぜか口絵に「江戸紫」の題で玉野屋ぽん太の写真が掲載されている。どちらも撮影者のクレジットがないが乙羽自身が撮影したと推測される。が、いずれにせよ、清兵衛は彼女を撮影しているうちに、恋に落ちた。

ちなみに、森鷗外の「百物語」という随筆風の小説のなかに、清兵衛をモデルにした人物が出てくる。明治二十九年七月二十五日、清兵衛は、『歌舞伎新報』との共催で「百物語」の会を開いた。新橋の船宿から舟を仕立てて両国の花火を見物した後、隅田川を遡って向島に赴き、お座敷で百物語を語り合う。鷗外も呼ばれて出席し、このときの経験を題材に書いた。

小説のなかで、会を主宰したのは「飾磨屋」という商人ということになっている。言うまでもなく「鹿島屋」のもじりだ。

「百物語」は明治四十四年十月号の『中央公論』に掲載されたが、すでに鹿島清兵衛は写真界の表舞台から消えていた。谷田えつに十二人の子供がいたが、その一人が

坪内逍遙の養女となった飯塚くに（『父逍遙の背中』飯塚くに著・小西聖一編、中公文庫）である。清兵衛は、大正十三年に五十八歳で死去。えつも翌年没する。

乙羽と清兵衛が、光村利藻とのような親しい付き合いをしていた痕跡はない。鷗外が見抜いたような清兵衛の危うさを、乙羽も感じていたからかもしれない。

滄浪閣で「伊藤侯と大隈伯のツーショット」、世間騒然

明治三十二年春、新聞紙上を一つの噂が賑わした。雑誌『太陽』に、伊藤博文と大隈重信が並んで撮影された写真が掲載されるというのである。

二人はともに明治維新の大立者だったが、明治新政府樹立後、伊藤は常に政界の中枢にあって憲法制定など大事業に携わったのに対し、一方の大隈は明治十四年の政変で政府を追われて下野し、立憲改進党党首として自由民権運動に従事、藩閥政府と対立した。明治三十二年当時の日本政治は、長州藩閥を代表する伊藤博文、政党勢力の大隈重信、板垣退助らの諸勢力が、複雑な離合集散を繰り返していた。そんななか、伊藤と大隈が会うというだけで、政局を動かす大スクープとされたのである。

その年は博文館十二周年にあたっていた。それに合わせ、『太陽』明治三十二年五巻十三号で『明治十二傑』が特集されることとなった。十二周年にちなんで、「政治」「文学」「法律」「教育」「科学」「宗教」「美術」「商業」「工業」「農業」「医学」

『明治十二傑』発売風景
大阪備後町・盛文館書店前
（『太陽』五巻十六号）

「軍人」の十二分野それぞれの第一人者を読者投票によって選ぶという趣向である。

同年三月から、『太陽』『文藝倶楽部』『少年世界』『中学世界』（明治三十一年九月創刊）に投票用紙が折りこまれた。最初は投票数が少なかったが、伊藤と大隈のツーショット写真が新聞紙上を賑わすようになってから徐々に伸び始め、『太陽』三十二年四月二十日発売号（五巻九号）にその写真が掲載されると、飛躍的に伸びた。発売日はちょうど、投票の締め切り日に当たっていた。結果的に、十二傑の「政治」部門では伊藤博文が選ばれ、次点は大隈重信だった。

この写真を撮影したのが大橋乙羽である。場所は、大磯にある伊藤博文の邸宅「滄浪閣」（もとは別荘だったが、明治三十年に伊藤はこの地に籍を移している）。毛利家編纂所員として長州藩の公式幕末維新史である『防長回天史』編纂のため、伊藤に聞き取り調査をしていた歴史家の笹川臨風（一八七〇～一九四九）は、ちょうどこの撮影時に立ち会っており、以下のように回想している。④

四月三日の午前中、滄浪閣を板垣退助が訪れた。その前年、自由党の板垣と進歩党の大隈重信が合併して憲政党を結成し、隈板（わいはん）内閣と呼ばれる連立政権を樹立したが、十一月に崩壊、大隈は自派を率いて憲政本党を結成、板垣の憲政党（自由派憲政党とも呼ばれる）と対立していた。隈板内閣崩壊後は、長州閥の大立者で政党政治を敵視する山縣有朋が首班となった。

伊藤は、山縣と同じ長州閥だったが、憲法に立脚した政党政治の必要性を認めてい

④笹川臨風『明治還魂紙（すきがえし）』亜細亜社

た。だが当時の政党勢力は互いに足を引っ張り合うばかりで議会政治は不安定だった。空理空論ではなく、現実に根ざした政治を担える本格的政党が必要だと考えた伊藤は、政界からやや距離を置いて、新党樹立に動いていた。一からつくるのではなく、国会開設以後活動を続けてきた既成政党が基盤となるであろうことは予想されていた。板垣と大隈、伊藤がどちらと手を結ぶのかは、政界ウォッチャーたちの注目の的になっていた。

伊藤が応接室で板垣と面談している間、笹川は近くの旅館（群鶴楼）で暇を潰し、頃合いを見計らって滄浪閣に行くと、書生が「大隈侯がお見えになりました」と告げた。すると伊藤は山高帽をかぶって庭まで大隈を出迎えた。大隈は明治二十二年、不平等条約改正のため外国人判事を日本の法廷に参加させようとしたとして、国家主義団体である玄洋社社員から爆弾を投げつけられ、右脚を失っていた。

側近の肩につかまって裏山づたいに庭に現れた大隈を、伊藤は「やあ」と山高帽に手をやって挨拶した。庭にテーブルと椅子が並べられ、しばし二人は歓談した。そこに、大橋乙羽がカメラを担いで現れ、撮影が始まったという。

ちなみに当時の一部新聞では、大隈の訪問は「板垣伯が侯を滄浪閣に訪問せし翌日」だったと書いているが（『萬朝報』）、同じ日の午前中に板垣が、午後に大隈が来訪するという、スリリングすぎる日程が組まれたとは考えにくいので、笹川の記憶違いと思われる。いずれにせよ、大隈と伊藤の会談は大きな衝撃を与えた。『萬朝報』は「自由党（板垣の自由派憲政党のこと）も国民協会（品川弥二郎、西郷従道らが所属する藩閥寄り政党）も、伊藤侯こそ我が味方なれと思ひゐた」のに、二人の会談を知った「自由党および国民協会の面々は深く（伊）藤侯の心事に疑ひを抱」き、「万一、藤侯にして（大）隈伯と相提携するにおいては前途大いに懸念に絶えずとて、にはかに狼狽」しはじめたと書いている。

翌明治三十三年、伊藤は、自由派憲政党と手を結び立憲政友会を結成するから、大隈との会談をリークしたのは、目くらましだったのかもしれない。いずれにせよ重要なのは、伊藤博文がメディア戦略として、大橋乙羽を使ったということである。

乙羽が伊藤を取材したのは、このときが初めてではなかった。その二年前の明治三十年一月三日、乙羽は滄浪閣を訪れている。

滄浪閣は、東海道本線の大磯停車場を海側に降りた後、十分ばかり歩いた東大磯村の、江戸時代の大名屋敷のような造りの邸宅が並ぶ閑静な高級住宅地にあった。黒塗りの門をくぐって石段をのぼると小門があり、そこを過ぎると茅葺きの破風造り平屋にたどりつく。広い玄関を入って平屋を通り抜けると、二階建ての別棟があり、それが滄浪閣と呼ばれる建物だった。一階は書庫となっており、二階の居間が伊藤博文の居室である。居室の窓からは松原を通して太平洋が眺められた。

乙羽が、写真器を担いだ博文館員を連れて滄浪閣に入ると、ちょうど中央新聞社社長で国民協会所属の衆院議員・大岡育造が居合わせていた。乙羽は『中央新聞』の前身である『東京中新聞』に一時、身をおいていたことがあり、旧知の仲だった。

伊藤博文は、居室の安楽椅子で読書中だった。乙羽が光村利藻の『智徳会雑誌』を差し出すと、伊藤は「これは光村の倅が出すのか。アの少いのが、こんなものを出すやうになつたか」と破顔し、「この光村の親父、弥兵衛といふは豪らい奴さ、ちやうど、明治元年であつた、僕がまだ神戸に居る頃、同じ長州の者だと云つて、訪ねて来たが、横浜から当百三枚（注／「当百銭」の略で、天保通宝銭の通称）で駆けだして来おつた。助けてくれえつて云ふから、その頃汽船の札番をさして、口銭を取らしてやつたが、店といへば、西洋酒の空瓶を五、六本も並べて、その業を遣つてゐたが、今では百万位な身代になつちよるさうだ」と語った。

艶福家としても知られた伊藤は、話題が豊かだった。都々逸や漢詩、書について諧謔に満ちた口調で語り続けた。幕末、江戸に攻めあがった新政府軍兵士が行軍中に謡った「トコトンヤレ節」について「宮さん宮さんといふのがあるがあれも品川だ」と言ったり、新政府要人の艶聞を喋ったりしているうちに、やがて夕方になった。日が落ちる前に、と乙羽が写真撮影をお願いしたいと切り出すと、伊藤は「世間では僕を悪口する種に、伊藤は大礼服と平服の写真はあるが、浴衣着の伊藤を欲しいものぞと、捜してゐるさうだが、未だ見つからないかして、悪口もでん。好し、撮らう」と頷いた。

ちょうど、政治家の末松謙澄と生子（伊藤の長女）夫妻、外交官の西源四郎と朝子（伊藤の三女）夫妻が来ていた。まず縁側で伊藤を撮影した後、両夫人を、つづいて伊藤

伊藤侯爵及夫人
MARQ IS AND MARCHIONESS ITŌ.

伊藤侯と夫人。

笑迎天下一家春　（伊藤侯の一家）

前列中央、伊藤侯と梅子夫人。後列左から末松夫人生子、末松謙澄、西源四郎、西夫人朝子。

大磯滄浪閣で伊藤・山縣を撮影した翌日、あらためて、小淘庵を訪問して山縣侯を撮影。

上：大磯滄浪閣にて伊藤侯（左・57歳）と山縣大将(60歳)のツーショット。明治30年（1897）1月3日撮影。

左：滄浪閣を辞したあと、病み上がりの陸奥宗光伯を訪問して撮影。

伊藤侯と大隈伯の写真は明治32年4月3日撮影。乙羽が伊藤侯を訪問したとき、大隈伯が訪問。この一葉が世間を騒然とさせた。『太陽』5巻9号

夫妻と末松・西両夫妻の集合写真を撮り、その日は群鶴楼に泊まった。

翌日、乙羽は同宿していた大岡育造と連れ立ち、今度は山縣有朋を、同じ大磯にある山縣の別荘・小淘庵に訪ねた。撮影した後、再び滄浪閣を訪れた。昼食に招かれていたからだが、午後になって山縣がやってきた。長州藩の大立者二人が揃ったのだ。こんなシャッターチャンスはない。準備を整え、二階の伊藤の居室に赴くと、伊藤は碁を打っていた。相手は某少将だったとしか乙羽は書いていないが、山縣は安楽椅子に座って二人の勝負を見ながら、あれこれと批評していた。撮影したいと申し出ると、二人は快諾した。

窓から差し込む光が、被写体に陰影をつくってしまいムラが出るおそれがあったので、レフ板代わりに土佐光起（みつおき）筆の極彩色の花鳥屏風を立て、その前に二人に並んで椅子に腰掛けてもらった。黒布をかぶって暗函をのぞき、ピントを調整する。調整しおわって黒布から顔をあげると、二人は微動だにしていなかった。伊藤も山縣も、明治維新前後、シャッターを切ってから撮影されるまでの露光時間が十数秒かかることもあった湿板（しっぱん）写真で撮影された経験があったからである。

撮影後、乙羽は隣の陸奥宗光を訪ねた。陸奥は伊藤の懐刀として、条約改正や下関条約など外交に尽力した。すでに病を得て療養中だったが、縁側に座ってもらい撮影した。半年後の八月、陸奥は病没する。

伊藤と山縣のツーショットは『太陽』三巻二号の口絵を飾った。

名流の高談を記録した蓄音器――『名流談海』

前項で見たように、乙羽は明治の大立者たちの貴重な写真を次々と撮影し、同時にインタビューを行っている。それらは明治三十二年三月二十五日に博文館から出版された袖珍洋装本『名流談海』にまとめられた。総クロース三百頁で定価三十銭。目次には、以下の名前が並んだ。

「園芸談」(山縣有朋)、「滄浪閣談」「美術談」(伊藤博文)、「洗足軒話」「古今小説談」「雅俗談」「経歴談」(勝海舟)、「園芸利用談」(大隈重信)、「王政振興談」(福羽美静)、「俳諧一家言」「支那談」(渡辺国武)、「茶の湯談」(石黒忠悳)、「文学談」(末松謙澄)、「日清戦話」(佐藤正。陸軍少将、日清戦争の平壌の戦いで負傷)、「懐旧談」(福地桜痴)、「幕末談」(西村茂樹)、「芭蕉翁の話」(小崎利準。政治家、漢詩人)、「身の上話」(栗本鋤雲)、「詩人の話」(尾崎紅葉)、「修文談」(幸田露伴)、「意匠談」(前田香雪)、「動物園の話」(看守人某)、「丹青小言」(橋本雅邦)、「洋画問答」(黒田清輝)。

インタビューという形で大物を誌面に登場させる手法は、『太陽』の売り物の一つだった。その最初はおそらく、二巻八号で、浅草で日清戦争の平壌攻撃を描いたパノラマが公開された際、パノラマ館設立委員長・大倉喜八郎、絵を描いた画家の小山正太郎、そして建築技師である新家孝正（にいのみたかまさ）の談話を掲載した記事（「パノラマ叢話」）が最初ではないかと思われる。記事を書いたのは坪谷善四郎だが、乙羽は「平壌大攻撃パノラマ」を撮影して口絵に掲載した。

『太陽』二巻二十四号では、口絵に「早稲田邸に於ける大隈伯爵と菊花壇」の写真が、本文には「大隈伯を訪ふ」と談話記事が掲載された。署名はないが、「パノラマ叢話」と同様、乙羽が撮影を、坪谷善四郎が記事執筆を担当したのであろう。なお、同号に「勝海舟翁を訪ふ」の訪問記事もあるが、三巻一号には乙羽撮影の「勝海舟老伯及老夫人」（一六七頁参照）の肖像写真がのることになった。

政治欄に「訪問」コーナーができ、訪問取材記事がレギュラーとして定着した。この号では大隈重信（当時、外務大臣）の「外交談」や、野村靖（逓信大臣）の「鉄道経営談」、大東義徹（おおひがし）（第一次大隈内閣で司法大臣）を訪問した記事が登場する。家庭欄でも、宮中顧問官・西村茂樹の「日本婦人に就いての注意」と題する談話が掲載されている（乙羽が取材し、同行した吉木竹次郎が速記した）。そして前述の伊藤博文と山縣有朋のツーショットが『太陽』三巻二号を飾ることになる。

ちょうど同じころ、明治三十年四月に創刊された文学雑誌『新著月刊』は、作家の創作苦心談などを掲載した（明治三十九年に『唾玉集（だぎょくしゅう）――明治諸家インタヴュー集』

として刊行され、現在は東洋文庫所収)。インタビュアーは小説家の後藤宙外(一八六七〜一九三八)と劇作家の伊原青々園(一八七〇〜一九四一)だったが、十五冊を刊行したところで資金難のため廃刊になっている。

いずれにせよ、『太陽』の写真付きインタビューという形式は、当時としては斬新な試みであった。明治三十年から二年にわたって行った談話を一冊にまとめたのが『名流談海』である。宣伝文には「名流の高談快話をその儘写して世に拡むる、一種新発明蓄音器の大売出し、評判評判」「著者の写真癖は、独り名士の風采を撮影するに満足せず、高談雄弁奇言快話を霊筆に写して、つひにこの書の著とはなりぬ、巻頭の写真に風采を知悉して、しかして後朗誦一過すれば、あたかも諸賢と一堂に会して握手款語するの妙あるべく、その読去つて興味尽きざる、実に近来の奇書なり」とある。

乙羽の手法は、速記者を同行するのではなく(例外は黒田清輝のみ)、面談したときの記憶を文章にまとめることであった。人の話し言葉は、そのままでは文章にならない。速記原稿を作成させてから改めて文章に直すより、余計な手間は省けるし、最初から起承転結を考えながら書けるので、引き締まった記事になりやすい。

最初のインタビュー記事——旧幕臣・栗本鋤雲

乙羽が、初めて著名人を訪問し、談話を聞き取ったのは、上京三年目の明治二十三年夏、相手は、旧幕臣の栗本鋤雲（一八二二〜九七）であった。

栗本は幕末、徳川幕府の建て直しに尽力した小栗忠順（一八二七〜六八）の懐刀として活躍した能吏であった。幕府の奥詰医師である喜多村槐園の三男として生まれ、同じ医官である栗本氏を嗣ぎ、幕府内班侍医となった。安政二年、幕府が近代海軍建設のため長崎に海軍伝習所を開設した際、オランダ海軍から教官とともに練習艦「観光丸」が贈られてきた。栗本は頼み込んで西洋の軍艦に乗り込んでみたが、それが「洋医の禁」を犯したとして糾弾された。幕府の医師は当時、西洋医学を学ぶことを禁じられ、鋤雲の行為はそれに反したとされた。

職を解かれ謹慎処分となり、蝦夷地（北海道）に追放されたが、向学心旺盛な鋤雲は、蝦夷地で採集した薬草を幕府に献上したり、薬園や病院を開いたりした。こうした活動が幕府の耳に届き、士分に取り立てられ箱館奉行組頭に任じられた。当時、ロシアとの国境が画定していなかった北辺を探検し、樺太（サハリン）や択捉島、国後島にも渡った。文久三年に江戸に呼び戻され、儒学者・安積艮斎に学んだ同門の実力者・小栗忠順に取り立てられ、外国奉行、勘定奉行を歴任する。

幕府が倒れた後、鋤雲は蟄居して世に出なかったが、明治六年に郵便報知新聞社に招聘され、記者として成島柳北、福地桜痴らと共に当時の新聞界で名を馳せたが、それも明治十八年に辞し、隠遁したのである。

大橋乙羽が栗本鋤雲を本所北二葉町の邸に訪ね、その身の上話を聞いたのは明治二十三年の夏だった。六十九歳の鋤雲は、ちょうど午睡から醒めたところだった。書斎に導き入れられた。書斎から庭が望めた。その風景を、インタビューから七年後、乙羽はこう書いた。

> この室（書斎）、南向きなれば涼風檐（ひさし）を回り、簀戸半ば外されて、庭前の風致ひとしほなり。園を借紅園といふ、けだし芍薬多きをもつてなり。時花季にあらざるも、蓮池は水饒（ゆた）かにして、翡翠の影を浸し、青草は古池の辺に茂りて、眼も爽やかなり。（中略）数羽の鳩飛び来りて、餌を踏石の上に求むれば、翁（鋤雲）は身を起こして座を立ち、自ら筒を倒（さかさ）にして、餌を撒き散らせり。

乙羽らしく、やや冗長ながら、草木や動物に囲まれ悠々自適の隠居生活を送るかつての名吏の姿を、読者の目に見えるよう筆を尽くしている。

庭に飛んできた鳩に餌をやった鋤雲は、若い乙羽を顧みて、すでに年老いて、今の政治を語るには、世間について何も知らない、役に立たない老骨だよ、と微笑んだ。乙羽は、では先生の経歴を語ってください、と頼んだ。翁は眼を細めて、若き日、北寒の地を踏破した思い出や、横須賀製鉄所建設の経緯などを語ってくれた。

二十一歳の乙羽がどういう経緯で鋤雲を訪ねたのか、不明であるが、その訪問から七年のちの三月、鋤雲は逝く。乙羽は「栗本鋤雲翁と幕府の末路」を『太陽』（三巻七号）

に書いたが、『名流談海』では「身の上話」と改題し、集録した。

どのような意図でこうしたインタビューを続けたのであろうか。彼が当時仕事をしていた『風俗画報』には、明治の近代化政策のなかで顧みられなかった日本美術を復興させようという目的があった。江戸時代の歴史や習俗について書いた記事もあった。推測するに、幕末、幕府サイドにあって、「日本の近代」を用意した人々の功績を発掘して紹介したいという願望があったのかもしれない。

勝海舟と四度インタビュー

幕末に活躍した幕臣といえば、勝海舟（一八二三〜九九）である。乙羽は明治三十年正月、初めて氷川町に勝海舟を訪ねた。

明治新政府軍が鳥羽・伏見の戦いに勝って江戸へ東征を開始し、一気に幕府を武力で滅ぼそうとしたとき、勝海舟は、新政府軍の参謀であった西郷隆盛と品川の薩摩藩邸で会談し、総攻撃を中止させ、江戸を戦火から救ったことで知られている。明治維新後は、外務大丞、兵部大丞、参議兼海軍卿、元老院議官、枢密顧問官などを歴任して新政府に仕える一方で、徳川家や旧幕臣の救済に尽力し、また、『海軍歴史』『陸軍歴史』『開国起源』といった史書の編纂に当たった。また、訪ねてくる記者に、虚実取り混ぜた懐旧談や、時事に関する放談をべらんめい口調で披露した。

乙羽は、氷川町の海舟邸の様子をこう描写している。

> 門は黒門の昔造り、見越の松が臥龍のやうに靡いてをれば、臥龍点睛ともいふべき敷石を渡つて、玄関に案内を請ふた。すると可愛らしい女の児が出てきて、自分を奥の間に導いた。
>
> 老伯爵（勝）の居間は、細椽を伝ひて、幾間も幾間も通り過ぎた奥である。上段と二の間とを併して、十五六畳も敷からうかと思ふ座敷の、上段に紙門が閉めてあつて、その正面に伯爵は、例の通りネンネコのやうな掻巻にくるまり、胡座を組んで屈んでをられた。

勝は、乙羽の顔を見るなり、「私は風邪を感いて、どつこへも出んが、親父は壮健か、相変はらず元気だらう」と乙羽の顔を「ジッと睨めつけられ」た。

大橋佐平は八年前、栗本鋤雲ら旧幕臣が結成した「江戸会」という組織の機関誌である『江戸会誌』を博文館で引き受け、刊行に合わせて上野公園に旧幕臣たちを集めて江戸開府三百年祭を開いた（イベントと出版を組み合わせるやり方は、明治奠都三十年祭を想起させる）。このとき、勝は「祝詞」を『江戸会誌』に寄稿している。これが縁で博文館は、勝の『亡友帖』を出版し、『流芳遺墨』一帙を発行していた。だから勝はまず、博文館老館主の大橋佐平の様子を訊ねたのだ。

その眼の凛々しさ、顔には年波が寄せ来れども、優しい中にも威厳があつて、馴れて近づくべからずとでもいふべき相好、齢は八十に近いながらも、色光沢の美しいことは壮者にも劣らない。白い髭の伸びやかなる、不断は眼鏡を用ひぬなど何処となく高士の風ありと申しては、その言失礼かもしれぬ。

勝は立て板に水で喋った。栗本鋤雲とは対照的に、「耄碌した」と自嘲しながら、現在の政治にも未練たっぷりに、年下の政治家たちを罵倒する言葉は、次々と口をついて出て止まりそうになかった。

私なんかの（政治を）やつた折には、余り他人に物を言はせなかつた、だから敵も多かつた。勝を殺すの、暗殺するのといふ噂などは、朝晩のやうに聞いたが、今にかうピンピンしてゐる所を見ると、世の中といふものも、そんなに怖いものぢやないよ、お前なんぞはまだ若いから、ドシドシやれ、喧嘩しなくちやいけないよ。

話題が自分に向けられた頃合いをつかまえ、乙羽は、勝先生の写真を撮らせていただきたいと申し出た。

勝伯はこの時 75 歳。「白髪首切るものも無くなりにけり 老ひてはことに味気無き身は」一首を乙羽に贈る。夫人は 80 歳。明治 30 年 (1897) 元日撮影。

ナニ写真を撮ると? 私の顔を晒しものにするのか。お前も物好きな男だな、私は写真は嫌ひで、六七年前に撮つたものがあるから、それを貸さう。ナニわざわざ撮りたいと、風邪が重くなつたらどうする……。

文句を言いつつ、勝は庭に出た。その写真は、「勝海舟老伯及老夫人」という題で『太陽』(三巻一号)に掲載された。

その後、乙羽は三度にわたって勝をインタビューした。二度日の訪問では、文学の話になった。

この頃は慰みがてらに小説を読むが、露伴といふ男は、四十歳位か、彼奴なかなかの奴だ。学文もあつて、今の小説家には珍しく、物識で、少しは深さうだが、お前懇意か、さうか、面白い。それから紅葉といふ男もあるな、アレハ才子だ。小説の外に仕事をやる奴だ。書いたものに才気が現れて居る。(中略) それから(村上)浪六といふ男がある、彼奴の書くのは一本調子で、侠客ばかり書くが、いつ見ても何も意味がない、つまり腹のない人間ばかり書く、あれでは遠からず種切れになるよ……。

そんな調子で当代の売れっ子作家たちを俎上にあげ、さらに若いころに読んだ滝沢馬琴や山東京伝、十返舎一九、近松門左衛門など江戸時代の作家たちの作品に及び、父・小吉が懇意にしていた戯作者の柳亭種彦から「貴君が暇なら小説でも書いたらどうかと小説の秘書といふやうなものを貸してくれた」というエピソードまで披露した。そして、「今の小説家は西洋を加味して、昔の物の焼直しをするから、広いけれども深さが足りない、昔の小説はその時世が判るけれど、今の小説は今の風俗さへ判らぬ。諷刺が浅くて、直ぐに人を怒らせるのは余り智慧のない話ぢやないか」と、やはり現状批判に戻っていくのであった。

その後、乙羽は二度、勝邸を訪れ、談話記事を書いている。第三回は「雅俗談」と題され、勝の人生訓が披瀝された。第四回日は「経歴談」と題して、洋学の師である砲術家・高島秋帆（しゅうはん）（一七九八〜一八六六）について語った。

尾崎紅葉の「詩人」批判

『名流談海』には、乙羽と馴染みが深い小説家も登場する。その一人、尾崎紅葉は「詩人の話」と題して、「近頃流行の詩人」批判が展開されている。

詩人は、詩人といふものは如何な悪事をしても構はないやうに思つてをる。そりやア随分人の内幕に立ち入つて見たらば、色々な事がありませうが、いやしくも社会に対しては、詩人であるからといつて、没道徳、破廉恥な事をしても構はないといふ道理はない。

次女を抱いた紅葉。
「子を抱いて我老ひにけり今日の月」

詩人が口癖のやうに謂ひます。我々は詩人たる天職を尽くすに於いて、文学の犠牲となるものがある。その犠牲たる我々詩人が、些かばかりの不義理、不人情をしたからといつて、何もさう世間が責めずともの事だと、かういふ憐れな、低い穢(きたな)い理想を持つてをるものが、文学の犠牲もよくいへた話で、これがいやしくも崇高なる天職をもつてをると誇る詩人と謂はれませうか。

紅葉が具体的に誰のどのような行状を批判しているのかは書かれていないが、このインタビューが行われた三年前に自殺した詩人の北村透谷が「厭世詩家と女性」で、数多くの女性と浮き名を流し放蕩無頼な生活を送った英国詩人バイロン（一七八八～一八二四）らを例に挙げて恋愛至上主義を唱えたり、「万物の声と詩人」で詩人は世俗的な宗教や道徳とは異なる世界に生きており「牢獄も詩人は之を辞せず」と書いたりしていた。

交友関係も多い社交家である紅葉には、自分たちを特権的な存在だと主張する「詩人たち」の主張が許し難かったのかもしれないが、明治三十年、『読売新聞』で「金色夜叉」の連載が始まり、慢性の胃病が悪化し「神経衰弱」の診断を受けた時期だったことも関係しているのかもしれない。

乙羽は、「先生の作意を害することを怖れて、暫時にして、家を辞した」と結んでいるが、このとき玄関先で、前年三月に生まれた次女・弥生子を抱いた紅葉を撮影し、「子を抱いて我老ひにけり今日の月」という句とともに『名流談海』に掲載している。

幸田露伴

尾崎紅葉に続いて登場する小説家は、幸田露伴である。当時の露伴は、「風流佛」「五重塔」などを発表し、紅葉と並んで小説家の二大巨頭と目されていた。

『名流談海』に収録した露伴の談話「修文談」は、インタビューではなく、明治三十年の春、岡倉天心らと木曽を旅した乙羽が、神田に引っ越したばかりの露伴を新居に訪（おと）ない、一時間ばかり雑談して辞したが、帰宅してからも「どうもその一場の雑談が耳に残つてゐて、朧ながら半ばをすら忘れな」かったので、「後、日を経るほど半月余」に、話を思い出して記事にまとめたものである。

露伴は、谷中に住んでいたころ、近くの天王寺を舞台に「五重塔」を書いたり、京都から九州までの旅を題材に「いさなとり」という長編を書いたりしている。神田に引っ越したのは、「江戸の粋」を小説に書こう、という目論見があるのではないか。そう考えた乙羽は「この頃起草中と噂のある恋の俘（とりこ）の話」を聞き出そうとしたが、露伴は「その鋒先を外らして、作者苦心の状態を述べられた」。

露伴は「今の世の小説家」のなかで「もつとも文章に苦心」しているのは尾崎紅葉だと言う。「紅葉君の文は、断章零句といへども、事苟（ことかりそめ）にもせられぬ証跡は、ありありと原稿用紙に見え、その文字の上に現はれてゐる」。以下、よい文章を書くために何が必要か、露伴は縷々語っていく。

> 達筆な人は（中略）最初浮び得た思想を、直に文に写し、そのまま公にする人が多いが、それは賞めるべきではない。上手のする事で、銘（ママ）人のする事では無いと思ふ。

それ（浮かんだ思想）を練り、それを鎔かし、或は火にかけ、水に浸して、一文一厘狂ひの無い点まで敲き上げてこそ真正の名文とも、鍛鉄とも云ふべきなれ。

では、具体的にどうするか。露伴は月を例に挙げて言う。月を描くのに、「ブンマワシ（コンパスのこと）」を使って円を描きっ放しにするのではなく、まず「雲を描いて月に見せ」、さらに「描かぬ月の影を水に見せ」る。そこまでしておいてから「月も描かず、雲もあらぬ冬夜の、何処か月の寒い心持を、或る物体に写」してみせるのが、文章を書くということだ、と。あるいは、目に映ったことをそのまま長々と文章にする癖のある乙羽への、一種の諭しかもしれない。

なお、『名流談海』の初版には幸田露伴の写真はないが、再版で追加されている。

黒田清輝と「洋画問答」

乙羽は作家だけでなく、美術家との交流も深かった。『名流談海』には、日本画家の橋本雅邦（一八三五〜一九〇八）と、洋画家の黒田清輝（一八六六〜一九二四）が登場している。ここでは、黒田清輝の「洋画問答」を取りあげたい。『名流談海』におさめられたインタビュー記事のほとんどは、乙羽がメモと記憶を頼りにつくった文章だが、黒田との対話は速記者が同行し、一問一答形式で掲載されている。

黒田清輝は、明治十七年から九年間、フランスに遊学した。最初は法律家を目指したが、現地で画家の山本芳翠（一八五〇〜一九〇六）と出会い、勉強の息抜きに絵を描くようになった。法律学校を退学し、「外光派」の画家と呼ばれるラファエル・コラン（一八五〇〜一九一六）に師事した。「外光派」はフランスの古典主義に、ゴッホ、セザンヌら印象派の要素を取り入れた一派で、裸婦像が多かった。

明治二十六年に帰国した黒田が話題になったのは、京都で開かれた第四回内国勧業博覧会に出品した「朝妝（ちょうしょう）」である。日本で初めての裸婦像で、浴後の全裸女性が等身大の鏡に向かって髪を束ねているポーズを後ろから描いているが、鏡には女性の前姿が映し出され、画面左側に置かれた椅子には下着がかけられていた。この「朝妝」の写真版が出版されるが内務省によって発売禁止とされ、それがさらに話題を呼んだ（作品そのものは焼失）。

帰国して三年後の明治二十九年、明治美術会から独立し、岡田三郎助や藤島武二ら黒田の持ち帰った「外光派」の手法を取り入れた仲間たちと白馬会を立ち上げた。同年十月、上野公園内の内国勧業博覧会跡第五号館で第一回展覧会を開いた。インタビューは第一回展の翌月、十一月七日の土曜日に行われている。

黒田はこの日の日記に、「十時頃に博文館の乙羽氏が速記者岩崎氏同道で来たのでいろいろ画の話をした。三人で昼めしを食た（ママ）。乙羽氏はゆつくり話して帰つた」[5]と記した。この後、四時ごろに春陽堂の社員がやってきて、黒田から借りた絵を返却し、

⑤『黒田清輝日記 第二巻』中央公論美術出版、昭和四十二年

同社が新しく出版する雑誌などについて話をして帰っている。

　話は油絵の新派と旧派から始まった。新派とは、黒田率いる白馬会の「外光派」のことであり、旧派とは、浅井忠（一八五六〜一九〇七）ら明治美術会に残った、写実的な画風を堅持するグループのことである。その両派の違いを、黒田は「景色なら景色の形を記するのが旧派、新派といふ方はまづその景色を見て起る感じを書く。或る景色を見る時には雨の降る時もあり、天気の極くよろしい時もあり色々ある。その変化を写すのです」と説明する。

　旧派はお手本があり、その筆法で稽古するから二、三年でそれらしい絵ができる。しかし、新派はまず石膏や裸体を描かせて、物を見る目の寸法を拵える。「目の寸法といふ側をしつかり固めて置いて、それから油絵をやらせる」から二、三年描いたぐらいでは絵の形を成したものはできない、といった新旧の違いから始まって、パリの美術学校の話題など、四十頁近くと異例の分量が割かれている。

　なお、このインタビューが行われた四日後の十一月十日、再び黒田邸を訪問して、ちょうど来合わせた『読売新聞』の関如来や報知記者たちと四人で食事した。さらに十三日にも黒田邸を訪れ、来合わせた連中たちと山王山へ押し掛けて夜中まで騒いだ。黒田はその日の日記に次のように記している。

十一月十三日　金

合田が来又伊藤も見えた。十時過から学校に出かけ十二時半頃に白馬会場で安藤と一緒に為る。三時に内へ帰る。小代が門に待て居た。合田が来、佐野が来、和田が来、又乙羽が来た。此の人数で山王山に押かけた。高島　菊池　岩村　安藤が集まつた。都合十人。又米的も加つた。例の如く音楽隊をさかんにやつて会の歌が出来た。十二時過解散。合田大酔。乙羽とオレと三人でC．F．に立寄る。一時過に二人を置て一人帰る。

合田とは合田清のこと。第一章で明治二十一年七月、乙羽が磐梯山噴火を取材して『出羽新聞』に寄稿したとき、『東京朝日新聞』に山本芳翠が現場を取材したことを書いた。山本の写生をもとに版木を一晩二日で彫りあげたのが、この合田清だったのだ。

二十日にも乙羽は、白馬会の会合に参加して、「会場でオレと、洋画家の長原止水（一八六四～一九三〇）、同じく安藤仲太郎（一八六一～一九一二）の三人を撮影した」と、『黒田清輝日記』（二巻、四七九頁）に記しているが、この写真は未見である。

こうした美術家たちとの付き合いは、翌明治三十年の「文学美術家雑話会」結成の伏線になるものと思われる。

第四章　集合写真に見る乙羽人脈

大橋乙羽七七日忌の来賓

少し先回りする。

明治三十四年七月十九日、六月一日に大橋乙羽が死去した後の、七七日忌当日、来賓名簿には以下のような名前が並んだ。

ヨーロッパで統計学を学び、明治三十三年九月に帰国したばかりの伯爵柳沢保恵（やすとし）（一八七一～一九三六、のちの第一生命初代社長）、子爵牧野忠篤（一八七〇～一九三五、明治二十九年より貴族院議員、初代長岡市長）、男爵石黒忠悳、男爵末松謙澄、海軍少将肝付兼行（一八五三～一九二二）、野口勝一（一八四八～一九〇五、衆院議員）[①]といった政界の面々。

文学界からは、井上哲次郎（一八五六～一九四四、哲学者、新体詩運動の先駆者。のちに東京帝大文科大学学長）、高田早苗（一八六〇～一九三八）、坪井正五郎（一八六三～一九一三、日本の人類学の先駆者）、横井時敬（ときよし）（一八六〇～一九二七、『農学大全』など博文館から出版。のち東京農業大学初代学長）、坪内逍遙（一八五九～一九三五）、徳富蘇峰（一八六三～一九五七）、幸田露伴（一八六七～一九四七）、尾崎紅葉（一八六八～一九〇三）、長田秋濤（一八七一～一九一五、劇作家）、石橋思案（一八六七～一九二七）、遅塚麗水（一八六七～一九四二、『都新聞』記者）、落合直文（一八六一～一九〇三、歌人、国文学者）、佐佐木信綱（一八七二～一九六三、歌人、国文学者）、大和田建樹（たけき）（一八五七

① 野口は『風俗画報』（東陽堂）に毎号、論説を書いていた。このとき、乙羽編輯人。『日用百科全書』二十七編、『画法自在』執筆。なお、岡倉天心が五浦に移転するさい、出身地近くの縁で土地斡旋に尽力する。

〜一九一〇、「鉄道唱歌」の作詞者）、大槻如電（一八四五〜一九三一、『言海』大槻文彦の兄）、角田竹冷（一八五七〜一九一九、俳人、衆院議員）、永坂石埭（一八四五〜一九二四、医師、漢詩人）、坂正臣（一八五五〜一九三一、宮内省御歌所寄人）、久保天随（一八七五〜一九三四、中国文学者、台北帝国大学教授）。

さらに目に付くのは美術界からの出席者だ。川端玉章（一八四二〜一九一三）、寺崎広業（一八六六〜一九一九、『風俗画報』時代に乙羽と共同生活していた）、川辺御楯（一八三九〜一九〇五）、鈴木華邨（一八六〇〜一九一九）、武内桂舟（一八六一〜一九四二）、水野年方（一八六六〜一九〇八）、富岡永洗（一八六四〜一九〇五）、小堀鞆音（一八六四〜一九三一）、邨田丹陵（一八七二〜一九四〇）、島崎柳塢（一八六五〜一九三七）といった日本画家が多い。

政界の人脈は『太陽』、文学界人脈は『文藝倶楽部』、美術界人脈は『風俗画報』『文藝倶楽部』を起点とした付き合いだということは推測できるが、それにしても多彩な交友関係である。この章では、乙羽が撮影した集合写真などをもとに、彼の人脈を探ってみたい。

「文学美術家雑話会」の顔ぶれ

明治三十年十一月二十三日、上野の精養軒で、「文学美術家雑話会」〔補注1〕の第一

回会合が開かれた。会費は一円五十銭で出席者は百余人、発起人は、美術界から岡倉天心、橋本雅邦、川端玉章、岡崎雪声、高村光雲、文学界から坪内逍遙、尾崎紅葉、饗庭篁村、幸田露伴、官界から都筑馨六（けいろく）、新聞人の徳富猪一郎、そして博文館の大橋新太郎、大橋乙羽である。

この「雑話会」は、文学者と美術家との交流をはかるという趣旨で発足した。その年の四月、東京美術学校の事実上の初代校長であった岡倉天心（一八六三～一九一三）が、岡倉の腹心と言われた東京美術学校教務・剣持忠四郎（一八六四～一九〇九）、寺崎広業、川端玉章といったメンバーで、京都を旅行した。その帰り、岐阜の玉井屋で一同が一泊していた宿へ京都に取材にきていた大橋乙羽が夜中にかけつけて合流、中山道を善光寺まで八日間歩いた。翌日、加納宿の松並木にさしかかると、芝居好きな広業と忠四郎が「親の仇、そこを動くな。処もちょうど中山道、日頃の願いも加納の宿の、ここで会ったのは百年目」など芝居しながらの旅だった（『太陽』三巻十四号）。この道中、「雑話会」の構想が話し合われたと思われる。

美術界側の元締めが岡倉天心ならば、文学界側は坪内逍遙である。天心の内諾を得た乙羽は、尾崎紅葉や橋本雅邦らと相談しつつ、早稲田の高田早苗を通じて逍遙の担ぎ出しに成功した。

第一回会合の模様は、『新小説』（二年十三巻）に口絵で写真が掲載され、あわせて「時報」欄に出席者の名前が紹介されている。

△○岡倉天心
野村文挙
△○尾崎紅葉
長谷川誠也
土井晩翠
横山大観
広津柳浪
△○都筑馨六
泉　鏡花
遅塚麗水
梶田半古
半井桃水
△五十嵐光彰
合田　清
岡本甚吉
山田敬中
△福地源一郎
△松井直吉

△○饗庭篁村
内山正如
大町桂月
寺崎広業
濤川惣助
△依田学海
村田丹陵
大西　祝
△○川端玉章
巌谷小波
福井江亭
笹川種郎
坪谷善四郎
石川光明
△久米桂一郎
富岡永洗
大橋豊次郎
森篤次郎

菱田春草
畔柳郁太郎
望月金鳳
△○橋本雅邦
大出東皐(とうこう)
△○幸田露伴
△浅井　忠
大野洒竹
上田　敏
岡田正美
高山林次郎
久保田米斎
松本君平
関　如来
水野年方
野末嘉七
下条正雄
△○高村光雲

△○大橋新太郎
海野勝珉
香川嘩広
島崎柳塢
小堀鞆音
西郷孤月
△柳原義光
佐佐木信綱
△○徳富猪一郎
△三宅雄二郎
△姉崎正治
川之辺一朝
吾妻健三郎
安藤仲太郎
○岡崎雪声
斎藤八三郎
△○大橋乙羽
△前田健二郎

高橋玉淵
下村観山
田岡嶺雲
本多天城
松野霞城
福地復一
△○坪内逍遥
小杉天外
吉岡　育
幸田成友
角田竹冷
△石橋忍月
堀川利尚
落合直文
吉川孝七
鈴木得知
端館(はしだて)紫川
尾形月耕

(○は発起人、△は次回委員)

出席した依田学海は、このときの様子を以下のように振り返っている。

午餐となり、学海は徳富蘇峰、福地源一郎（桜痴）、都筑馨六と並んで談話していたが、そこに博文館の坪谷善四郎がやってきたので、三日前に発売されたばかりの『太陽』（三巻二十三号）が話題になった。『太陽』に連載されている鳥谷部春汀（一八六五～一九〇八）の「人物月旦」で、たまたま徳富蘇峰の「変質」が批判されていたのだ。坪谷が「あの文章はいかに」と問うと、蘇峰は「あれは手袋を投げて人のかしらをうつようなもんだ」と笑って答えたという。その後、岡倉天心の求めに応じて依田学海が挨拶に立ち、会の由縁を語った後、「なお、持続せんことを望む」としめた。次に徳富蘇峰が挨拶し、幹事を置くことで会を永続させようと提案した。

散会の際、乙羽は出席者に第二回白馬会展覧会の入場券を配った。依田学海は広津柳浪とともに展覧会を見学し、その日の日記に「白馬会には例の世にかまびすかりし黒田某、裸体婦人の像三つあり。金紙に墨をもてかきしものなり。さまでの妙を覚えず。殊足長くして、日本人の骨格にかなはざるやうなり」（『学海日録』十巻、四一四頁）と書いているが、これは黒田の「智・情・感」と題する三枚つづきの裸婦画を指している。他に黒田の代表作「湖畔」も出品されている。

その二ヵ月後の翌明治三十一年一月三十日午後二時から、「文学美術家雑話会」の第二回会合が芝の紅葉館で開かれた。集まったのは第一回より少なく七十九名で、発起人である岡倉天心や橋本雅邦などが出席していない。内田魯庵、饗庭篁村も欠席していた。

会合は大橋乙羽が挨拶した後、福地桜痴の演説があった。散会後、有志が集まって記念撮影となり、例によって乙羽が撮影した（百八五頁）。写真の顔ぶれを見ると、博文館ゆかりの作家や画家が多く、実際、会費が払えなかった出席者には、大橋新太郎がポケットマネーで立て替えたと言われている。

ところでこの第二回会合は、硯友社同人の江見水蔭の送別会を兼ねていた。江見は、この会合の少し前、巖谷小波に借金の相談をしにいったところ、一月二十八日、赤坂溜池の料亭三河屋で新年会をやるから来い、と言われた。その席で紹介されたのが、東京帝国大学文科大学漢学科を卒業したばかりの白河鯉洋（一八七四〜一九一九）だった。白河は、この年に創刊された『神戸新聞』に招聘されていた。江見も、『神戸新聞』に勤めることに決まっていた。「文学美術家雑話会」写真が掲載された同じ号の『太陽』消息欄は「江見水蔭　白河鯉洋と相携えて、去る紀元節を以て産声を挙げし神戸新聞の保母となりて西下せり。関西の文壇に一新彩を添へむ」と報じている。

乙羽は、水蔭の送別会記念として、紅葉館の廊下に大橋新太郎、柳浪、紅葉、小波、鏡花、桂舟、それに高田早苗を並ばせて写真を撮った。ピントを合わせたあと、自動シャッターを押してから、急いで自分も後列に並んだ（百八六頁）。この写真は、江見水蔭が昭和二年に著した『自己中心明治文壇史』の口絵として飾られているが、印刷上の原因か、廊下に並んだ後列の鏡花、乙羽、柳浪、大橋新太郎の顔がよく見えない版がある。

なお乙羽は、翌明治三十二年十月二日、耶馬渓行の帰りに博多に立ち寄り博文館の

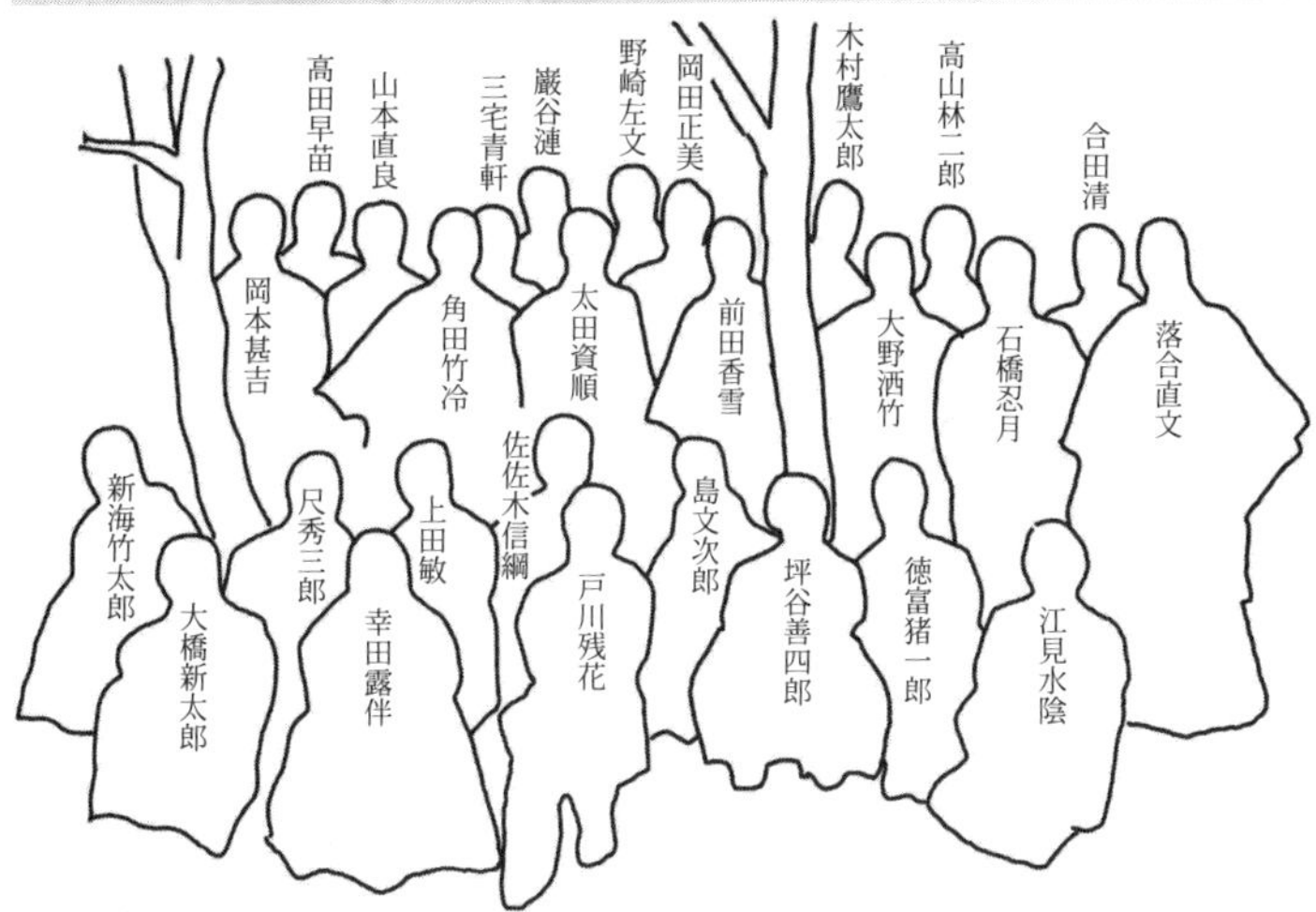

「文学美術家雑話会」〔補注2〕

明治三十一年水蔭神戸行の送別撮影（紅葉館）
泉鏡花　大橋乙羽　廣津柳浪　大橋博文館主
武内桂舟　尾崎紅葉　江見水蔭　高田早苗博士　巖谷小波

明治 31 年、水蔭神戸行の送別撮影
江見水蔭著『自己中心明治文壇史』

特約大売捌所、積善館支店を表敬訪問して一泊したさい、翌日、『神戸新聞』から出身地福岡の『九州日報』主筆に転じた白河鯉洋を訪ねている。その十一日後、乙羽は神戸・三宮駅で水蔭と会い、一緒に大阪行きの汽車に乗って西宮駅で一時下車、えびすの宮に参詣してから在阪の文学者たちによる歓迎会に出席した。この汽車のなかで乙羽は、江見水蔭の神戸に対する不満を聞き、博文館へ入ることを勧めた。水蔭が正式に博文館への入館が決定する通知を受け取ったのは十二月になってからだ。

〔補注1〕

伊藤整の『日本文壇史5』（講談社）には「文学美術家雑誌会」とあるが、これは『自己中心明治文壇史』に「文学美術家雑話会」とあるのを引用したとき「雑話」が「雑誌」になったと思われる。

なお、『学海日録』では「文学雑話会」としているし、『岡倉天心をめぐる人々』（岡倉一雄著、中央公論美術出版）では「文芸美術会」の注として「文学家・美術家の雑話会を開いた」とある。この写真が掲載されている『太陽』四巻四号も写真説明には「雑話会」とあるのに、紹介文のタイトルは「談話会」となっていて、当時からこの会の名前が混乱していたようだ。ここでは、写真説明の「雑話会」をとった。

〔補注2〕

撮影当時の博文館との関係にあった人を中心に紹介。右端後列から、

＊落合直文　（一八六一～一九〇三）陸前（宮城県）
明治時代の歌人・国文学者。博文館から『日本文学全書』（共著、二三年）、『新撰歌典』（共著、二四年）等を出版していた。

＊合田　清　（一八六二～一九三八）江戸
明治時代の版画家。明治二十一年七月十五日、磐梯山が大爆発をしたとき、『東京朝日』の依頼で山本芳翠が現地に飛び、写生した版木を合田が彫り上げ、新聞の付録とした。大橋乙羽が外遊中、乙羽に代わって『太陽』にパリの写真を発表している。

＊石橋忍月　（一八六五～一九二六）福岡
文芸評論家・小説家。山本健吉は石橋忍月の三男。雑誌『新小説』（春陽堂）の編輯を手伝う。撮影時三十三歳。翌年、長崎地方裁判所判事。

＊高山林次郎（樗牛）（一八七一～一九〇二）山形
乙羽の勧めで、仙台第二高等学校教授を退職して、明治三十年四月に入館、『太陽』の主幹として、創業十周年『太陽』記念号に「明治の小説」を三十頁にわたって掲載するなど活躍する一方、東大教授となる。高山樗牛の崇拝者は多く、その文章が掲載されていると『太陽』の売れ行きが一万違うといわれた。

＊大野酒竹　（一八七二～一九一三）熊本
明治時代の俳人・医者。明治三十年に博文館『俳諧文庫』を上梓。

＊木村鷹太郎　（一八七〇～一九三一）愛媛
明治大正期の評論家・翻訳家。『東西倫理学史』（博文館）を出す一方、バイロン紹介者として名をなす。

＊前田香雪　（一八四一～一九一六）江戸下谷
明治時代の新聞記者、小説家、書画鑑識にすぐれ、明治初期の美術団体・竜池会（明治

二十年、日本美術協会と改称）などの創設に尽くす。乙羽は明治三十年、香雪を訪ね、「意匠」についてインタビュー。

＊岡田正美（一八七一～一九二三）長野
明治・大正期の国語学者。『日本文典　解説批評』上・下（博文館　明治三十五年）などを著して文章法研究の先駆者となる。

＊野崎左文（一八五八～一九三五）高知
新聞記者、狂歌師。博文館から『日本名勝地誌』全十二冊を出版した。

＊太田資順（一八六三～不明）山形
高山樗牛の叔父。文部省の教科書・出版事業を民間に移した大日本図書の支配人・取締役として経営に努める。のち『樗牛兄弟』編。

＊巖谷漣（小波）（一八七〇～一九三三）東京
明治・大正期の小説家・童話作家。京都『日出新聞』に勤めていたのを大橋新太郎の要請で帰京。『少年世界』（博文館）主筆として毎号少年文学やお伽噺を書いて人気を博す。

＊三宅青軒（一八六四～一九一四）京都
明治の小説家。博文館へ入り、『文藝倶楽部』編輯に携わるが三十五年に退館。

＊角田竹冷（一八五六～一九一九）駿河
明治・大正時代の俳人・代言人・議員。議会開会中、『読売新聞』の政治面に軽妙な時事俳句を挿入して、時事吟のジャンルをつくる。

＊高田早苗（一八六〇～一九三八）江戸
明治・大正・昭和の教育者・政治家。東京専門学校（のちの早大）設立に参画、同校で英国憲法史やシェークスピアを講ずるかたわら、明治二十年読売新聞に入社。のち、政界にも進出。

＊江見水蔭　（一八六九～一九三四）岡山県
明治・大正期の小説家。『文藝倶楽部』拾編（博文館）に「女房殺し」を発表して認められるが、のち、通俗小説へと転身して、大衆小説家の先駆的存在となる。博文館には明治三十二年末、『太平洋』創刊にあわせて入館。『自己中心明治文壇史』『硯友社と紅葉』など資料的価値として高い。
＊徳富猪一郎（蘇峰）（一八六三～一九五七）肥後（熊本県）
明治・大正・昭和の評論家で、徳冨蘆花の兄。『国民の友』『国民新聞』創刊。
＊坪谷善四郎　（一八六二～一九四九）越後（新潟）
大橋佐平の初期からの同志。東京専門学校在学中に博文館に入館、明治二十三年には編輯局主幹となる。編輯局員の大多数は坪谷の先輩・同窓で占められていた。『博文館五十年史』『大橋佐平翁伝』『大橋新太郎伝』の他、水哉の号で『山水行脚』『東西南北』等の紀行文が多数ある。
＊島文次郎　（一八七一～一九四五）
明治の漢詩人・野口寧斎の弟。露伴の弟、幸田成友と帝大を同期に卒業していて、学生時代、仲間と文学会をつくり露伴の指導を仰いでいた。
＊戸川残花　（一八五五～一九二四）江戸
明治・大正の文学者・宗教家。旧幕臣として明治維新当時彰義隊に加わり、のち、キリスト教に帰依。『文學界』の客員となる。長女・達子は一葉から短歌や古典、書を学んでいる。
＊佐佐木信綱　（一八七二～一九六三）三重県
明治・大正・昭和の歌人・歌学者。国学者である父・弘綱との共著『日本歌学全書』（博文館）正続二十四冊刊行を開始。明治二十九年『めさまし草』に歌を発表し、歌誌『いささ川』を創刊。和歌革新の運動の有力な旗頭となった記念すべき年である。
＊上田敏　（一八七四～一九一六）東京

明治時代の詩人・翻訳家。『文學界』『帝国文学』『明星』誌上に詩・評論・翻訳等を発表。この写真は東大卒業六ヵ月前の二十三歳のとき。

＊幸田露伴　（一八六七〜一九四七）江戸

明治・大正・昭和にかけての小説家・随筆家。この写真のとき三十一歳。

＊尺秀三郎　（一八六二〜一九三四）江戸

明治・昭和の教育者、ドイツ語学者。『教育原理』（明治四十年）を博文館より上梓。

＊大橋新太郎　（一八六三〜一九四四）長岡

明治・大正・昭和の実業家。博文館創業者・大橋佐平の嗣子。副館主として手腕を発揮する。『帝国文庫』五十巻、『日清戦争実記』五十巻の出版に着手して、明治期を代表する出版社の基礎を築く。明治三十八年、合資会社博進社工場を株式会社博文館印刷と改める（大正十四年、精美堂と合併、共同印刷株式会社となる）。明治三十四年には佐平の遺志を受け継いで、民間で初の本格的図書館、大橋図書館（現、三康図書館）を開設。昭和十年に日本工業倶楽部理事長となる。

＊新海竹太郎　（一八六八〜一九二七）山形

明治・大正の彫刻家で、号は古竹。代々仏師彫刻を業とする家に生まれ、幼少より彫刻を好む。のち、ドイツに留学して塑像を専攻。

左から
大橋乙羽
新海竹太郎
細谷五郎
写真提供／新海堯氏

なお、この「文学美術家雑話会」は明治三十二年一月末に第三回目が開かれたが、以後の記録はない。『近代日本総合年表第三版』（岩波書店）、『日本近代文学大事典』（講談社）などにも項目として掲載されていないが、当時の文学者と美術家との交流を知る上で貴重な写真といえよう。

黒田清隆に随行して富士登山

『太陽』（四巻十八号、明治三十一年九月五日発売）には、「黒田侯爵富士登山」と題し、薩摩閥の重鎮で総理大臣も歴任した侯爵黒田清隆（一八四〇〜一九〇〇）とその一行の富士登山を撮影した写真が口絵に掲載された。撮影したのは大橋乙羽である。乙羽が黒田から富士登山に誘われ、同行したのは明治三十一年八月七日だった。同行者は新聞記者の本田種竹、同じく末永鉄巌、洋画家の中村不折という顔ぶれである。その日の十二時新橋発の汽車に乗り、御殿場駅で下車すると、気象学者の野中至とその一行が出迎えた〔補注3〕。

野中至は明治二十八年夏、私財を投じて富士山頂にわずか六坪の測候所をつくり、十月一日から気象観測をはじめ、日本で初めて富士山頂での越冬を試みたことで知られている。

一行は、御殿場で休憩した後、午後六時半、強力五名をともない、黒田は腕車（人力車）、他の同行者は馬車で出発した。御殿場の登山口は明治十八年に開鑿（かいさく）された新道で駅から頂上までは約八里（三十二キロ）。滝川原村を経て馬返しまでの一里八丁は馬に乗れるが、それから残る六里二十八丁は徒歩となる。

濃霧がひどく、途中、小川をわたる土橋から馬車が転落する騒ぎもあったが、滝川

富士山頂における黒田候爵の一行。

原村で馬に乗り換え、太郎坊で徒歩になり、一合目にたどり着いたのは夜中の一時、三合目の小屋に着いたのは四時近かった。さらに歩いて途中で夜明けを迎え、七合日で一眠りし、八合日で休んだ後、頂上に着いた。そこで撮影した集合写真が、『太陽』に掲載されたのである。

その日は早めに就寝し、翌朝、山頂の八つの嶺のひとつ成就岳で朝日を拝み、下山を始めた。七合日からは草履をはき、一気に太郎坊まで駆け下りて昼食。滝川原村村長が用意した馬に乗り、詩吟を謡いながら滝川原村に着いた。茶屋で休憩している間も、乙羽は写真を撮影し、中村不折は写生に興じた。御殿場で入浴してから汽車に乗り、新橋駅に戻ったのは八月八日の夜十一時である。

それから三年後の明治三十四年八月、野中は『富士案内』という書を春陽堂から刊行する。「富士山頂絶頂之図」「富士山付近実測図」などの地図のほか、中村不折のスケッチ二十八葉や、乙羽の同行記「富士詣」も収録された。その翌明治三十五年夏、七月五日から八月三十一日にかぎり、東京から御殿場行きの往復切符が二割引で発売された。逓信省鉄道作業局の企画で、富士登山を奨励するために「富士の栞」と題するパソフレットも発行している。

ちなみに明治三十五年当時の新橋駅から御殿場駅までの運賃は、三等でも一円七十六銭。山中の岩室での宿泊料は最上等が一円、上等が七十銭、中等が五十銭（団体料金は三十五銭）だった。御殿場から滝川原村までの人力車（片道）は一円、乗馬

同行した中村不折のカット。野中至『富士案内』（春陽堂、明治三十四年八月）には乙羽が黒田侯に随行して登岳した記録「富士詣」が収録されている。

料は六十銭である。他に強力の宿泊料は一人あたり四十銭、草鞋が五足十五銭、弁当は二十銭などがあり、富士登山にかかる費用は一人あたり四円から五円というのが相場だった。

なお明治三十八年八月八日には、大橋佐平の妻・松子が孫の正介を連れて富士山に登っている。ちょうどその日の午後、葉山の別荘にいた孫の八重子と貞子が海水浴の最中に水死した。その悲報を知らせるべく、博文館の内山正如が新橋から東海道線に乗り、御殿場に着いたのは午前二時だった。宿の提灯を借りて夜道を急ぎ、「なき魂はいづくならん我も又たよみじを辿る心地なりけり」などと呟きながら太郎坊まで歩いて、松子の下山を待っていた。

〔補注3〕

このとき黒田に随行した人々のプロフィールは以下の通りである。

＊野中至（いたる）（一八六七〜一九五五）筑前国（福岡）

明治・大正・昭和期の気象学者。明治二十二年以来、高層気象観測を志し、富士山山頂に観測所設置を提案。明治二十八年自ら経験を得るため、八月、山頂に木造小屋を私設。十月一日により十二月二十一日までの滞岳八十二日間の報告書を中央気象台に具申。後の富士観測所の先駆けとなる。和田雄治は「富士山頂観測所」（『太陽』二巻一号）と題してこの間の事情を書き、口絵写真には野中至夫妻の顔写真が紹介された。

＊本田種竹（しゅちく）（一八六二〜一九〇七）阿波（徳島）

明治時代の官吏・漢詩人。伊藤博文がハルビンで暗殺された際、自身も銃弾を受けて負傷した。

＊末永鉄巌　（一八六七〜一九一三）筑前国（福岡）明治時代のジャーナリスト。名は純一郎。日清戦争時、従軍記者として中国に渡り孫文らと交わる。

＊中村不折　（一八六六〜一九四三）江戸洋画家・書家。森鷗外の墓碑銘をかく。大橋乙羽著『歐山米水』の扉に「田家牧牛の図」を、また『歐米小観』ではカットを描いた。

弟子たちの「雅邦会」と、雅邦の「画宝会」

明治三十二年一月新年号の『文藝倶楽部』は今をときめく当代八名家の美人画を巻頭に掲げて、話題をさらった。登場した画家は以下のとおりである。

橋本雅邦「つくばね」（現代の娘）
小堀鞆音「羽根の行へ」（現代の娘）
横山大観「鳥の行へ」（田舎の布晒し女）
下村観山「すごろく」（大和絵美人二人）
山田敬中「雪の日」（現代の娘）
寺崎広業「涼しき月」（御殿女中）
西郷孤月「五湖の月」（支那美人）

菱田春草「竹の窓」（現代貴婦人）

後年、坪谷善四郎は『博文館五十年史』で、「新年号文藝倶楽部口絵の偉観」という章をたてて、この口絵企画を紹介し、「（この）八図は後年にはその一図だけでも容易に得難きものである」と書いた。

この八名はいずれも橋本雅邦の弟子たちであるから、橋本を通して掲載を依頼したと考えるのが自然であろう。二ヵ月前の明治三十一年十一月号の『太陽』（四巻二十三号）には、松源楼で開かれた雅邦と弟子たちによる「雅邦会」の会合の打ち上げの集合写真が掲載されている。撮影したのは大橋乙羽で、横山大観（左から二人目）、寺崎広業（右から二人目）らも写っている。この撮影のとき乙羽は、『文藝倶楽部』明治三十二年新年号口絵へ弟子たちの絵の提供を依頼したとも考えられる（なおこの年の十二月、横山大観と寺崎広業が、熱を出して臥せっていた乙羽の家に押しかけて酒盛りを開き、大観が「神の来たりて我に筆をとるべしと命じた」と称して新聞紙を丸めて筆がわりとし、襖に老松を描いた）。

同年春には、『太陽』（五巻七号、明治三十二年四月五日発売）の口絵に「画宝会に於ける川上陸軍大将と橋本雅邦翁」と題するツーショット写真が掲載された。画宝会は、川越出身の橋本雅邦のため川越の有志が結成した会で、その会合に駆けつけた徳富蘇峰は、画家の会合に陸軍高官が出席していることに驚いた。[②]

川上操六（一八四八〜九九）は薩摩藩出身で、幕末の鳥羽・伏見の戦にも参加した

②『国民新聞』明治三十二年三月十八日付「東京だより」門外漢

上は橋本雅邦と弟子たちによる「雅邦会」打ち上げ集合写真。
後列中央に立つのが雅邦。前列左２人目の横山大観と右２人目の寺崎広業（腕を組む）。この２人が 12 月に風邪で寝ていた乙羽を見舞にきて、かたわらで酒盛りした、という記事がでた。

左頁の「画宝会」は川越出身の橋本雅邦のため川越の有志が結成した会で、川上が雅邦を訪問したときの玄関先のショット。

畫寶會に於ける

川上陸軍大將と橋本雅邦翁

MARSHALL VISC. KAWAKAMI AND MR. G. HASHIMOTO.

「画宝会」における川上操六（右）と橋本雅邦。

長い経歴を誇る軍人である。明治陸軍の近代化を進め、参謀本部次長として日清戦争における日本軍の戦略を立案したが、明治三十一年から病がちになった。橋本雅邦との交際も病閑の間に始まり、美術に心を寄せるようになった。

　同じ明治三十一年、東京美術学校を追われた岡倉天心が日本美術院を設立するが、文部省の圧力もあって寄付金が集まらない。岡倉の同志でもある橋本が同美術院の院長に就任すると、川上は三百円を寄付している。また、橋本の「十六羅漢」の双幅を千円で購入するなど、支援を惜しまなかった。

　明治三十二年五月十一日、『太陽』に橋本とのツーショット写真が掲載された翌月、川上操六は死去する。少し後のことだが、博文館の老館主・大橋佐平は、三固商会の木村粂市を通じて土地を探していたところ、推薦された物件のなかに麹町区上六番町にある故川上操六の遺邸があった。地所千坪に和洋二百坪の建物が建ち、眺望も良く、番町でも有数の大邸宅であったが、世間では幽霊が出るという噂があり、「番町皿屋敷」と呼ばれていた。佐平は、今時、狐狸の怪異は人知未開の迷説で、現に川上大将のごとき偉人が永眠された由緒正しい邸宅ではないか、その噂のために安く手にはいるのだから、実に物怪（もっけ）の幸いなり、とこの年の暮れに購入している。

　翌明治三十三年三月三十一日、大橋乙羽は欧米外遊に出発する。そのはなむけに、橋本雅邦は、文殊菩薩の絵を贈った。帰国後、乙羽は欧米での見聞録をまとめた『欧山米水』を出版するが、巻頭にこの文殊菩薩絵を飾った。

大倉喜八郎の園遊会

「奠都三十年祭」が終わって約一ヵ月後の明治三十一年五月二十三日から三日間にわたり、政商と呼ばれた大倉喜八郎（一八三七～一九二八）の還暦と銀婚式をかねた園遊会が、赤坂区葵町三番地の大倉邸で行われた。この園遊会に大橋乙羽は高等接待員という名目で参加し、燕尾服姿で当日の写真を撮影している。

大倉喜八郎は越後新発田（しばた）の出身。十八歳のとき、単身江戸へ出てきて乾物屋を開き、ついで鉄砲店大倉屋を営み成功した。慶応四年の戊辰戦争で官軍御用達を務めて政商となり、西南・日清・日露戦争における軍需物資の調達を請け負って巨額の利を得、大倉財閥を築いた。明治三十年に発表された東京都下における貴族院多額納税者議員互選人名簿によると、大倉は納税額第一位[③]となっている。

大倉喜八郎も、大橋佐平も、同じ越後の出身である。大橋は地縁をフル活用して人脈を築いた。明治二十年に上京した大橋が最初に訪ねたのは、本郷弓町二丁目に住んでいた同じ長岡出身の医学者・小金井良精である。良精は当時、最初の妻と離婚して独身だった。佐平は同郷のよしみで、近くの家を紹介されて借り、『日本大家論集』の看板を掲げて出版業に乗り出す。

翌明治二十一年、小金井良精は、森鷗外の妹・喜美子と結婚する。大橋は、やはり

③『太陽』明治三十年五月二十日

大倉邸表門

（大橋乙羽君撮影）

園内より邸宅を望む

大倉喜八郎園遊会の写真４点は『銀婚之記』(非売品 / 明治 31 年 12 月 15 日発行)に掲載されているものを引用 (撮影 : 大橋乙羽)。

越後出身で、森鷗外の直属の上司だった陸軍軍医総監・石黒忠悳（生まれは福島だが、十六歳で越後小千谷の石黒家の養子となった）とコネクションができた。明治二十六年、大橋佐平がシカゴの万国博覧会を視察する直前、在郷新潟県人会による送別会が紅葉館で開かれているが、発起人六人のうち二人は、大倉喜八郎と石黒忠悳である（残る四人は銀林綱夫、三間正弘、高田慎蔵、梅浦精一）。

乙羽が、大倉喜八郎の園遊会に参加できた背景には、こうした経緯があった。

当日の午後二時半ごろ、目玉となるイベントがはじまった。「ハアポンポンの囃子の音が聞こえて、カチカチの拍子木に奴道成寺の幕が開いた、それが済むと、次は操三番で、亀蔵と家橘（かきつ）とが、一わたり舞い終つて、楽屋に退くと、菊五郎の三番叟（さんばそう）は操り姿で、舞台に平伏する。ドド滑稽の身振り有りて、舞ひ納むれば、見物はヤンヤと賞め立てる」[④]と乙羽は書いている。

名人と言われた五代目尾上菊五郎（一八四四～一九〇三）を引っ張り出したのは、小説家の村上浪六（一八六五～一九四四）だった。町の侠客が活躍する撥鬢（ばちびん）小説を得意とし一時代を築いた売れっ子だが、大倉が邸内の一角でコレクションを展示していた美術館（大倉集古館）にしばしば足を運び、大倉喜八郎と顔なじみになった。

園遊会が開かれることが決まると、大倉は、当代の名優・九代目市川団十郎（一八三八～一九〇三）に出演してもらいたいと考えた。そこで顔の広い村上浪六に白羽の矢が立てられた。

④『太陽』四巻十三号、「銀婚園遊会」

だが団十郎は断った。園遊会の日と歌舞伎の舞台が重なっていた。そこで、尾上菊五郎に依頼することになったが、歌舞伎の舞台と重なっているのは団十郎と同様である。村上は一計を案じた。五代目菊五郎は蕎麦に目がない。「歌舞伎の合間にうまい蕎麦を食べにいきませんか」と誘った。

園遊会当日の二十三日、村上は、歌舞伎座の楽屋裏口に二台の箱馬車を並べ、幕が下りて舞台を降りてきた菊五郎をそのまま馬車に乗せた。馬車のなかには鏡台や化粧道具が揃えてあって、歌舞伎座から赤坂葵町の大倉邸までの間に顔を拵えた。大倉邸に着くと、うちたての蕎麦が供された。菊五郎は操三番に拵えた化粧顔のまま、ざる蕎麦二枚を平らげた。すぐに横笛の音が響き渡り、菊五郎の三番叟の舞台となる。園遊会は三日三晩行われ、菊五郎は三日とも三番叟を舞った。

二日目の二十四日、この園遊会の席で大橋佐平は石黒忠悳男爵に、大橋図書館を設立したい旨を相談し、同席した文学博士・上田萬年（かずとし）、帝国図書館館長・田中稲城、そして安田善次郎の協賛を得た。日本初の本格的な私立図書館・大橋図書館（現、三康図書館）はその三年後の明治三十四年七月に麹町区上六番町四四番地で起工し、明治三十五年六月七日に竣工した。

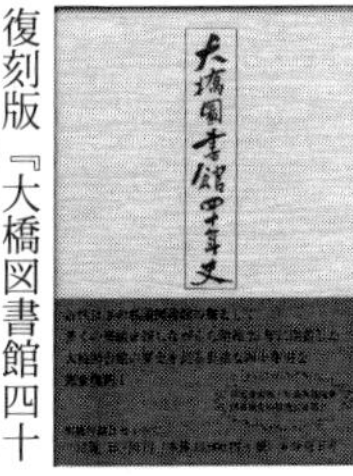

復刻版『大橋図書館四十年史』編集委員会編、三康図書館

男子特別閲覧室

兒　童　室

大橋図書館男子特別閲覧室(上)と児童室。

石黒男爵の多聞山荘
BARON ISHIGURO'S VILLA AT WASEDA.

安田善次郎氏の深秀園
MR. Z. YASUDA IN HIS GARDEN.

上：大橋佐平が大橋図書館設立を相談した石黒忠悳（多聞山荘にて）。
下：大橋図書館設立に協賛を得た安田善次郎と深秀園。

上：深秀園の池亭。

下：早稲田邸に於ける大隈伯と菊花壇。近くに多聞山荘がある。

九代目団十郎の別墅を訪れた異色の顔ぶれ

前項で触れた九代目市川団十郎の写真も、大橋乙羽は茅ヶ崎の別荘に訪れて撮影している。明治三十二年六月二十五日だった。その日、乙羽は、招待された十三人の名士たちと、午前八時に新橋停車場に集合し、団十郎の別荘に向かった。同行者は、法学界の重鎮・穂積陳重（一八五五～一九二六）、経済学の権威・和田垣謙三（一八六〇～一九一九）、英語学者の男爵・神田乃武（一八五七～一九二三）、『東京日日新聞』主筆の朝比奈知泉（一八六二～一九三九）、作家の尾崎紅葉、長田秋濤、駐日イタリア公使、駐日ポルトガル代理公使、駐日スペイン領事と、イタリア人三名である。

八時三十分発の国府津行きの汽車、車室一台分を団十郎が招待客のために貸し切りにしていた。当時の新橋～茅ヶ崎間は一等で一円五十六銭（二等は九十三銭、三等は五十三銭）だったが、団十郎が歌舞伎座から入る出演料は年に二万五千円、月々の生活費が千円から千五百円だったので、車室一台借り切るくらいはたやすいことだった。

九代目団十郎の名声は、明治二十年四月、麻布鳥居坂の井上馨邸で開かれた天覧歌舞伎以来高まる一方だった。明治維新後、団十郎は歌舞伎の近代化をめざし、文学者と組んで時代考証を重んじた題目を演じたが、興行的には不成功で、一万六千円の負債を抱えた。だが、明治天皇の御前で歌舞伎を演じたことをきっかけに、伊藤博文や松方正義ら明治の元勲と交流を持ち、明治二十二年の歌舞伎座開場をきっかけに人気が上昇、明治三十年代には二十万円の資産を有する富豪になっていた。日本銀行に五万円を貯金していたほか、二百八十坪の土地に土蔵を三つ備えた邸宅を築地に構え、茅ヶ崎の別荘も三万円で購入した。

乙羽の一行が茅ヶ崎駅に着いたのは十時三十二分であった。団十郎の別荘・孤松庵は、駅から一里ほど離れた場所にあり、団十郎夫妻に加え、長女の堀越実子（二代目市川翠扇、一八八一〜一九四四）と妹の富貴子が出迎えた。

この日、乙羽が撮影した一枚の写真が、団十郎の養子である五代目・市川三升が昭和二十五年十一月に上梓した『九世団十郎を語る』（推古書院）の口絵写真に「茅ヶ崎別荘に外交団招待」として掲載されている。撮影者や日時は明記されていないが、キャプションから、このとき乙羽が撮影した写真だということは明らかだ〔補注4〕。

ところで、団十郎を囲む十三人の顔ぶれは、各国の外交官あり、法学博士あり、男爵あり、作家あり、ジャーナリストあり、そのうえ乙羽と、一見、異色の組み合わせであるが、彼らの間にはどのような繋がりがあるのだろうか。

法学界の重鎮・穂積陳重は、この茅ヶ崎行きに先立つことほぼ二ヵ月前の五月一日、この秋十月にローマで万国東洋学会が開かれるにあたって委員として派遣される辞令を受け取っていて、それにともなってイタリア公使館に坪井九馬三（くめぞう）（文科大学教授で西洋史学）とともに招待されていたのだった。この夜の招待客のなかに団十郎や紅葉などの顔ぶれがあったので、おそらく団十郎はそのときの返礼として、イタリア公使

上：九代目団十郎が孤松庵に招いた一行。
下：団十郎と娘たち。長女実子、次女富貴子。

上：弘松庵の集合写真。柱に寄りかかり立つ市川団十郎とその前に立つ中村福助。
下：茶座敷ふうに造られた化粧部屋で骨董談義している団十郎と歌舞伎座専務・井上竹二郎、それに三代目春風亭柳枝。

をはじめ各国外交官や、パーティーの出席客を茅ヶ崎に招待したのではないかと、孫の大東文化大学元学長・穂積重行は指摘している。

この一行になぜ大橋乙羽が同行できたのか。乙羽は、博文館へ入館する前から、五代目市川新蔵（一八六一～九七）と文学仲間であった。五代目新蔵は、息子のいない九代目団十郎の養子で、いずれ十代目を嗣ぐと言われた役者だったが、惜しいことに三十六歳で亡くなった。みずから小説を執筆する才人でもあり春陽堂が刊行していた『学園花壇』明治二十七年一月二日号では、乙羽が「高利貸」を、市川新蔵が「新刀正宗」を発表している。このころ、乙羽は画家の寺崎広業と、常磐津節の名跡である初代常磐津林中（りんちゅう）（一八四三～一九〇六）宅の二階に間借りしているが、常磐津林中は団十郎の舞台で地唄を務めているから、おそらく乙羽は、この明治三十二年になってから、旧知の林中を通して、団十郎一家の訪問団に写真担当として参加することに成功したのではないか。このときまで乙羽と団十郎との間にコネクションがなかったことは、前年の大倉喜八郎の園遊会に団十郎を招くにあたって、乙羽ではなく村上浪六が使われたことでも明らかだ。

フランス文学者で作家の長田秋濤は、前年に英仏留学から帰国したばかりで、川上音二郎らと組んで演劇改良運動に携わっており、団十郎とも近い関係にあった。『太陽』四巻二十四号に「巴里繁盛記――劇場と楽屋」を寄稿しており、後に乙羽が洋行する際、自宅で歓送会を催している。

〔補注4〕

「前列右から長田秋濤、伊太利公使オルヒニ、穂積陳重博士、団十郎、朝比奈知泉、西班牙領事。後列右から神田乃武、尾崎紅葉、伊太利総領事ガスコ、同公使館員ブラチャリニ、駐支伊公使フレイタス、ひとりおいて、和田垣謙三博士」とある。乙羽の文章に出てくる外交団の名前とこの写真に掲載されている人名とが一致しないが、発音上の違いか、あるいは乙羽か三升かのどちらかの記憶違い、聞き違いによるものと考えられる。たとえば同じ年に刊行された『太陽増刊　明治十二傑』には「太陽名誉賛成員諸君姓名」の一覧表があるが、それを見ると伊国欄に「日本駐剳全権公使ヲルフェニー」の名が見えるが、これはオルヒニと同一人物であろうと思われる。

日本橋倶楽部で開催された竹柏会懇親会

市川団十郎訪問写真が掲載された『太陽』五巻十四号の口絵には、乙羽が撮影した「佐佐木信綱氏竹柏会発会式」も載っている。

前年の明治三十一年一月、歌人で国文学者の佐佐木信綱は、父・弘綱との共編で博文館から『続日本歌学全書』十二冊の刊行を始めた。明治二十三年十月、十九歳のときに刊行を開始した『日本歌学全書』（十二冊）の続編である。この年、信綱は三年前からはじめた歌誌『いささ川』を七号で終刊させ、二月より石榑千亦等と新たに歌誌『心の華』（のち『心の花』と改題）を創刊、同時に短歌結社・竹柏会を主宰した。

佐佐木信綱氏竹柏会発会式。

会の名は、父・弘綱の雅号である竹柏園にちなむ。

竹柏会の第一回親睦会は、翌三十二年四月六日の木曜日、浜町一丁目二番地にある日本橋倶楽部で行われた。日本橋倶楽部は、江戸時代の御三卿のひとつであり最後の将軍慶喜が養子に迎えられた一橋家の下屋敷の一部を、日本橋区が買い取って建てられた。八百坪ほどの敷地に、集会ができる日本家屋と庭園があった。

親睦会当日は、今にも雨が降り出しそうな天気であった。頃合いをみて記念撮影となり、人々が庭園に出ると、乙羽はすでに芝生の上に写真器械をたてて待機していた。ちょうど、曇っていた空が晴れたとき、乙羽は池越しに声をかけ、写真を撮った。そのワンショットが前頁の写真である。もう一枚、東久世通禧（一八三四～一九一二）、柳原義光（一八七六～一九四六）、歌人・柳原白蓮の兄）、奥平昌恭（一八七七～一九四八）の三伯爵と客人たちの写真を撮った。

やがて陽気な太鼓の音、三味線の音が屏風の陰から鳴り出して手品が始まった。庭に出ると模擬店が設えられ、葭町や柳橋の芸者が赤前垂れ姿で接待した。

第二回春季大会は、翌明治三十三年三月二十三日午後一時より、同じ日本橋倶楽部で催された。来会者は一回目とくらべ大いに増え、二百人となった。この日も記念撮影が行われたが、乙羽は八日後の三月三十一日に予定されていた洋行の準備で忙しかったため、写真の心得のある博文館の坪谷善四郎が撮影した。

二回目は能、狂言から手品の余興、模擬店、しんこ細工と一段と賑やかになった。

峰百合子、佐々木滝子、渡辺ます子をはじめ数多の淑女が周旋の労を取って、一同歓を尽くして点灯ごろに散会した、と『新小説』五年六巻の「時報」で伝えている。第三回目は三十四年三月十四日、場所も同じ日本橋倶楽部で行われた。

乙羽が竹柏会の記念写真を撮ったわずか二年後の三十四年七月十九日、大橋乙羽の追悼会が、この日本橋倶楽部で盛大に行われることになる。

相撲取並ぶや秋の唐錦——回向院大相撲

大橋乙羽は、「関取衆の所謂写真屋」と自称するほど、力士の撮影を頻繁に行っていた。

両国に常設相撲館、いわゆる国技館が建設されるのは明治四十二年（一九〇九）である。それまでは同地にある両国回向院の門前に仮設小屋をつくって相撲興行が行われていた。江戸時代からつづく興行で、十日で千秋楽を迎えるが、雨や雪が降れば中止となり、そのぶん長引く。天候で休場する際は市中に触れ太鼓を回す慣わしだった。

乙羽がはじめて回向院の相撲風景を撮影したのは明治三十一年一月の初場所であった、と推測される。六日は、雪まじりの雨が降り出して客足が悪く、午前十一時には「入れ掛け」となり、初日から休場となった。幸い三日目の土曜日は天候にも恵まれ、三十歳のベテラン横綱初代小錦八十吉（一八六七〜一九一四）と少年時代から怪童と

東京本場所大相撲 (『太陽』6 巻 2 号 / 明治 33 年 2 月 5 日)

「回向院本場所大相撲の力士数名を集む。小錦、源氏山、逆鉾の外、巨大なるは例の大砲、肥大なるは梅ヶ谷、大砲と同列なる左端は敏捷の聞えある荒岩にして其他大見崎、当り矢、北海、増田川、不知火等十数名の力士あり。孰も満身の力あらはれたる所、見るからに心地好し」と解説にあるが、乙羽は明治 33 年 1 月 1 日付で博文館支配人となり、営業・編輯をとりまとめる立場となり、3 月には洋行に旅立つ。そのため、直接、相撲や芝居を取材する余裕はなかった。右上の小錦、左上の梅ヶ谷等の集合写真は 2 年前に撮影した写真が使いまわしされている。

評判が高かった新入幕の二代目梅ヶ谷藤太郎（一八七八～一九二七）との初取り組みという話題性もあり、大入り満員となった。初顔合わせの両力士の対戦は、梅ヶ谷が突き落としで小錦を破った。その後小錦は三十四年の一月場所を最後に引退し、年寄り・二十山を名乗った。梅ヶ谷はその後も、同じ年齢の常陸山谷右衛門（一八七四～一九二二）とともに番付をあげていき、明治三十六年にはそろって横綱に昇進、三十四年に横綱になった大砲万右衛門（一八六九～一九一八）とともに相撲ブームに火をつけた。

乙羽は、こうした相撲の黄金時代に、回向院に通って力士たちを撮影した。当時は屋根のない青天井であったから、力士の集まる溜所も、柱をたててムシロで囲い土間に大きな炉を切っただけの粗末な楽屋であり、横綱も二段目も同じ場所で待機していた。乙羽は、その溜所で力士たちを撮影した。

前頁右上の写真は、三十四年一月場所を最後に引退する横綱小錦と、行司の木村瀬平（一八三七～一九〇五）とが立って並び、その左右を、前頭二枚目の源氏山頼五郎（左端。後に関脇。一八六四～一九一九）と小結の逆鉾与治郎（右端。後に関脇。一八七一～一九三九）が固めている図である。

前頁左上の写真は、梅ヶ谷を中心に、左から前頭十四枚日の増田川、前頭十一枚目の北海、前頭四枚目の当り矢、前頭七七枚目の大見崎。左下の写真の中央前列は、百九十四センチの小結・大砲。左端に立つのは、小兵ながら腕力、足腰が強かった人気力士、小結・荒岩亀之助（後に大関。一八七一～一九二〇）である。

乙羽が発案した『日用百科全書』シリーズに、『相撲と芝居』（上司子介、明治三十三年五月刊）がある。明治三十一～三十二年の取り組みを中心に、力士本人の談話を取り入れたり、年齢・体格のデータまで紹介していて、当時の相撲界の内幕を知る上で貴重な資料となっている。

桂舟の絵と写真との競争

大橋乙羽は、『文藝倶楽部』臨時増刊五巻二編（明治三十二年一月）に、画家・武内桂舟の絵と自分が撮影した風景写真とを組み合わせた「写真画」を「新撰美人八景」と題して発表した（二二二～二二三頁）。当初「美人三十二相」の構想をたて、一年四期の臨時増刊号に分載する予定であった。当時にあっては、このような写真と絵画のコラボレーションは珍しく、他に例をみない。

「雪の墨田」（二二二頁右上）は、枕橋から隅田川向こうの今戸橋辺りの雪景色を撮ったもので、雪に煙る五重塔がかすかに見える。手前右端の川に面した建物は蜆汁と芋飯を売りものにして繁盛した植半か。この撮影ポイントはよく知られており、寺島村に住んでいた露伴を訪問する行き帰りに通っていた道だ。白い雪模様の景色の写真に桂舟が藤色の頭巾姿で蛇の目傘をさす娘を配して、彼女の袖口からちらりと見える襦絆の寒紅梅を「紅一点」と見立てての合作か。

なお、「堤の桜」（同左上）は向島、「少女の媚」（同右下）は日本橋、「松風の声」（同左下）は石黒忠悳の多聞山荘の茶室。「春の水」（二二三頁右上）は柳島の土手、「紅蓮白蓮」（同左上）は不忍池、「姉妹の愛」（同右下）は王子、そして「秋の夜長」（同左下）はお茶の水の橋。この橋ができたのは明治二十四年十月十五日で、この日、開橋式が行われた夕方、一葉は妹くにと見物に出かけていた。「お茶の水の辺りにこそ、今の世の清少納言、紫式部はおはすなれ」と乙羽は書いている。橋番小屋のあるお茶の水風景は資料としても珍しい。

このシリーズは桂船からの発想で、「写真と絵とを競争」させてはどうか、という提案に乙羽が乗った企画だった。

新撰美人八景
大橋乙羽寫
堤の櫻
(武内桂舟畫)

新撰美人八景
大橋乙羽寫
雪の墨田
(武内桂舟畫)

新撰美人八景
大橋乙羽寫
松風の聲
(武内桂舟畫)

新撰美人八景
大橋乙羽寫
少女の媚
(武内桂舟畫)

新撰美人八景
大橋乙羽寫
紅蓮白蓮
(武内桂舟畫)

新撰美人八景
大橋乙羽寫
春の水
(武内桂舟畫)

新撰美人八景
大橋乙羽寫
秋の夜長
(武内桂舟畫)

新撰美人八景
小川一眞製
大橋乙羽寫
姉妹の愛
(武内桂舟畫)

第五章　洋行と早すぎる死

博文館支配人に就任

明治三十三年（一九〇〇）、博文館の専務理事だった大橋乙羽（又太郎）は、この年一月一日付で博文館支配人となり、名実ともに大出版社の牽引力となって、編輯・営業を引っ張っていく実権を与えられた。

これを機に、従来月二回の発行であった『太陽』と『少年世界』を、月一回発行にあらため、『太陽』の判型を菊判から菊倍判へと大きくし、本文百六十頁のほかに口絵十六枚、定価二十銭とした。一方、前年の十月十四日、耶馬渓の帰途、三宮駅で『神戸新聞』に就職していた江見水蔭と会ったときから計画していた、日本初の週刊新聞『太平洋』を一月一日付で創刊した。

この創刊号の誌面につぎのように博文館員一同の名前で恭賀新年の広告が掲載されている。あげてみると、

博文館員
　支配人
　　大橋又太郎
編輯局員

坪谷善四朗　高山林次郎（樗牛）　巖谷季雄（小波）　鳥谷部銑太郎　武内桂舟
江見忠功（水蔭）　岸上操　三宅彦弥　上村貞子　長谷川誠也　伊藤正
田山録弥（花袋）　田村昌新　武田桜桃四郎　山中古洞　中川蘆舟　齋木寛直
片山春帆　斎藤八三郎　西村眞次　苫米地治三郎

編輯客員

幸田露伴

営業事務員

大野金太郎　内山正如　野口竹次郎　杉山常次郎　上村恭三　宮川大寿
堀野賢龍　宗像仲吉　木村栄吉　里見謙吉　太田馬太郎　田中六蔵
板倉敬二郎　田中庄八　富士原秀穂　沢田順次郎　山本虞　河野義一郎
黒崎登　大前国之助　小峰正一　金子督太郎　荒井芳太郎　古賀豊策
大谷浜次郎　細野佐蔵　永井泰

編輯局員は露伴を入れて二十二名で、営業事務が二十七名、四十九名[①]の所帯であった。

創業者の大橋佐平はすでにこのとき、博文館を退いて博進社社長となっていた。博進社は明治三十年七月十五日に洋紙販売を目的に創立された（最初の社名は洋紙店博進堂）。その責任者は、博文堂創立時からの生え抜きである二十六歳の山本留次であっ

①『文藝倶楽部』（六巻一号）では営業事務員として、この他に松浦丈太郎、斎藤成美、寺尾鉄二の三名の名前がある。

た。大橋佐平は、創立十周年記念に三千円を特別賞与金として山本に与え、独立を勧めた。三千円は、博進社の資本金三万円の一部となった。残りのうち二万二千円を佐平が、八千円を大橋新太郎が出資したので、一種ののれん分けである。[②]

続いて、明治三十一年十月、大橋佐平は、京橋区竹川町に専属の印刷工場を建設し、博進社印刷工場を設立した。(明治三十八年、博文館印刷所と改称)。こちらの責任者は、兵役を終えて博愛堂薬店に勤めていた二十三歳の森垣光吉[③]であった。森垣は、佐平の三女・幸子と結婚して大橋姓となる。月俸は二十八円であった。

光吉が在職中に設立した日本葉書会発行の絵はがきは日露戦争ブームに乗り、売れゆき好調。その彩色印刷を主眼とした精美堂を創業した(のち、博文館印刷所と合併して、共同印刷となる)。

創業十年目にして新たに興した二つの新事業のため、大橋佐平は軌道に乗った博文館を長男新太郎に任せた。その新太郎は出版業に飽きたらず東京瓦斯会社専務取締役となり、渋沢栄一の後盾を得て同社の大改革を行った。翌三十二年には東京商業会議所議員に当選するなど、博文館外の活動に熱を入れていった。さらに、東京馬車鉄道株式会社監査役を務めたり、明治三十五年五月には大日本麦酒取締役に就任する一方、八月には衆議院議員に当選して政界にも進出した。新太郎の社外取締役の数は以後五十を数えることになる。

いきおい、博文館の運営は大橋乙羽の双肩にかかっていた。

②『山本留次翁言行録』(非売品・明治二十九年、博進社)

③『大橋光吉翁伝』編集者浜田徳太郎、昭和三十三年

週刊新聞『太平洋』創刊

大橋乙羽が一番力を入れ、博文館内外で大きな注目を集めたのは、彼自ら発案した週刊新聞『太平洋』（発行所、太平洋社）であった。写真を数多く取り入れた文芸新聞という形態は先例がなかった。坪谷善四郎はこう振り返っている。

「『太平洋』は週刊で、大きさは普通の新聞紙大であったが、これは主として乙羽氏の創意で、用紙を精選し、満紙に写真と絵画を沢山挿入し、外国のグラフィックを真似たものである。これは本館としては空前の計画なるのみならず、各新聞も未だ写真を挿入しない頃なので、大に世間の眼を驚かしたのである」（『博文館五十年史』一三九頁）。

編輯人は齋木寛直で、主筆は江見水蔭、助手は西村眞次であった。『神戸新聞』に在籍していた江見は前年十二月に正式に博文館入りが決まったが、発行日までには間がなかった。大阪の「よしあし草」の同人であった西村眞次と二人で、数寄屋橋河岸御門外弥左衛門町にあった秀英舎に詰め切り、深夜まで校正をした。「これはカナワン」と経験の浅い西村は江見の顔を見るたびに愚痴をこぼした。彼は伊勢山田から大阪の島町にあった実業学館の夜学校に寄宿して銀行員になったが、浪華青年文学会が発行する「よしあし草」の同人になって間もなく、水蔭に声をかけられ上京したが、校正の経験はなかったのだ。

しかし、二人よりももっと多忙だったのは支配人・乙羽だった。年末の激務の上に、各雑誌に筆を執り、さらに「乙羽十種」の一つである『続千山萬水』を同じ秀英舎で深夜まで校正していた、と江見は当時のことを振り返っている。


『太平洋』は日本に於ける週刊新聞の開祖といふので、博文館では大分緊張してゐた。世間ではいづれ日刊新聞に変はるのであらうと噂してゐた。自分もそれを希望してゐた。

主筆は自分だけれど、寄稿は局員総掛りであつた。殊に色摺の附録には、紅葉、篁村、露伴、幸堂、樗牛、乙羽、眉山、（右田）寅彦、麗水、（岸上）質軒、思案、小波、魯庵、緑雨、その他で、その頃の知名の文士は、大概顔を揃へたのであつた。

（江見水蔭『自己中心明治文壇史』三〇八頁）


新聞紙大の創刊号は一頁六段組で、一段二十二字詰めとなっていた。一面には上右三段縦組みで「週刊新聞　太平洋」[4]と題字があり、その下に毎月曜日発行と明記している。定価は一部二銭で、一年分九十五銭だった。

一面に「発刊の辞」を掲げ、「『太平洋』は日本に於ける二十世紀の新紙を以て自ら任じる者也」と宣言。続いて「吾人の位置」と題する文章が続く。ついで田山花袋が

④『太平洋』の創刊号は国会図書館、三康図書館でも閲覧できなかったが、平成十五年十二月、早稲田大学図書館編集、紅野敏郎解題により、『太平洋』総目次が、「マイクロフィッシュ版　精選近代文芸雑誌集３０２」として発行された。

執筆した、東京市民百五十万人の飲料水の源である多摩川水源地を探検した「報告第一信」があり、江見水蔭の「初日出」は下三段にわたって掲載された。

二面には「二十世紀を祝す⑤」の記事が掲げられている。その後、週報、週間日誌、流行、芝居、相撲、経済週報、輿論一斑などの記事が並ぶ。なお創刊号は十四面に附録四頁で、二号以降は八面と少なくなる。創刊号の十四面中、八面がご祝儀広告だったからだ。

色摺りの四頁附録には「子十二題」として水蔭があげた紅葉から小波までの十二人が子の年にちなんだ文章を寄せ、内田魯庵は「週刊『太平洋』を歓迎す」、斎藤緑雨「両口一舌」などを寄稿している。これも、乙羽へのご祝儀といえるだろう。

この明治三十三年中に『太平洋』は五十三号が発行されたが、乙羽自身は、創刊号に「書画屋忠七」を、七号（二月十二日付）の附録に「出世相撲」を書くに留まった。同年三月三十一日に日本郵船の河内丸でフランスへ向かったため、多忙の極みにあって、おそらく直接編輯に関わることはなかったと思われる。

十三号には社告として「大橋乙羽三月三十一日欧米漫遊に出発」とあり、「乙羽氏送別会」の記事が掲載されている。送別会は三月二十一日、下渋谷村の長田秋濤宅で行われた。出席者は八十余名。発起人は長田秋濤、紅葉、巌谷小波、坪谷善四郎、大町桂月、江見水蔭だった。博報堂の創立者瀬木博尚の名前もある。二十五日には、幸田露伴が主宰していた文学研究親睦会「最好会」に出席。上野清水堂に集合したあと、鶯谷の新坂下にあった温泉料理店伊香保に移動し、送別会を兼ねた宴を持った。席上、

⑤『太平洋』が創刊された明治三十三年は世紀末にあたるが、当時にはまだ定まらず、十九世紀末か二十世紀初めか議論されていた。『太陽』はこの年、二十世紀の始まりという説を紹介している。

上：『太陽』6巻6号「華族会館に於ける大橋乙羽氏送別会」(明治33年5月1日)。
下：『写真集 明治の横浜・東京 ── 残されていたガラス乾板から』。
上下、同アングルの写真。ともに撮影者不明。

会員たちは、以下のような新体聯句を詠じて乙羽の壮行を祝った。

大風天より降りて、才子之に乗じてゆく、水にまかす幾歳月、志を得て遂に海に到る（露伴）

茲に風騒の交游七八人、君を台北の伊香保亭に迎へて、聊か新楊の情を舒す、旧雨話すること濃かに新交熟識の如し（遅塚麗水）

粛々として斑馬嘶かずとも残る烟が癪の種となりて涙に咽ぶお方も在さんか、さはれ大志を齎らして十万の鵬程に棹さすなれば、思ひ残さず旅立ち玉へ（田村松魚）

到る処の山河君を待つこと久し（堀内飛泉〔ママ〕）

潮風徐に繞る万里の灘、夢は夜船の枕に更けて故山に落つ（藤本夕飈〔せきへう〕）

月は明なり松島の秋、花は白し吉野の曙、大丈夫敢へて辞する勿れ、険路を踏むことを、人間何処か知己なからむ（神谷鶴伴）

白馬に飲むこと半にして、去りしはむかしとかへり来るも杯中の酒冷えざらむ（露伴）

堀内「飛泉」は「新泉」の書き違いであろう。新泉（一八七三〜一九二二）は、翌明治三十四年一月十七日に露伴との合作『雪紛々』を春陽堂から出版し、大正五年十二月『当世百道楽』を出版して版を重ね、昭和初期にかけ『百人百癖』『細君百癖』などの「百シリーズ」で人気を博した。これに対して飛泉は京都にあって、のちに「ここはお国を何百里」で始まる『戦友』の詞をかく。

乙羽が横浜港を出港したのは、明治三十三年三月三十一日である。九月三日に帰国するまで、五ヵ月間に及んだ。同行したのは、四年前の明治二十九年に東京帝国大学哲学科を卒業した姉崎正治（一八七三〜一九四九）である。後に東京帝大教授として、ショーペンハウアーなどヨーロッパ哲学を日本に紹介した。

出港から一ヵ月後の『太平洋』一巻十八号（明治三十三年四月三十日）から乙羽は「欧山米水　第一信」を香港から寄せ、続いて二信、三信と毎号、各港に立ち寄った様子を書き送り、目的地のパリ着まで十五信続いている。

洋行——巴里万国博覧会

さて、横浜を出港した大橋乙羽は、そのままヨーロッパまで船旅を続けたわけではない。三月三十一日に横浜を出た日本郵船の河内丸（六千トン）は、四月二日に大阪港に到着、大阪にいた大橋佐平と午餐をともにした後、出版関係者七十人が集まった送別会に顔を出した。夜八時に汽車で西宮へ出て一泊。三日、神戸の光村利藻を訪ね、常磐花壇で送別会。その夜は港に停泊中の河内丸で泊まり、四日早朝、再び上陸して光村利藻を訪ねる。そこに大阪から使いがやって来て、前夜、東京より電話があって、妻・とき子が長男を出産したことを伝えた。

五日朝、船は門司港に入港し、上陸して汽車で博多へ向かい、同行した姉崎正治の親戚や九州の出版関係者と会った後、門司港を出てヨーロッパに向かったのは四月八日の朝だった。マルセイユに着いたのは五月二十一日である。

二十一日はマルセイユ見物についやし、翌二十二日朝、リヨン行きの列車に乗る予定が遅れてしまい、次の列車が出るまで五時間かかるというので、市内の動物園や博物館を見学した。リヨンに着いたのは夜十時である。途中、アビニヨン駅で二十五分の停車時間があったので、駅舎内のレストランで晩餐を取っていたら汽車が動き始め、手すりにつかまって命がけで飛び乗るという騒ぎもあった。リヨン駅を降りてホテルで一泊、二十四日は横浜正金銀行のリヨン支店や、市庁舎の屋上にある織物博物館、フランス三大工事のひとつと言われた水圧電気工場などを見学した。

二十五日朝九時、リヨンを出発して、夕方六時にいよいよパリに到着した。投宿したセントラルホテルには、日本人二十数名が宿泊していたので、「ヨーロッパにいる心地はしないなあ」と呟いた。実際、乙羽はパリで大勢の日本人を知己として得た。

二十六日朝、乙羽は姉崎とともにパリ郊外にあるサンクロウ行きの汽車に乗り、留学中の文学士・建部遯吾（とんご）（一八七一～一九四五、後に東京帝大教授、衆院議員）を訪ねた。建部は岡村法学士とともにサンクロウの田舎家の二階に下宿していた。近くの公園の丘にのぼると、セーヌ川の向こうにパリの町並みが見えた。「巴里の人家豆の如く、エッヘルの高塔、天を摩して聳えたり」。夕方パリに戻り、夕食後、旧知の画家・合田清と会った。

二十七日、姉崎とともに市内のレストランで法学士・岡田朝太郎（一八六八〜一九三六、後に東京帝大教授）や、旧知の日本人二名と昼食をともにした。そこに偶然、三人の日本人留学生が現れた。農学博士の古在由直（一八六四〜一九三四、マルクス主義哲学者・古在由重の父）、法学士の田中遜（一八六四〜一九四二、宮内大臣・田中光顕の養嗣子）、文学士・重野紹一郎（一八六七〜一九四三、重野安繹の子）である。乙羽は、古在由直の妻・豊子（清水紫琴の筆名で小説を書く）と文通していて、お互いの名前は知っていた。昼食後、姉崎と二人、万国博覧会に出かけた。

パリで万国博覧会が開かれたのは、実に五回目である。パリの名所であるエッフェル塔は、第四回（一八八九年）の巴里万博を記念して建設された。ちなみに第二回（一八六七年）には幕末の日本も招待されている。第五回は、十九世紀最後の万博であると同時に二十世紀の幕開けを祝う意味も込められ、合わせて第二回の近代オリンピックも開かれた。四月十五日から十一月五日までの間に、過去最大の約四千七百万人が入場した。「仏国巴里の大都は今や車馬を以て充たされ、人の波を以て溢れんとす」。

乙羽は、世界各国から集まってきたあらゆる人種のパビリオンが立ち並ぶさまを、

上：巴里博覧会内のトロカデロ宮殿を望む。
下：3万人収容できる巴里博覧会式場。

セーヌ河右岸より望みたる博覽會內各國建築物

大博覽會內自動電車

上：セーヌ河右岸より博覧会内各国建築物を望む。
下：大博覧会内を走る自動電車（写真左下）。

次のように描く。

この宏大なる規模は、セイヌ河を中心としておほよそわかちて五カ所となせり。第一はシャンゼリゼーといふ巴里市第一等の大通りより入りたる処にして、新開の一大通路、すなはち露国皇帝の名を取りたるアプニュー・ニコラス二世といふ処なり。ここに大小の美術館あり、大庭園あり、世界の美花奇草四季を撰ばず、この庭園に集羅せり。第二はアレキサンドル三世橋を渡りたるエスプラナードデサングアリードにて各国の工芸館装飾館等ここにあり。第三はアンヴァリード橋よりアルマ橋に至るまでの両岸の建築にして各国互ひにその固有の方式によりて、構造の妙を競ふ。第四はシャンドマルスの大場にして機械、理化、教育、文学、技術、農業、山林、水産、鉱物、織物等の諸館並び建てり。第五はトロカデロー楼閣を中央として諸国植民地の建物甍を連ね、各国おのおのその特色を発揮して、燦爛（さんらん）人目を眩（げん）せしむ。（『歐山米水』一四二頁）

夕方、エッフェル塔に登って夜景を見た。夜が更けても、電灯設備の整った会場には人並みが絶えない。

夜はいと清く涼しく、木立に風の渡るものから、博覧会の入場者は極めて多く、ほとんど平生に倍する程なれば、老若男女、肩摩轂撃し、足相踏み手相接するばかりにて、人の山はそこここに築かれ、電灯の光りを受けては蠢々と動ごめく。（中略）今、その夜景のあらましを記さんに、本館は言はずもがな、世界万邦の建物、売店、観世物など、みな瓦斯電灯を点じて、煌々の光り天を焼けるにかてて加へて、づらづらと行儀正しく列べる並木の枝には、均しく見事なる球灯を連ねたれば、その美なるは筆紙の尽くすところにあらず。

翌二十八日、ドイツに渡る姉崎と停車場で別れた。同日、山形時代からの友人である彫刻家の新海竹太郎が訪ねてきて、市内を案内してもらった後、日本公使館に赴き、栗野慎一郎公使（一八五一～一九三七）に挨拶し、談話をかわした。

六月三日には、ベルギーの都ブリュッセルに遊び、三時間をかけてウォータールーの古戦場を見学した後、同国のアントワープを夕方に出発、その日のうちにオランダのロッテルダムに着いた。四日朝、オランダ公使館に公使の珍田捨巳（一八五七～一九二九）を表敬訪問し、公使お抱えの馬車に乗って「森の宮殿」を拝観した。その後、ドイツに至って十六日までベルリンに滞在。ドレスデン、ウィーンを経てパリに戻った。

パリに戻った乙羽は、六月三十日、画家の浅井忠（一八五六～一九〇七）を訪ねた。浅井は三カ月前に留学生としてフランスに渡っていた。あいにく留守だったが、七月二日夜、浅井のほうから乙羽を訪ねてきた。五日、浅井の案内でパリ市内をめぐり、パンテオンやルーブル美術館を見学した。浅井忠は途中、写真器を購入している（高橋在久『浅井忠の美術史』第一法規出版）。

万国著作権会議に東洋人としてはじめて出席

乙羽が交流を持った留学生のなかに、山田三良（一八六九〜一九六五）がいた。帰国後東京帝国大学法科大学教授、のちに日本学士院長となり、戦後の日本国憲法制定にも関わることになる。山田は、面長な顔に八の字髭をはやし、人並み外れた高襟をしていたため、仲間からハイカラとあだ名を付けられていた[⑥]。乙羽とは同い年である山田は、七月十六日からパリで開かれることになっていた万国著作権会議に出席するよう勧めた。乙羽は快諾し、山田と同会議への出席を申請した。申請は認められ、山田は主催者から日本の著作権保護の状況について演説してほしいと依頼されている。

この会議の模様について、山田は米寿祝賀会でこう回顧している。

> 万国著作権会議が八月巴里において開設せらるることとなっていたので自ら進んでこれに参加することとした。この会議は一八八六年文豪ヴイクトル・ユーゴーの提唱した私設の学会であるが、ベルヌ万国著作権保護同盟条約の母体として著

⑥一九〇〇年から数年間、パリに留学していた日本人留学生が手書き文集を発行、会員仲間で渾名をつけあっていた。山田三良は「ハイカラ」、重野紹一郎は前歯残らず味噌歯で息漏れするため「スウスウ」。浅井忠は会員中、最高齢で「親方」。黒田清輝は肥満した容貌が張子のダルマに似ているところから「ドッコイ」。田中遜は「五仏」。なぜ、そういわれたのか、たゞ今「調査中」と——。（『パリ一九〇〇年・日本人留学生の交遊「パンテオン会雑誌」資料と研究』ブリュッケ、二〇〇四年）

名である。今度の会議は著作権の永久性を鼓吹してベルヌ条約の改正を促進することを目的としているのであるが、私は翻訳権についてはこの趨勢（すうせい）に反対して、東洋と西洋との如く言語の系統が全然異なる国の間においては互いに翻訳の自由を認むべきであると主張したが、何人も耳を傾けるものがなかった。[7]

⑦『回顧録』（山田三良先生米寿祝賀会、昭和三十二年十一月）

「八月巴里において開設」は七月の記憶違いであり、また、会議の模様についても、右の程度しか触れていない。万国著作権会議に東洋人が出席したのは初めてであり、乙羽は「予はここに、巴里万国著作権会議の状況、議決等を録して普ねく世の文学者、美術家、書籍商諸君に報告し、その清覧に供せんと欲す[8]」と、詳細なレポートを残しているので、以下、紹介したい。

⑧『歐米小觀』「巴里万国著作権会議」

会議の議題は次のように三項目に分かれている。

第一　著作権に関する立法の統一を期する為めに法律草案の研究

一　著作権法に依つて保護すべき目的物
二　保護の期間
三　無名の著作物法人の名義にて発行せる著作物
四　数人の合著作
五　死後の著作物

六　不正の複製、興行、翻訳、翻案
七　報道、批評、引用の権利
八　新聞又は定期刊行物に掲げたる著作物
九　著作者の徳義権即ち著作者たるの資格を認識せしむ可き権利
十　著作件譲与、承継人の権利制限
十一　著作権の消滅したる後にても著作物を尊重せしむ可き方法
十二　著作権の侵害
十三　外国に於いて発行したる著作物及び外国著作者の権利保護
右第一項に対し、準備委員に於て起草したる『万国統一模範的著作権法草案』十四（ママ）箇条を原案として、各会員に配布せり
第二　著作者及び、その承継人の著作権消滅したる後といへども、その著作物に対して、一種の権利なほ存在するや、著作者の相継人又は承継人の為なりや、将（はた）国家の為に存在するや、これを保護するの方法如何
第三　各国に於ける現行法及び立法事業の評論

以上の議題について、七月十六日から、出版業組合事務所の中央大広間において会議が開かれた。出席者は、アメリカ、ベルギー、フランス、イタリア、ロシア、スウェーデン、ルーマニアの七ヵ国政府派遣委員をはじめ、ベルン中央国際本局の代表二名、

他に歐米各国の文学者、美術家、出版業者など二百名に及んだ。歐米諸国以外の国からの出席者は山田三良と乙羽の二名のみである。会議のスケジュールを乙羽の記録から書き抜いてみる。

七月十六日
午前十時より正午まで予備会、第一項法案の第一読会が開かれ、午後二時より五時まで本会議。午後八時より会員一同、国立劇場テアトル・フランセーに招待され、午後十二時までコルネールとモリエールの二劇を観覧。
七月十七日
午前九時より十二時まで草案の第一読会を継承。午後一時よりパリから十里ばかり離れたシャンテー城へ特別列車で見学。午後十一時三十分にパリへ帰着。
七月十八日
午前九時より草案第一条ないし五条の本会議。侃々諤々の議論紛糾。五時多数決にて採決。午後十時より工務大臣邸の夜会に一同招待され、舞踏会の催しの後、観劇会があって深夜一時半まで続く。
七月十九日
午前九時開会、草案第六条ないし第十四条を議了。原案第十三条においては、著作権の侵害をもつてすべて犯行と規定するのは、漠然として非難多く、これを修正。午後四時閉会。五時よりパリ市庁へ招待をうけ、七時に散会。

七月二十日

午前九時開会。第一項議事録の報告後、第二項議事案に移り正午に議了。午後二時に再開。第三項議案に移り、各国法制の報告演説となった。アメリカ、イタリア、ロシアに続いて山田三良が登壇し、「大日本帝国新著作権法に就いて」と題する演説を行い、日本で新しく制定された新著作権法の大要を説明した。終わりに臨んで山田は、西洋と東洋との文明間に特殊な状況があり、東西言語の差異と翻訳権との関係について、あえて注意を喚起したい、と述べた。

わが国語はその基本からして欧州諸国の言語と全く趣を異にするため、西洋の熟語を理解するのに少なくとも十年の修行を要する。

わが国は西洋の文明を輸入するため、外国語教育を奨励しているが、原書について理解しているものはわずかで、しかも原書を理解するには和文訳書の補助を必要としている。

ところが、完全無欠な和文訳書は一般に望むべくも無く、したがって、原書を理解するものはむしろ原書を選び、原書を理解する能力が不足しているものは訳書の補助を待ってはじめて原書を求める。

事実、原書の多数はまず、翻訳によつて、その声価を博した後、はじめて原書を求める。かくの如くであるから、わが国では訳書はただちに原書作者の利益及びその名声を害することはないどころか、かえって実益を増加するといっても過言ではない。

と、山田は日本の現状を説明し、翻訳権保護廃止を唱えた。

七月二十一日

午前九時開会。第一項草案の修正決議、さらに逐条第三読会を開き、十一時に終決。午後一時三十分、「ベルン条約丸」と大書した汽船でセーヌ川を下り、磁器製造所セーブルを館長の案内にて見学。五時より帰航、閉会。

こうして、万国著作権会議は無事終了し、乙羽はその後、ヨーロッパ、アメリカを経て、九月三日帰朝した。

帰朝披露の園遊会

帰国して二十日後の九月二十三日、乙羽の帰朝披露の園遊会が上野精養軒で開かれた。当日は曖昧な天気だったが、正面の庭園は立木から立木へ紅白染め分けの幔幕が引かれ、万国旗が翻っていた。

午前十時ころから招待客が集まりはじめ、やがて総数三百人余の客で庭園は埋め尽くされた。例によって賑やかな余興が繰り広げられ、散会となったのは午後四時過ぎだった。その間、乙羽は、行列をつくって現れる招待客に挨拶したが、ある客から「どうだ、君。あちらには日本よりよい国があるか」と問われた。

五年前の明治二十八年、日本は清国との戦争に勝利し、日清講和条約を結んで新たに台湾を割譲され、賠償金二億両を受け取った。三国干渉で遼東半島を返還する屈辱も味わったが、かえって日本人のナショナリズムをかきたてた。日清戦争直前には、英国との間に平等な日英通商航海条約を締結して治外法権を撤廃させ、幕末以来の懸案だった不平等条約改正の第一歩を踏み出している。

したがって、招待客たちの多くが、乙羽に、ヨーロッパでも日本を一等国として見てくれているという答えを期待していた。だが乙羽は、百六十日余りの間に、さまざまな国を訪れたので、とても細かいところまで観察できなかったと答えをはぐらかした。だが、なおも迫る客がいた。

「その外観だけでも日本より優れた国はあるのか」

それに対して、乙羽は、

「日本より悪い一等国がないということよりほか、申しようがない」

と答えた。

「竹藪から筍がニョキニョキ生えるように、突飛な建築物がいくら増えたところで、文明が進んだとは云えないでしょう。それに、横浜にはイギリス波止場と日本波止場があるが、このイギリス波上場には鉄の桟橋がかかっている。ところが、日本の波上場には怪しげな伝馬船や小型蒸気船で本船にこぎ着けている有様だ。自国の船を横付けにする桟橋ひとつ持たぬのに一等国、と自慢しているのが日本さ」。

乙羽の目には、日本と西洋諸国との間に横たわる、文明や技術、富の差が歴然と映っていた。ヨーロッパの諸都市を歩きながら、乙羽は、十代の終わりに書いた政治小説『累卵之東洋』を思い出し、当時の自分は井の中の蛙だったと赤面したかもしれない。

乙羽は、『太陽臨時増刊　世界一周』に載せた「欧米見聞録」の末尾、「周航余話」という項目でこう書いている。

> 日本も日清戦争以来非常に国民が高慢の鼻を高めたらしく、その結果として膨張の日本とか何とか云ふやうな新熟語までも出来た有様であるが、その膨張と云ふことは何物を意味したのか、ただ日本の地図の上に台湾と云ふ附録が付いて、地図の上が膨張しただけである。

たとえば、英国の植民地である香港やシンガポール、コロンボ。「一度イギリスの植民地となれば、たちまち立派に開墾せられて、道路は珠を展(の)べたるごとく綺麗になり、鉄道は蛛の巣のやうに敷かれ、電灯は昼かと思ふばかりに照らされて、さうして総ての交通機関と云ふものはまづ第一に備はつて来るのである」。翻って我が国はどうか。いまだに道には人力車が走っている。「人間が獣の代りをしてゐるやうでは、文明の域に進んだとは言ひ難い」。

だが、これは決して自嘲の言葉ではない。だからこそ、多くの日本人に「世界」の姿を見せるのが、実際に「世界」を目の当たりにした自分の役目だ。そう改めて気力をふるいたたせたに違いない。

『太陽臨時増刊　世界一周』と『歐山米水』

帰国後の乙羽は多忙を極めた。

まず、十一月三日に発行する『太陽臨時増刊　世界一周』に載せる原稿をまとめなければならなかった。

現在残っている同誌を見ると、乙羽の執筆した「歐米見聞録」は百六頁に及ぶ。四百字詰めに換算してほぼ四百九十枚になる。帰国から雑誌発売まで二ヵ月しかない。さらに近衛篤麿、加藤高明、徳富蘇峰、大倉喜八郎といった政財界の大御所たちから「日本と歐米諸国」をテーマに原稿を集めた。小説家の創作欄には、内田魯庵、田山花袋に混じって、乙羽の「月の紅海」と題する随筆も載った。

翌月、十二月二十三日には、『太陽臨時増刊　世界一周』の「歐米見聞録」に手を入れ、単行本『歐山米水』を出版した。

内閣總理大臣侯爵伊藤博文君題字（石版眞蹟）
橋本雅邦翁筆智慧文珠圖（極彩色木版畫）
寺崎廣業君筆出世普賢圖（極彩色木版畫）
中村不折君筆放牛田家圖（極彩色石版摺）
光村利藻君撮影雪の金閣寺（巴里博覽會金牌逸品）

大橋乙羽生著

歐山米水

全壹册
和洋折衷美装
正價金壹圓五拾錢
郵税拾錢

山水建築
風俗美人
寫眞銅版畫百五面 舶來光澤紙 菊判五十六頁挿入
彩色七遍摺

旅行癖美術癖を以て知られたる乙羽氏、今春遠く世界漫遊を思ひ立ち、歐米の山水に周遊し、各國の都府を觀察し、更に巴里の萬國大博覽會を視、ライプチヒ連甍の大書肆を歴觀して、書帙の絶美絶精なるを歎じ、其美術の發達せるに感じて、我出版業の幼稚なるを慨し、歸來見聞する所を記して歐山米水の著あり、繪畫、彫刻、寫眞、製版、印刷、製本の技に至るまで、總て第一流の名工を選びたれば其美其精、獨り我國未曾有なるのみならず、之を歐米の書店に陳ずるも、必ず遜色なかるべきなり、卷中挿む所の寫眞版一百餘圖、璀璨人目を眩す、讀者僅々貳圓弱の小錢を投じて一本を購はゞ、坐して世界を周遊すると齊しく、著者が萬金を抛つて得たると同一の見聞快樂を博するを得、嗚呼亦廉の至なるかな。

發兌元 東京日本橋區本町三丁目 博文館

上：『歐山米水』の広告。
下左：中村不折の口絵「田家牧牛」。　下右：『歐山米水』カバー。

『歐山米水』の表紙。魚子織の表紙地紋が白光りしている。その上に青の鉄線が鮮やかに咲き、斜めに継ぎ表紙となっているワインカラーに、鉄線の蔓が金色の文字となって伸びている。乙羽がライプチヒの大書林を観て「感奮」しての装幀。

博物館工学、美術史学の西野嘉章は、著書『装釘考』（玄風舎）で、明治十年代の和装本から洋装本に移行する時代に始まり、昭和にいたるまでの優れた装幀を紹介しているが、そのなかで「和洋折衷本の傑作として忘れ得ぬ」一冊として『歐山米水』を取り上げている。和洋折衷というのは、カバーを外して表紙を見れば分かる。魚子（ななこ）織りという、羽織地や帯地に好んで使われる、織り目が魚卵のように粒だって見える変わり平織りの絹地に、紺青で鉄線花の本版画が摺られ、『歐山米水』の文字が金箔で強く押されている。光の具合で変化に富む白い絹地を斜めに切るようにワイン色のクロースが継ぎ表紙となっていて、鉄線の蔓が伸びるかのようにクロースに筆記体で書かれた「Souvenirs from Europe & America」と繋がっているのだ。さらに、普通は紺色に染める小桜革を、クロースの葡萄色に合わせて肉色地に白く染め上げ、大和綴じをしている。

なお、表紙には「鎧袖に鉄扇花」を描いた。これは乙羽が書いた序文(例言)によると、洋行中、北清事変が勃発したことと関係があるという。清国への外国勢力の浸透に反対する義和団が蜂起し、外国人やキリスト教会を襲撃した。清国政府も、義和団を支援したので、列強は軍隊を派遣し、これを鎮圧した。なかでも北京公使館付武官の柴五郎中佐の活躍はめざましく、各国から称賛された。「我が日本に関する風評にして、吾人の意を壮にし、吾人をして快哉の念を発せしむるは、単（た）だ陸海軍の在るあるのみ」「特にこれ（小桜革と鎧袖）を表紙に用ひて、日本の武、寰宇（かんう）を包羅するの意を寓せり」

『歐山米水』の表紙。魚子（ななこ）織拡大。

とのことであった。

頁を開くと、扉に中村不折の絵が極彩色石版摺りであしらわれ、つづいて伊藤博文の題字、橋本雅邦が乙羽の出航当日に揮毫(きごう)した智恵文珠図、寺崎広業の出世普賢図極彩色木版画、写真仲間の光村利藻が巴里万国博覧会で金賞を受賞した雪の金閣寺が続く。さらに、乙羽が外遊中に撮影した風景写真や、西洋美人のブロマイド写真など、写真銅版画百五面が舶来光沢紙に彩色七遍摺りで菊判五十六頁も挿入されている(西野嘉章は『装釘考』で、この本には文字なしのクロース貼りに半円形の窓を開けた外函があったと指摘しているが、残念ながら西野本人も筆者も未見である)。

乙羽は、パリで万国著作権会議に出席したり、ドイツ・ライプチヒの大書林を観たりと、欧米のすぐれた造本美術を目の当たりにした。自分たちは一等国になったと自負しているが、まだまだ欧米から見れば、軍事以外、称賛されるところがない。出版人として、自ら欧米に負けない本を世に送り出したい。乙羽はそう意気込んだ。その意気込みは、広告文からもうかがえる。


書帙の絶美絶精なるを歎じ、其美術の発達せるに感じて、我出版業の幼稚なるを慨し、帰来見聞する所を記して歐山米水の著あり、絵画、彫刻、写真、製版、印刷、製本の技に至るまで、総て第一流の名工を選びたれば其美其精、独り我国未曾有なるのみならず、之を歐米の書店に陳ずるも、必ず遜色なかるべきなり。

そのため乙羽は、当代一流の技術者を集めた。本は、単に文字が読めればいいというわけではない。腕利きの技術者たちが、それぞれの技量を競い合い、披露する「劇場」でなければならない。乙羽は、従来こうした裏方の存在を尊重した。たとえば二年前の明治三十一年十二月に刊行した『若菜籠』の奥付の裏頁には「若菜籠の為に特に力を添へられたるは秀英舎掛川元明、石川金太郎両氏の外左の諸氏なり」と明記し、続いて、

表紙考案画家　下谷区谷中初音町四ノ一二五　下村観山先生
口絵揮毫画家　下谷区根岸金杉村二一八　富岡永洗先生
表紙彫刻家　本所区小梅町二百九十三　五島徳太郎君
口絵彫刻家　京橋区弓町十四番地　岡田清次郎君
表紙及口絵印刷家　京橋区越前堀一丁目四番地　吉田市松君
製本師　日本橋区本石町三丁目十六　笠原文次郎君

と、名前と住所を載せた。その対面の頁には、「博文館発行図書雑誌売捌所」として、「特別大販売所」の東京・東京堂と大阪・盛文堂、「特約大売捌所」である全国三十五の書店名をあげている。

翌年九月に刊行された『風月集』では、奥付に枠囲みで、画家・水野年方はじめ技術者六名の名前を並べている。デザイナー名や掲載写真の撮影者名をクレジットするケースは現在では慣例だが、当時、技術者の名前が載せられていることは、まずない。乙羽にとって、これらの人々は、出版を通して日本が歐米に負けぬ「文明」を築くための同志だったのだ。

『太平洋』のてこ入れ

帰国後、席の暖まる暇もなく『歐山米水』『太陽臨時増刊　世界一周』の二冊を終えた乙羽がつづいて取り組まなければならなかったのは、江見水蔭を主筆に迎え、鳴り物入りで刊行したにもかかわらず、売れ行き不振に喘いでいた写真週刊新聞『太平洋』のてこ入れだった。

明治三十四年正月、世間は「二十世紀の始まり」を祝うムードで高まっているなか、乙羽は旧知の桐生悠々（政次）を訪ね、『太平洋』の週報欄に原稿を書いてほしいと頼んだ。会社を辞めたばかりでどうやって食べていこうか思案していた桐生にとっては渡りに舟だった。一月八日から彼は博文館に顔を出すようになった。江見水蔭が主筆をつとめていた『太平洋』は、乙羽の主宰の下、桐生政次、後に人類学の権威となる西村眞次（一八七九〜一九四三）、尾崎紅葉の弟子で後に自然主義文学を興す田山花袋（一八七一～一九三〇）といった、活きの良い若者たちが編輯に従事することとなった。江見水蔭は『少年世界』主筆に転じた。

『太平洋』は、明治三十四年一月七日発売の二巻一号から、新聞形式から雑誌形式に変更し、署名記事を増やした。サイズもタブロイド判として、従来八頁であったのを三十六頁と増やし、定価も二銭から六銭とした。題字は横組みとして、太平洋の荒波に帆を立てたボートにひとりの男が帽子をかぶってオールを漕いでいる姿を背景とした。「新刊の辞」にあるように再出発だった。

乙羽は、洋行中に見学した万国博覧会についての一頁のレポート記事「巴里大博覧会」を執筆し、七葉の写真を載せた。次の頁には無署名で「東京の大相撲」という記事が掲載されているが、乙羽が撮影した力士の写真が使われているから、これも乙羽の執筆かもしれない。また、「新撰風俗十二カ月」と題して、二頁にわたって十二枚の風俗写真が掲載されているが、それも乙羽の撮影したものだった。乙羽は、ビジュアル面の充実で売り上げの挽回をはかったのだ。

病床に伏す

『太平洋』の明治三十四年新年号が発売されたころ、乙羽は相変わらず多忙だった。その年の元旦、尾崎紅葉宅に新年の挨拶に出かけ、五日には、尾崎が神楽坂の料亭「吉熊」に芸妓を集めて開いた席に招かれている。

一月八日、乙羽は、数え年で九十九歳の理学博士・伊藤圭介（一八〇三～一九〇一）を本郷真砂町の自宅に訪ねた。長崎でシーボルトに学び、明治十四年、七十八歳で東京大学（後の東京帝国大学）に教授として迎えられ、二十一年、八十五歳で日本初の理学博士の学位を受け、初代東京学士会院会員となった人物である。

乙羽は伊藤の肖像写真を借り受け、書の揮毫を依頼した。伊藤は、乙羽に硯を持たせ、三時間、筆を握ったまま想を練った。その間、乙羽は硯を持って立ったままだった。「松柏万年寿」とかかれた書と、伊藤が庭石に腰かけた写真を抱えて日本橋の博文館に戻り印刷製版に回した後、六時から始まる尾崎紅葉の新年宴会に呼ばれた。宴席は十一時までつづいた。そのころ、不摂生な生活がつづいていた尾崎紅葉は胃を病み、しきりと周囲に苦痛を訴えはじめていた。

三日後の一月十一日、来客があった。訪問客が帰った後、妻のとき子は、乙羽がめずらしく夜おそくまで書斎を片づけているのに気づいた。いつも散らかしているのに何故だろうと不思議に思っていると、整理のおわった乙羽はとき子に、「預けるものはこれだけ」と包みを渡した。[9] 推測するに、中身は一葉からの手紙類ではなかったろうか。病床につく前夜のことだった。

その翌日の一月十二日、岡田虚心主宰の宴席に呼ばれた。紅葉、広津柳浪、江見水蔭、石橋思案、武内桂舟が集まり、前年九月からドイツに留学中の巌谷小波に贈る

⑨『新天地』一巻一号（明治四十一年十一月）

明治三十四年一月七日　太平洋　第貳卷第壹號　(5)

巴里大博覧會

乙羽生

世界の麗都、巴里の市中に、今年位五大洲の赤毛布の集つたことは古今未曾有であらう、一抵この都は、留學生でも書生でも、燕尾服に高帽といふ身拵が普通であるのに、今夏はその赤毛布の感化をうけて、風俗が大に亂れ、麥藁帽に脊廣の服で、シヤンゼリゼーの大街を濶歩して歩く略紳士が多く見えた、それは何の爲であるか、世界大博覧會が、この地に開かれて、全世界の田印が、蟻の如く、砂糖の如く、寄りつ寄られつ、集つたからである。

ソコで需用と供給の比例から、その田印の財布の底を掃かせやうとして、諸國から入り込んだ、白首の化性の者が、十萬餘人、その都を十重二十重に取圍んだといふ噂、否、噂どころではない、百鬼夜行は巴里の名物、白晝なほ揚々と母夜馬車に相乘の野暮を演じてゐる。精しい事は歐山米水を見るがよい。

先づ博覧會のことを云はんに、入場の正門が、コンコルトと云つて、東京の二重橋といふ邊に建てられた、そこは側にセーヌ河流れて、水瑠璃の如く、兩岸の青樹が、刺繍の屛風の如く帶をなしてゐる、その此方に高さ百二十尺の紀念大門が、鐵材を以て、丸屋根に擬えたもの、屋上に立てる女神の像は、千九百年の意味を現はした、極く新らしい服裝の美人である、その中間にある彫刻は、神聖なる勞作工の、動作を見せたもので、その前に立つ者は、何人といへども、美術工藝家の天職に、敬虔の意を表するであらう、又その門には二つの柱塔があつて、彩色の玻璃を綴り、夜間は三千百十六の電光を點ずるのである。

それより進めば、歴山三世橋の畔に出る、この橋は巴里有名の麗橋であつて、去る年露帝が始めて渡初をしたといふ所から、親交國の御愛嬌までに、その帝王の名を假りて、橋の名としたのである、四つの橋柱は仰見げるばかりの太しきもので、その上に金光燦爛たる神の使の像が置いてある、橋の下を流るゝのがセーヌ河、その橋上に立つて、水の面を眺めると、兩岸を挾んで、博覧會の建物が、恰も山國川の裙から、耶馬溪の奇岩怪石を見るやうに、玉筍のやうな尖塔、春葱のやうな高樓、龍躍り、虎嘯くとでも云ひたげな建築物が、無數建ち並んでゐる、その間からヌーツと立ち跨かつて、全智全能の神は、拙でゲスと高く止つてゐるのが、エツフエルの高塔、その丈千尺、癇癪ならば腰も曲りさうなものを、前回の博覧會遺物として、少しも疲勞の見えぬのは感心である、わが友姉崎文學士、この塔下に立つて、堂々斯塔の經營慘澹なのを感じ、智者の腦力の、殆んど神を奪ふのに思ひ及ぼして、潸然涙を零したことがあつた。

歴山三世橋を右に行けば、シヤンゼリゼーに出られるので、その兩側に大小美術館がある、大館は長さ三百十五尺、高百五十尺の丸屋根であつて、中央の廣場には世界の彫刻品を陳じてある、油繪は國別になつてゐて、淡粧濃抹。羽化登仙の想がするとは、この中に遊んだ人のことをいふのであらう。小館の方には工藝美術を列ねてあつて、特に巴里の美術を歴史的に陳列してある。小館入口の大さ、寸馬豆人といふことは、漢書の法にばかりあるかの如く思つてゐたが、巴里の建物の大から見ると、其形容詞も、強ち人馬の方を最負目に積つたのではない。さてまた橋を左に進めば、突當りが英傑那翁一世の靈廟だ、其處まで行く兩側か博覧會の建物で、城の如く、廊下の如く、士女絡繹の中を通つて、場外に去り、そして廢兵院の底に、彼の不世出の英雄が、靜に眠に入つてゐる祠がある。渠は驍雄にあらず、徒らに侵略をのみ事とする怪傑にあらず、膽大にして、心小なる處は、その眞價のある所だ。戰爭もする、そして廢れたる美術をも興した。今日巴里が世界一の麗都と呼ばれるのは、抑も誰の力であるか。噫、那翁、我は徐世寳にあらざるも、實汝の意中を戀ふものなり。でも飛んだものゝ情になつて、英雄地下に泣きもせんか、笑ふはテヤトル、泣くのはオペラ、其又女役者の美くしきは、肉襦袢に探海燈の光明、裸よりも嬋娟に、世界の田印、皆な蛞蝓の鹽責に遇つて、溶けて水となること請合なり。こゝに歐山米水の序を掲げて、予が洋行の尻を結ぶ。

一葉渡し江さいひしを洒落て、邊略にあしを添へたるは、見晴の櫓師が奇智ならずや。こゝに三年暗かす、蹴ばさり鳥の、佛さ思ひ立てるこそあれて、春は花の蔭、蝶の翼に露の未だ乾かぬ頃の旭日に翔りて、天外は九萬里、大鵬の跡を追ひ、遙に雲なつらぬきたり。巴里はエッフエルの塔に遊びな抜く一千尺、蓊々たる動物の、利にのみ趨る蝿のやりつ、かくして米利堅に渡れば、自由銅像の鼻の穴天下の樂園はこゝぞさ、われも晉嬰に羽を伸して、日本晴な愛でたりしが、さすがに古巣の戀しうて、足飛の軽業師、お高く止つて、下界の人を觀ずれば、さいふものゝつまらなさよ、山ちや、水ちやさ堤をみな銘々の獨自慢、それから見るさ鳥の身の氣樂さなく天に關なし、人才さやらが無くさも、天水桶の天したる例を聞かず。お互様に分を守りて、メイカ驚、是は乙鳥の化身かそも、燕尾服の若紳士が、月門を潜くこそ三田なり。おう、透懸に足ゐるのが影風の中外套は日那さんか、應、應、明けて嬉しきはの第一年ばかりかは、此號以て二つの紀念さ爲す

『太平洋』２巻１号（明治34年１月７日）　巴里大博覧会　乙羽生。

森の宮殿

乙羽生

時は六月三日の多刻、白耳義國アントエルプを出發して、和蘭領のオルヂノウといふ處で、稅關吏の撿査を受け、夜に入る頃、ロッテルダムの市に着いた。こゝは東洋はヂヤワ、スマタラ、或は倫敦、また太西洋への咽喉で、特に米國移民の要路であるから、その繁昌は云ふまでも無い、今年は英杜戰爭のある爲に、杜國から金剛石の輸入の少ない故で、幾分かの影響を受けて居るといふ噂だが、パノラマ的旅行者のわれ等には、その不景氣も見えぬ、一抵和蘭といふ國は、もと茅茨の茫々たる沼澤の間に、砂丘の點々散在せる地であつたのを、勇猛不屈の國民が幾百千年の勤勉力で、今の眞好なる邦土に化せしめ、水利通商の學力の進歩は、世界に冠たるものとなつたのであるから、その陸地は水平より十呎乃至十六呎も低い處がある、で、海上より見れば其國を見ず、漸く近づいて始めて、蜃氣樓の水に浮ぶを見るといふ有樣で、水には兎角緣深い國だけあつて、滊車で其國に入れば、草青い野の末に、牧牛が臥つ起つして、夕陽紅く、木も無い丘に沈みかゝれば、その前には此處に彼處に、一種異樣なる風車があつて、夜に入りかゝる風を見せてゐる。海牙府に着ける頃、陰曆五日の月が昇つて、市中悉く公園かと思はるゝまで、樹木が茂つてゐて、殊に數限り無き運河には、小舟の去來するなど、朧ながらも月明りに見える、海牙は噂に聞ける如く、和蘭の別莊地にして、蘭人が南洋諸島で、刻苦して金を溜めては、皆なこの都に歸つて、別莊をつくり、餘生を風月に送るといふ氣風は、流石日本開發の本家だけあつて、わが國の若隱居風に似てゐる。されば其民は、極の潔癖で、紳士豪商の邸宅などは、實に奇麗なものである。尤も警察でも、清潔といふ事には、非常に注意して、硝子窓に少つとでも、埃など溜つてゐやうものなら、直ぐ罰せられるといふ程である。ホテルはヂウヒー、ドーレンと云つて、閑院宮殿下の御宿であつたもの、前は公園になつてゐて、清楚掬すべしだ。翌朝珍田公使を公使館に訪ひ、公使と三浦書記官とわれ等と、公使館の抱馬車に同乘して、森の宮殿を拜觀した。宮はプリンセス、アメリヤの爲に、紀念として築いたもので、舞蹈室の頂上に其像を畫き、周圍に一代の履歷を現はしたる油繪を張つてある、別に日本室と稱する一室があつて、我國の漆器陶器蒔繪などを飾つてあつた。扁額は「富潤屋德潤身」と書いたのを掲げて、下には金蒔繪の黒棚を置いてある。で、われ等は異鄉故人に逢ふの想がした。去年平和會議の折、世界各國の代表者が、相集ひて世界的平和を討議したのも、全くこの宮殿だ、われは嘗てウオートルロウの古戰場を見、今日しもこの平和の會場を見る、實に今昔の感に堪えんのである。十九世紀末造の人間は、小怜悧になつて、兵馬の權で、國を奪ひ合ふのよりも、宮の斧鉞で、國と國との實權を掠めるといふ風に傾いた。しかしながら歐州の平和、乃ちその平和のトラストは、却て未開國なる東洋又は南洋に向つて、異心を挾ましむる基となるではあるまいか、世は一片の權衡器、西方が重ければ、東の分銅が輕んぜらるゝと同じこと、今後の東洋、大に覺悟を要するとである。一行は濶大なる庭園をめぐり盡し、また馬車に搖られて、森林の中を通り抜け、運河に沿うて進めば、舟搖與として漾ひ、白い水鳥が樹影を離るる邊に浮んで、堤上は一面の青草になつてゐる。馬車道の兩側には、楊梢が交叉して、未だ暖からぬ日光が、斜めに貴女が行樂の、錦衣の襦を射つてゐる。やがて路の程二三哩も進みし時、前方に蒼溟が見えた。そが畔には大廈高樓の雲に聳えて立てる、簇々と見えた。公使は彼方を指示して、これは當國最一の海水浴場スケヴニンゲン村である、今は時期早ければ、最盛の賑ひを見ることは出來ぬが、その一斑を見給へと云はれた。其處に着いて、其躰を見て、一驚を喫したのである。讀者當時の端書通信を見よ。

『太平洋』２巻３号（明治 34 年 1 月 21 日）珍田公使と馬車を連ねて訪ねた森の宮殿　乙羽生。

月の伯林

乙羽生

歐州の旅も、幾月かの雨に風に、客窓の愁を惹いて、月ある夜の汽車の中には、雁ならぬ笛の音に思はず望郷の念の湧くこともある。或はホテルの雨の日、食堂に寄り會へる客の、多くは幼き兒達と、睦まじく語り合ふのを見るにつけても、こゝ阿部の仲麿ならねど、振さげ見れば春日なると、日本の空の戀しいこともあつた。

時は六月十二日、昨日までは龍居、淺澤、井原の三氏と、齊しくホテルの人であつたが、吾のみ獨り伯林に殘る事になつて、寓を或る縉紳の別墅に移したので、その淋しさ。氣樂とは云ふものゝ、親しむべき友も無き夕まぐれ、弗と家を出でゝ、菩提樹下に歩を進めた。此處は彼の文豪シルレルが筆に上りて、リンデンの名の疾く聞えたる大通、人と車との來往に便する爲め、五條に分つた砥の如き坦道がある。櫛比した家屋の立派なこと、そしてチールガルテンてふ公園の入口にある凱旋門と、王宮の莊嚴であること、流石こゝは伯林の目貫。其鋒元から切尖まで、見通した美くしの町であるから、折節は皇帝も肥馬輕裝で御散歩になり、又は皇后と馬車を同じくして、公園に駕を踏み給ふこともある。で、凱旋門上戰勝神が四馬を御するの銅像は、往年曾て奈翁一世の此地に攻入りし時、掠奪し去られたのを、其後千八百七十一年の大勝に、再び元の坐に取還したのである。僕のその門を出る頃には、日は全く隱れて、恰も好し十五夜の月が、菩提樹の並木の青海波のやうな上に躍つた。此處でこの滿月を見やうとは思はなかつた今の、我を忘れて、月よ、月よ、と雀躍するばかり喜んだ。見れば凱旋並木の兩側へ、新に建てられた三十六の古英雄は、去る頃より皇帝が伯林の美觀を發揮せんとて、特に皇室費を擲ちて、花崗石の美なる部分のみを選み鐫かれたもの、怒るが如く、喜ぶが如く、泣くが如く、笑ふが如き多種多樣の偉人が、その歲月と共に、幾多の功を積み貯へたる白き髯に、月の光の映りて、昔を今と語り顏の尊さ。斯かる偉人の智の塊りなる此國の、如何に地盤の堅くして、而かも厚きことよと、仰いで戰勝塔を見上れば、月は今しも金色したる軍神の肩にかゝつて、後光射すかと思はれるほど、碧昊に澄み輝いている。その前の噴水、周圍の花園、白み菴の地を染め掩いたやうに清く、紅と紫はたゞ一樣に黑く見えて、未だ左までには暑からぬ氣候の、木立を度る夕風に散る飛沫の露、月の光を粉に碎いて、顏に降りかゝる心地よさ。時々は馬車の響の、遠く轆々の聲を送つて、夜會などに出でがけの貴婦人が、薔薇の香を殘しては、月の並木に隱れ行く外、他に人の意を搔き亂すべき塵もあらぬこの夏夜。たゞ茫然と塔の前に立つた僕の、羽化登仙とは、この瞬間を云ふのであらう。

塔の一方に聳えてゐる帝國々會が巍然と高く雲に聳えてゐれば、此方には凱旋並木が、玲瓏玉のやうに見える。其塔も議會もこの並木も、みな戰勝の餘になつたもの、殊にこの塔は佛國から分捕の、大砲を鑄て築いた點を見ても、獨逸が如何に尙武に熱中してゐるかを知るに足る。で、軍人の幅の利けることは、非常にして、文官の如きは、殆んど喪家の犬、夜會にも此人無ければ、宴席に花の無いと齊しく、少尉がお妃の手を採つて、舞蹈を演れば、皇帝はたゞその舞蹈の妙であるとを望まるゝばかり、畢竟今日の太平は、軍人の功であるとは云ふもの、餘り僭上の厚遇である。それで今では貴婦人の翫弄物のやうになつて、軍服の下に、婦人の腰に用ふるコルセットを嵌めて、顏に薄化粧の士官が、諸々伯林の雜鄕を支配してゐるとは、ても面白い國風である。これを日本の猛夫が、月を見ては、何日か我が屍の上を照すよと覺悟する、殊勝の心掛と比較せば、天地の相違であるまいか。今の伯林の軍人たる者、ウヰルヘルム一世帝が、馬上千軍を叱咤する銅像に對しても、愧死すべき所であるまいかなど、思ひ續けて夜の更けるのも知らずに、われは月の前を徘徊してゐた。（寫眞は右伯林凱旋紀念塔にして、左上部はウヰルヘルム一世皇帝紀念像、下部は伯林チールガルテン內金魚池の風景である）

『太平洋』2巻4号（明治34年1月28日）月の伯林　乙羽生。

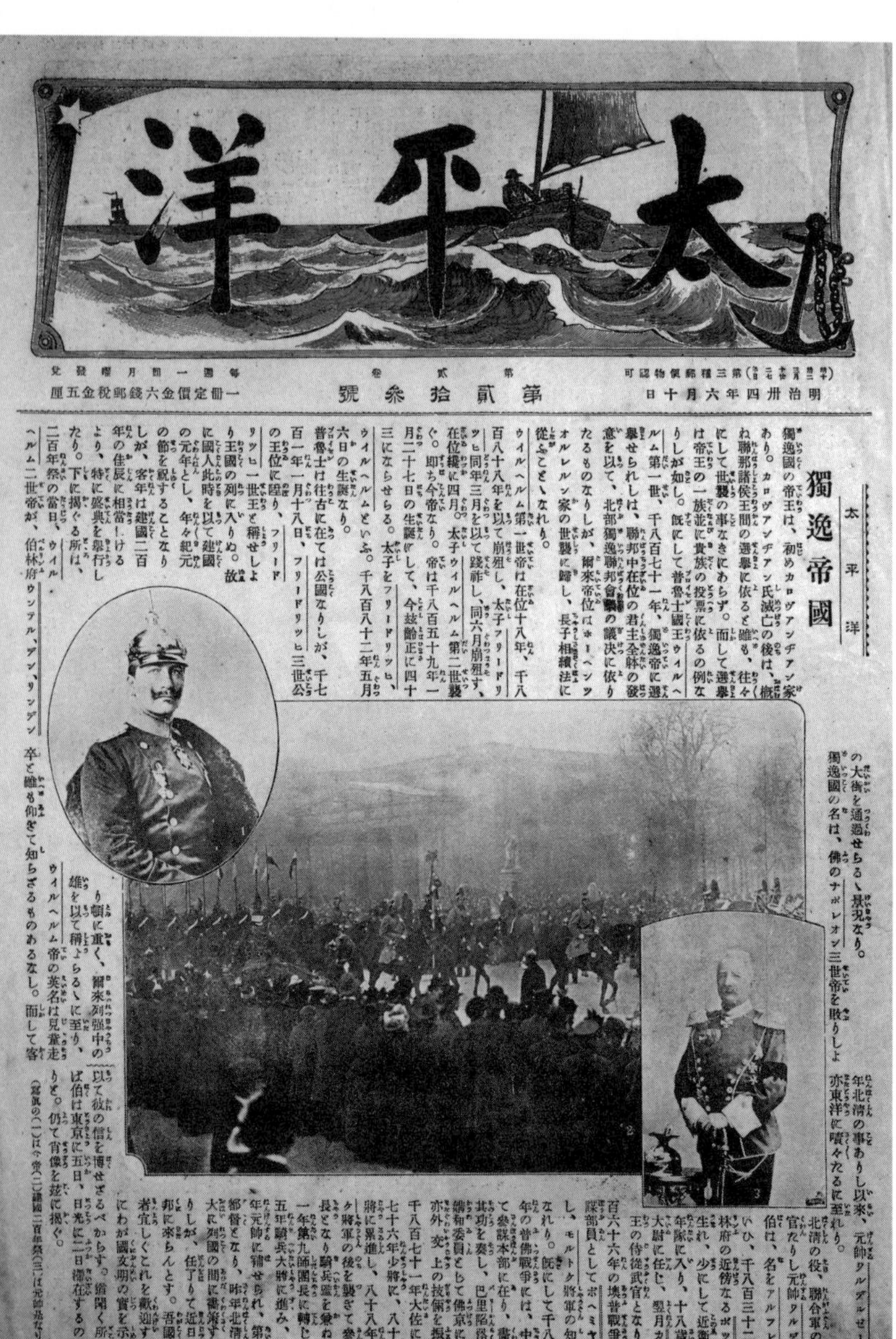

太平洋

（明治三十三年十二月二十七日）第三種郵便物認可
明治卅四年六月十日
第貳卷
第貳拾叄號
每週一回月曜發兌
一冊定價金六錢郵稅金五厘

太平洋

獨逸帝國

獨逸國の帝王は、初めカロヴァンヂアン家あり。カロヴァンヂアン氏滅亡の後は、概ね聯邦諸侯王間の選擧に依ると雖も、往々にして世襲の事なきにあらず。而して選擧は帝王の一族並に貴族の投票に依るの例なりしが如し。既にして普魯士國王ウィルヘルム第一世、千八百七十一年、獨逸帝に選擧せられしは、聯邦中在位の君主全躰の發意を以て、北部獨逸聯邦會議の議決に依りたるものなりしが、爾來帝位はホーヘンツオルレルン家の世襲に歸し、長子相續法に從ふことゝなれり。ウィルヘルム第一世帝は在位十八年、千八百八十八年を以て崩殂し、太子フリードリッヒ同年三月を以て踐祚し、同六月崩殂す、在位纔に四月。太子ウィルヘルム第二世襲ぐ。即ち今帝なり。帝は千八百五十九年一月二十七日の生誕にして、今茲齢正に四十三にならせらる。太子をフリードリッヒ、ウィルヘルムといふ。千八百八十二年五月六日の生誕なり。普魯士は往古に在ては公國なりしが、千七百一年一月十八日、フリードリッヒ三世公の王位に陞り、フリードリッヒ一世王と稱せしより王國の列に入りぬ。故に國人此時を以て建國の元年とし、年々紀元の節を祝することとなりしが、客年は建國二百年の佳辰に相當しけるより、特に盛典を擧行したり。下に掲ぐる所は、二百年祭の當日、ウィルヘルム二世帝が、伯林府ウンテル、デン、リンデンの大街を通過せらるゝ景況なり。獨逸國の名は、佛のナポレオン三世帝を敗りしより頓に重く、爾來列強中の雄を以て稱せらるゝに至り、ウィルヘルム帝の英名は兒童走卒と雖も仰ぎて知らざるものあるなし。而して客年北清の事ありし以來、元帥ワルデルゼー伯の名亦東洋に嘖々たるに至れり。

北清の役、聯合軍の總指揮官たりし元帥ワルデルゼー伯は、名をアルフレッドといひ、千八百三十二年、伯林府の近傍なるポツダムに生れ、少にして近衛砲兵少年隊に入り、十八歳にして大尉に任じ、翌月カール親王の侍從武官となり、千八百六十六年の墺普戰爭には參謀部員としてボヘミヤに出陣し、モルトケ將軍の知る所となれり。既にして千八百七十年の普佛戰爭には、中佐として參謀本部に在り、畫策多く其功を奏し、巴里陷落の後は媾和委員として佛京に赴き、亦外交上の技倆を振へり。千八百七十一年大佐に進み、七十六年少將に、八十二年中將に累進し、八十八年モルトケ將軍の後を襲ぎて參謀本部長となり騎兵監を兼ね、九十一年第九師團長に轉じ、九十五年騎兵大將に進み、九十八年元帥に補せられ、第三軍の都督となり、昨年北清に赴き大に列國の間に籌策する所ありしが、任了りて近日將に我邦に來らんとす。吾國民たる者宜しくこれを歡迎すると共にわが國文明の實を示して、以て彼の信を博せざるべからず。猶聞く所によれば伯は東京に五日、日光に二日滯在するの豫定なりと。仍て肖像を茲に掲ぐ。

（寫眞の（一）は今帝（二）は建國二百年祭（三）は元帥伯なり）

『太平洋』2巻23号（明治34年6月10日）。

劇壇の消息

故湘煙女史

印度槍騎兵

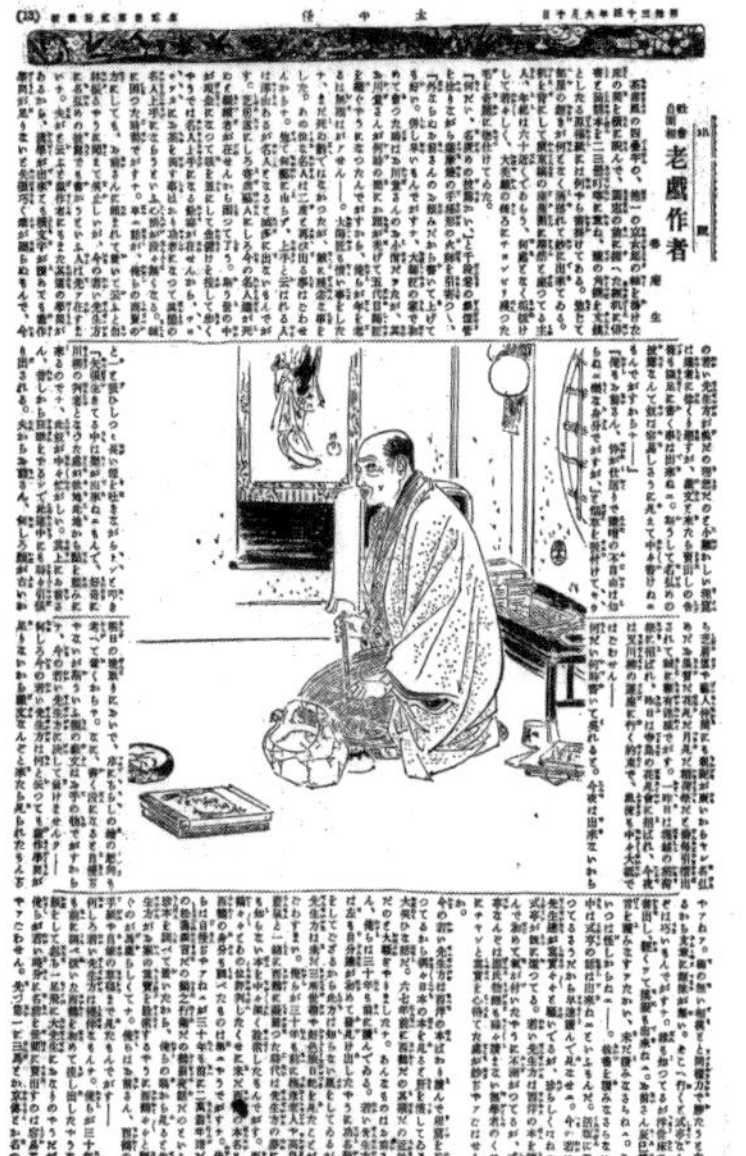
老戯作者

『太平洋』2巻23号(明治34年6月10日)
発行兼編輯人　齋木寛直
発行所　太平洋社
毎週一回月曜発行
一冊定価金六銭　郵税金五厘

264頁：「乙羽兄を憶ふ」樗牛生
265頁：「文壇管見——乙羽を弔ふ」
大町桂月

なお、この号には下記のような記事も掲載されている。
3面に「銷夏記勝」花袋生をはじめ
5面(263頁上：右)故湘煙女史
6面(263頁上：左)「劇壇の消息」青々園
13面(263頁下)「社会百面相　老戯作者」
魯庵生
15面 俳優の生活
など全24面、うち4面広告頁。

乙羽兄を憶ふ

柳牛生

嗚呼乙羽兄、君はもはや此の世の人にはあらざる乎。十歳が間、吾れ君の生けるを知りき、今に及びていかでか君の死せるを想ひ得む。夢か、現か、あゝ吾れ復た君を見る能はざる乎。

君と吾れと、憶へばはかなき契りなりけるよ。君逝けりと聞きてより、吾れは君が事をのみおもひ暮らしゝが、哀しいかな吾が心亂れて夢をだに結び難し。あゝ吾れ長へにまた君を見る能はざるべき乎。

去年の夏、君歐米の遊を畢へて歸り來ませし時、吾れ病みて駿河臺の病舍にありき。旅裝のまゝにして君は吾が病を見舞はれしが、吾れは君の手を取りてその恙なきを祝ひたりき。秋の初めより、吾れ淸見潟のほとりにさすらひの身となりし時、君は三亭の道を遠しとせずして吾が幽棲をおとづれ給ひき。其の夕べ月明に乘じ、三保の入江に棹して秋夜の興會を擅にせしは、おもへば再びし難き遭逢なりしなり。歳の暮、吾れ湘南に移り、事ありて都に上る毎に君を見ざることなかりき。冬漸やく寒うして吾れ京に入らざること數旬、二月なかばのころ、圖らずも君熱ある病にかゝりて大學の醫院に入れりとの報知に接しぬ。日頃より人にすぐれて健やかなる君なれば、かりそめの惱みとのみ吾れも人も、恐らくは君自らも思ひしならむを、その時この醫院に君が命終の床横はれりとは神ならぬ身の誰か知るべき。

君病みてより、月を經て吾れ京に入りぬ。君は尙ほ癒えやらで病舍の中に臥しましき。よもやかうまではと思ひし君の、一月あまりの惱みにいたく痩せ衰へて、ありし面影の失れとしも見わかぬに、吾れは胸塞がり、心消えていふべき言葉も得言はざりし。君は吾れを見て、却て吾が病いかにとのみ氣遣ひ給ひ、やがて褥を離れなば御身と共に沼津興津のほとりになど語り給ひき、かくて君の病はよしともつかず、あしゝともつかず、熱の惱みの想ひの外に長びけるに、醫師の長さへ思ひ惑へるよし傳へ聞きて、吾れ人ともに心いと安からざりき。その後都に上る每に幾度も君を見舞ひしが、その度毎に君のやつれまさり給へるを見し時の吾が哀しさを、何にか喩へむ、誰にか語らむ。

去月十五日、吾れ事ありて京に入りしかば、直に君をおとづれき。あゝ今にして思へばこれ君と吾れとの永き訣別にてありしなり。君の熱は少しく和らぎしよしなれど、その顔ばせはうつし世の人とも思はれざりき。君は嬉しげに吾を見給ひて、御身に遇うてしみ〳〵と語らまほしきことの澤なれど、是非もなき今の身なればとて、はらはらと涙を流し給ひき。吾れはたゞ君が手を握りてうなづきぬ、絲の如く痩せ細りたる君が手は吾れのよりも熱かりき。かくて吾れは後日を期して悄然として退り出ぬ。あゝ期したる後日は長へに來らざるなり、今にしておもへば、言ふべきこともえ言はず、聞くべきこともえ聞かず、徒に悲歎の間に別れしことの口惜しさよ。

かくて君と吾と長へに相別れぬ、げにはかなき別れにはありけるよ。此月のはじめ君逝けりと聞きし時、吾れ病で褥にありき。三日には君が弔葬の式ありと聞きつれど、病める身の心に任せず。此日雨降りしきりて風さへいと強く、松韻濤聲また懺悔のひゞきを作し來る。心ばかりの手向に一炷の香、一枝の華を具えて遙に君を弔へば、返らぬ事の限りもなう想ひ起されて、この恨み絶ゆべき時のありとしも想はれず。あゝ乙羽兄、十歳の契り夢の如くにして、君獨り醒めたる乎。憶へば君と吾れと、知ることの何ぞ遲くして、別るゝことの何ぞ速やき。そもそもかげらふのあるかひもなき現し世に、など人の情のかくはあつかりける。あゝ吾れ長へに君を見る能はざる乎。

◉寫眞の説明を爲さんに、上段に出したる「一」は小石川傳通院の二百年の法要を撮影したるもの「二」は根岸三島神社の祭典の賑はひ、「三」は本郷白山神社の大祭にして、いづれも前週の出來事なり、下段は螢の時節そろ〳〵近つきたれば、そを訪ねん人の爲めにとて、その名所を殊更に選びたるものにて、「一」は小石川牛込の間にある關口大堰の附近、これより落合に至る間は昔より螢の名所として訪ふ人多し、「二」は角筈十二社、此處には名高き瀧もありて夏の夜の清遊には最も適せり「三」は都にやゝ遠き大宮公園、境濶く水淸く、新樹ふかく茂りて、名物の螢をり〳〵闇夜にかゞやけるいと興ありと聞く、上野よりは只一汽車、好事の人一訪すべし、賣れてる作者に弟子入して最初は紙刷らしに戯員とか狂歌とか直して貰うンでがすが、十分佐俑の固まらない中は戯作物をして持つてゝも直すどころか見ても呉れない。でがアすから板元なんぞは猶更頭から鼻汁も引掛けて呉れないわけで、初手は大抵此方で板刻料を拂つて手を突いて願んで漸と板にして貰うが定りでごわす。でがすから幸ひ當れば結構、當らなかつた日には二度と面出しは出來ねヱ始末す。俺らはお前さん、道樂で家を飛出し散三苦勞をした晩に式亭の弟子の珍馬の家に轉げ込んで三年雪隱の掃除をしたお庇に如何やら戯作者株になつたが、お前さん、其時分の草稿料は今と違つてお咄しにならねヱ小なもんだから片商賣をやらなけりや飯は喰つて行かれねヱ、中々苦しいもんす。それから見ると今の先生方は未熟な佐俑の中から名が知られて相應な原稿料が取れて文學者なぞと氣樂にしてムる。俺らが若い時分は板元から吉原を一と晩奢られて小判一枚も貰へば大したものゝやうに云はれたもんだ――エツ、何だと、久し振で一つ書いて出板さしたら奈何だと。眞平御免だ。梅彦老人が生きてる時分老人を介して或る本屋から頼んで來たが、俺らは時代遲れだから世間の氣にも入るまいし、卵の殻の取切れない若い先生方と競争うのも大人氣ないし、好きの道だから随筆染みたものを書いてるが、何もお前さん、倅から分米を貰う自分でお錢を欲しがる事も無いから謝絶つてやつた。俺だツて昔執つて杵柄だから年は老つても戯作なら若い先生方に負ける氣はねヱが、何と云つても時代遲れだから當時の人氣に向くものは出來ねヱ。併しお前さんの前だが、女郎の手紙を引伸ばしたやうな言文一致が氣に入るツてのは餘程解らねヱちやアねヱかと、如斯な連中には俺らの戯文の甘味は解るめヱが、アイ、折角のお頼みだから書いて上げるよ。何だと、發句の代作をして呉れ。宜し〳〵何でも承知した。這般な事に掛けたら俺は名入だ。若い先生方には迚も撲撮の出來ねヱ藝でがす――」と老戯作者先生滔々として無差別幕なしに辨じ立てるを小紋の羽織の藝人風の客人は一々感服して、「成ゥ――御尤も――如何さま――でがアすね!」合の手に灰吹を叩く煙管の音ポン〳〵〳〵。

文壇管見

大町桂月

乙羽を吊ふ

「明日知らぬ身と思へども暮れぬ間の今日は人こそ悲しかりけれ」、累年の持病に弱りゆく我身なほ生きながらへて、平生壯健なりし君まづ逝かむとは思ひかけきや。明治三十四年六月三日、都のかたほとりなる日暮里村、馬琴の筆塚の立てるあたり冷かなる黄土、君が未死の魂を埋めつくしぬ。濛々たる滿天の雨、空もために悲しみ、血を吐く杜鵑、いとゞ恨を添へぬ。悲しい哉。

何人も死すれば惜しまるれど、君の如く、何人にも惜しまるゝものは、頗少なかるべし。君と一面識あるもの、君を愛して措かず。君は、何人にも愛せらる。君の人となり、快活、無邪氣天眞爛熳にして、毫もいやみなければ也。

されど、君が世人に惜しまるゝは、啻に君が性質の善良なるのみならむや。君は一代の文人也。君が短き一生、匆忙の間にものしたるもの、所謂乙羽十種あり。外に歐山米水あり。其他まとまりて書物とならざる斷片極めて多かるべし。君が最も力を注ぎしは、小説なるべし。紀行文また頗る多く、傳記、隨筆の類、一々擧げて數ふべからず。此外、新体詩をよくし、俳句をよくし、和歌をよくし、漢詩をもよくす。君の文學に於ける極めて多方面也。君の文章、才氣煥發、詞藻華やかに、輕快にして趣味あり。亦一種の文章也。而して筆をはしらすこと矢の如く、千言たちどころに成る。而かも決して粗笨ならず、才筆にして健筆なる、君の如きは、多く其比を見ず。君年を享けしこと、僅に三十五。天之に年を假さば、其文益老い、其造詣はかるべからざるものあらむ。君は、文人として、前途なほ多望なりし也。

君は、文筆に於て才氣煥發せしが如く、人物に於ても、才氣煥發せり。君、筆を執れば、健筆家にして、事務を執れば、敏腕家也。君が如何に博文館主を補けて、出版事業に盡力したるかは、今更余が說くまでもなかるべし。君は博文館の支配人として、出版事業に於ける前途の抱負、計畫、極めて大なるものありしならむ。君は我國の出版事業を改良せむとて、西洋諸國の出版事業を視察せむと欲して、歐米諸國を歷遊したりき。歸り來りて、未だ一年ならざるに、君早く逝きぬ。君の遺憾果して如何ぞや。君の一死は、實に出版界の不幸也。

君がいたく美術を愛好せしは、君が慰藉の存せし所にして、君が人品灑洒にして、普通の所謂紳士と其選を異にせるものありし所以也。君は實に美術と文學と調和せむとをつとめし人也。君又寫眞を好み、自から之を試み、其技老熟して、最早普通の素人に非ず、寫眞を以て、山水を紹介し、風俗を紹介するの氣運をつくりしは、實に君の力也。君既に文學と繪畫とを調和し、更に文學と寫眞とを一致せむとは、所謂乙羽十種と歐山米水とを繙きたるもの、皆認むる所なるべし。此外、太陽はじめ、博文館發行の諸雜誌にもあらはれぬ。殊に太平洋が、寫眞を以て社會の出來事を報道せむとするは、讀者の認むる所なるべく、而してこれ君の計畫に出でゝ、君の力を注ぎし所也。君の美術癖は、君の人品をして脫俗の趣あらしむる一助となれると共に、またよく君をして書物の意匠躰裁に凝らしめたり。殊に歐山米水に至りて、其美を極はめたり。用紙、製本、印刷、躰裁など、あらゆる技術の精粹をあつめたるのみならず、繪畫寫眞と文學とを結びつけて、我國空前の美本と稱せらる。君の用意、多とせざるべけむや。

君はまた旅行家也。平生俗塵の裡に勤勉し、閑あれば、則ち山水の間に放浪す。風流の趣を解せるものと云ふべし。而して遊べば、必ず紀あり。千山萬水、續千山萬水、耶馬溪、歐山米水、是也。其他乙羽十種の中にも、紀行文、多く散見す。君の足跡、日本の内地にあまねく、更に高飛して、歐米の外に及べり。われ君の旅行癖を愛す。君が紀行の文、詞藻に富み、才氣あり、輕妙にして面白し。而して他の旅行家の企及すべからざるは、寫眞と紀行と和一致するの點に在り。其最も到れるものは、耶馬溪是也。耶馬溪は、賴山陽の筆によりて、世にあらはれしが、君行いて、更に其奧をさぐり、一々之を寫眞に寫して、世に紹介せり。君は啻に寫眞術に忠實なるのみならず、また天下の山水に忠實なるもの也。

君は都門を出づれば、飄逸洒脫なる騷人となり都に入りては、最も交際ひろき社交家也。政治家の大立物、實業家の尤なる者をはじめ、あらゆる文人、記者、學者、美術家など、君の交れる中流以上の人士頗る多く、到る處、君の知己あり。君はあらゆる方面の人に愛せらる。君の人となり亦推して知るべし。君は才氣ありて且つ勤勉也。君は事務きはめて多忙なるも、筆をすてず。夜間わづかの時間をぬすみて筆を執り、わづかなる時日の間に、厖大なる著述をなせり。その健筆の非凡なるは更にも言はず、精力人に絕して勤勉なると、亦多しとすべき也。

君の生前、われ君の著述を批評したると多かりき。時々憎まれ口をたゝきたりき。われは平生人の面前にて、惡口言へり。乙羽君の面前にても亦然るものありき。されど、君が寬大の量、余の愚を容れて、餘りありき。死は人生の終也。君の一死、我をして唯哀悼の淚にむせばしむ。君の音容なほ目にあり。君の生前を思へば、欽慕の情禁ずる能はず。嗚呼歐山米水は、竟に君が絕筆となりける乎。君歐米小觀をものせんとし、口繪まで出來たるに、書成らずして先づ逝きぬ。君今何の處にか健筆を揮はむとする。悲しい哉。

絵はがきに寄せ書きをした。宴席から帰宅した乙羽が翌朝目が覚めると、ひどい熱だった。前夜はひときわ寒い夜で、しかも席に呼んだ老妓が風邪にかかっていた。帰国以来休む暇もなく働いて疲労がたまっていたところに、風邪を伝染（うつ）されたのだ。そのまま乙羽は病床につき、二度と回復することはなかった。

病床に苦しみながら、乙羽は仕事を休まなかった。一月二十日、つい十二日前に取材したばかりの伊藤圭介が病死したことが伝えられた。乙羽は、八百字ほどの追悼文を書いたが、「本年一月二十四日、九十九歳の高齢を以て、溘焉（こうえん）長逝せられぬ。嗚呼」と日付が間違っている。どうやら乙羽の意識も朦朧としていたようだ（追悼文は『太平洋』二月四日発売号に「故伊藤圭介先生」と題し、外遊中に書いた「墺（オーストリア）の維納（ウィーン）」とともに掲載された）。

一月三十日の夜、乙羽は高熱のため悪夢にうなされていた。一晩中、頭の中が燃え、心臓の鼓動が波打ち、耳の鼓膜は雷鳴が響いていた。体は疲労困憊し、絶え間なく襲ってくる悪夢の中でもがいた。戦場で負傷しながら、襲いかかってくる悪魔と必死で戦っている夢を見ていたのだ。ふと、左手に宝玉を持った天使が現れ、右手で乙羽の手を握った。朝の鳥の声で目を覚ました。壁には外遊したときに橋本雅邦が描いてくれた菩薩の絵が目に飛び込んできた。

乙羽の病状は悪化の一途だったが、『太平洋』には乙羽の原稿が載り続けた。二月十一日発売号にはスイス滞在時のレポート「瑞西山水」と、三年前に妻と米沢に帰郷した際、長岡で汽車を降りて飯坂温泉を経て雪山を越えて米沢に至った時の事を書いた「雪の細道」(『太陽』四巻十三号)の一部を抜粋して「雪の山越え」として掲載された。二月十八日発売号にはルーマニアの首都に滞在した時に書いた「ブダペスト」が掲載されたが、それが、乙羽が生前発表した最後の記事となった。

二月十四日、腸チフスに似た症状を併発し、十八日、東京帝国大学第一医院に入院した。当時、同大学の第二医院に火災が発生し三棟が焼失、二十一名の焼死者を出した。第二医院に入院していた患者は第一医院に搬送され、混乱が続いていた。

乙羽の死

尾崎紅葉が、乙羽が重体であると聞いたのは、二月末のことだった。三月四日、紅葉は訪ねてきた柳川春葉に、「乙羽の容態を見てきてくれないか」と頼んだ。紅葉自身、三日前から激しい胃カタルにかかり、苦しみながら「金色夜叉」の執筆を続けていた。十日、乙羽を見舞った春葉が紅葉の家にやってきた。乙羽の病状を聞いた後、紅葉はドイツの巌谷小波にあてて長文の手紙を書いた。「先月来乙羽チブスの重きに罹り第一病院にあり、未だ見舞はず侯」。紅葉が初めて乙羽を見舞ったのは、三月二十一日だった。その前夜、紅葉は明け方までかけて「金色夜叉」を書き、仮眠をとったのち午後になってから東京帝国大学病院伝染病室五号に入院している乙羽を見舞い、その日の日記に「腸チブスこじれて熱去らず、衰弱甚だしき容体なり。出版の事など語り、良一時間居て辞し去る。枕上に大岡氏より贈れる牡丹の鉢を据ゑ、満開也。此日熱は三六、五也」と記した。

四月に入る前後に面会謝絶となった。『太平洋』二巻十四号（四月八日）では乙羽の病状が報じられているが、「病状は依然として衰へず。殊に去る（四月）三日四日の両日以来は殆ど人事不省の有様なりければ、主治医等は大いに心を苦しめ、その治療に従事し居れり」と報じられていた。四月二十一日正午、尾崎紅葉が再び病院を訪れた。衰弱甚だしい乙羽を見舞った後、上野三宜亭で開かれたアマチュアカメラマンの会・写友会発会に出席し、写真を三枚撮影した。この月の四月八日付の『読売新聞』に「続々金色夜叉」が掲載されて以後、三十五年四月まで一年間中断することになる。

五月二十四日午前十一時、紅葉は本郷の岡野に立ち寄り、付添の人への見舞として、煎餅類などを買い、ついで途中、文求堂で徐宏祖（一五八七〜一六四一）の『霞客遊記』を買い求めた後、乙羽を見舞った。ちょうど米沢から、乙羽の兄が看病に来ていた。壁には橋本雅邦が描いた文殊菩薩が掛けてあった。

六月一日朝六時、大橋乙羽は東京帝国大学第一医院で死去した。腸チフスから肋膜炎を併発したようだが、院長の東京帝国大学医科大学教授で、森鷗外の親友でもある青山胤通（一八五九〜一九一七）は、「真の病源は不明」と言った。

六月三日、雨の中、日暮里の養福寺で葬儀が行われた。政官界の大立者や、文学者、画家など千余名が別れを惜しんだ。尾崎紅葉はその日の日記に「贈花は林の如くなりしも、雨中とて栄無く、残念なり」と記し、佐佐木信綱は「葬送の日雨いたく降れり／つくりたる黄金のはちす花おちて　ふる雨かなしおくつきどころ」と詠み、寺崎広業は「乙羽は馬鹿だ。自分の命を亡ぼすまで勉強した」といって涙を流し、江見水蔭は次のような歌を詠んだ。

時鳥もし心あらばなけこよひ　ないてないて啼きあかせ今宵

同明治三十四年十一月三日、創立者である老館主の大橋佐平が死去した。二年後の明治三十六年十月三十日、尾崎紅葉は「金色夜叉」を完結させないまま、胃ガンで没した。一つの時代が終わろうとしていた。

乙羽が最後の夢を託した『太平洋』は短命に終わった。明治三十五年十二月十五日発売号で終刊となり、かわって月刊ビジネス雑誌『実業世界太平洋』が創刊（明治三十六年一月十日）された。さらに誌名を『商工世界太平洋』と変えて続いた。『太平洋』の編輯に当たっていた西村眞次は、乙羽の亡くなる前の四月三十日、東京専門学校（後の早稲田大学）に入学するため博文館を辞めた。桐生政次も結局、入館七カ月目にして、以下の文章を残して博文館を去った。

> 顧れば今春一月八日、故乙羽君の暖なる推薦によりて入館し、筆を執しこと茲に二百日。初は単に本紙の週報を作成するに止りしかど、既にして同君の病めるに遇ひ、本紙の編輯主任を委託せられ、一度は其才に非ざる由を述べて強て辞退し、再度館主の意気を感じて、終に今日に至るまで、館主を欺き読者を欺き又自己を欺きたり。今菲才その器にあらざるを感ずること益々甚し。乃ち去りて身を学界に投ぜむとす。去るに臨みて館主及読者に罪を謝することしかり。
> なほ週報は国府犀東氏之を担任し、編輯は即ち田山花袋氏これが主幹たれば、以後の本紙が一層の光彩を放たんことを期して俟つべき也。（『太平洋』二巻三十一号／明治三十四年八月十五日発売「告別の辞」）

桐生が『太平洋』を託した一人、田山花袋は、しかし事務に疎く編輯作業はぎくしゃくするばかりだった。彼は日露戦争に記者として従軍した後、『文章世界』編輯を経て、明治四十年、『蒲団』で一世を風靡し、私小説という分野を確立した。

桐生の後継者として『太平洋』の週報を書いた国府犀東（こくぶさいとう）（一八七三〜一九五〇）は石川県出身。東京帝国大学法科大学に学ぶが、中途退学。明治三十三年に入館した翌年十一月、新体詩集『花柘榴（ざくろ）』を文武堂⑩から上梓。三十九年まで在館したが、『花柘榴』は高山樗牛、大町桂月の序を得て、乙羽が死去した五ヵ月後に出版された。編輯局で

⑩ 文武堂は東京堂の出版部で、所在地である神田区中猿楽町十六番地は、発行者である大橋佐平の三男・省吾の自宅である。

共にしただけあって、犀東の乙羽を思う気持ちは深く、新しいこころみとして詩に託したのが「大橋乙羽君を挽す」。最後に引用して、筆を擱きたい。

大橋乙羽君を挽す

国府犀東[11]

（一）

橘匂ふ五月雨や、
人を思ひに悩ますする、
昼岑寂を嘆こつ時、
蜘蛛の糸操る物憂きや。

石に蝸牛殻を出で、
篆字の文を残し行く、
是れ蒼鵠の去りし跡、
銀の涎に何を書く。

此日いましが世を蛻けて、
帝の傍への、玉案、
無窮の巻の初頁を、
白玉楼に読むとかや。

（二）

羽前の山の暁の雲、
笈負ふて鳥の啼く、
吾嬬の都したひ来し、
野にまだ瀛車はあらざりき。

十露盤捨てて筆取りし、
手に菅笠の緒をしめて、
関八州の初嵐、
都へ吹かれ上ぼりしが。

文名天下に轟きて、
短かき歴史十二年、
花鳥山河を縮図せる、
著書に詩才を人ぞ知る。

⑪ 犀東の号は金沢・犀川の東堅町生まれからつけられた。それに対して、室生犀星は西に生まれたことから筆名となった。

（三）

山の姿や海の色、
意匠凝らしゝ写真術、
今はいましの真影を、
仏と祭つるあなあはれ。

エッフェル塔は天を突き、
ナヤガラ瀑は陸を裂く、
世界を周ぐり尽くす後、
尚ほ見ぬ国を見んとかや。

『西方見ざる域ありて、
乙羽は筆を載せて之く』。
我れ唐歌に思ひきや、
今はの識（しるし）をなさんとは。

（四）

都に出でて十二年、
帰朝してより九箇月、
終りの半ばは牀に伏し、
いたづき篤く春暮れぬ。

病牀（びょうしょう）に伏しゝ雪の朝、
同日なりしは何の縁、
いましは重く我れ軽し、
誰れ皇天を無私といふ。

梅散り桜咲きしきり、
我れ陽春を歌ひしに、
いまし薬鑪に痩する影、
咽に乳やる力なし。

（五）

青葉若葉の郭公、
墨田の移居を行いて告ぐ、
いまし喜びほゝ笑みて、
涼みの句会を約せしに。

曙浅き梅雨の空、
伏戸寂びしく水鶏鳴く、
此朝いまし世を厭（いと）ひ、
など天上へ急ぎしか。

浮世に置きし片見あり、
玉の如き子菩薩の子、
地中海より寄せし文、
今遺言とならんとは。

（六）

昨日は日本の乙羽生、
今日天上の乙羽仏、
仏（ほとけ）の子をば地に留む、
魂魄永く呵護（ママ）せや。

此子無窮の世より来て、
此世の父に代はるべし。
嘗て無窮に来しいまし、
無窮に去りて今いづこ。

世に千年の寿はあらじ、
不死の薬を誰か采（と）る。
栄枯も生死（しょじ）もなき国へ、
先だち行きし是れ賢か。

（七）

いまし天地にとめ置きし、
著書は乙夜の覧に入り、
乙羽なる名は喧伝し、
竹馬の童子も之を知る。

此世に既に恨みなし、
天にこたびは神となり、
文昌星となりませや、
『ミュズ』の神と並びませ。

文殊菩薩の絵図の像、
是れ愛翫の幅とかや。
仏天指して行きまさば、
いましの画像これなめり。

（八）

世界の美術集め采り、
意匠新たに組み成して、
世に応用の時を得ず、
いまし徂（ゆ）きしは惜むべし。

一枝の筆に拮据して、
あらゆる苦痛と健闘し、
凱歌にかざす桂花冠、
さればいましに憾（うらみ）なし。

我れ瓜（ママ）剪りて沐みして、
柩に捧ぐる歌の調、
よし拙なきも人や玉、
哀しむ心を享け給へ。

年譜

明治二年（一八六九）

六月四日、山形県米沢市立町二ツ橋畔、渡部治兵衛（旅館 音羽屋）と米沢市東町山口左衛門の娘・かつの六男・又太郎として生まれる。「二橋」という号はこの旅館の北側に流れる川に架かっていた二つの橋から、「乙羽」は旅館「音羽屋」からつけられた〔補注1〕。

明治九年（一八七六） 七歳

北堤小学校（明治十二年小学校令改正により興譲小学校となる）に入学。

明治十二年（一八七九） 十歳

十二月八日、北堤小学校を含む八校が合併した興譲小学校を卒業。

明治十五年（一八八二）　十三歳

山形市十日町の太物屋富士屋（富田吉兵衛）に奉公。又蔵。

明治十六年（一八八三）　十四歳

六月二十三日、父・治兵衛死去。

明治十八年（一八八五）　十六歳

高橋家に嫁いだ叔母の養子として入籍。のち、離籍。
山形市の太物屋富士屋へ奉公をしていたとき、市村という本屋の店先の本を一冊一晩という約束でまとめ借りして読む。友人と雑誌づくりに励む。このころ、たまたま風呂敷を背負って本屋を訪れた春陽堂[①]の和田篤太郎を紹介される。

明治十九年（一八八六）　十七歳

九月二日、新海竹太郎は陸軍士官を志して出奔、上京した（田中修二『彫刻家・新海竹太郎論』[補注2]）。新海の行動に刺激されて、又太郎も奉公先から出奔したと推測される（冨木与一郎「新海竹太郎先生のこと」『山形春秋』七巻一号）。

① 春陽堂の創立年月日は不明。「明治十一年神田泉町に本の小売兼行商をしたのに始まる」と『春陽堂物語』（山崎安雄）にある。「勧工場各社大販売勧業場出品鏡」（明治十五年）の「書籍部」には五名の名前があり、その一人に「芝区新サクラダ町十バン地　和田篤太郎」の名がある。

明治二十年（一八八七）　十八歳

六月十五日、大橋佐平、本郷区弓町三丁目に「博文館」の看板を掲げる。

　母（五十七歳）が中風で倒れたのを機に米沢に帰り、病める母について吾妻山の温泉に逗留する。いったん家に帰るが母は陰暦五月二十九日死去。

　温泉逗留時に小説一編を書いて春陽堂和田篤太郎に送る。それから七年のちの明治二十七年の暮れ、大橋佐平の娘・とき子と結婚して博文館へ入館した彼は同業者として春陽堂に挨拶に出かけた。鷹城（ようじょう）和田篤太郎は「あなたに私は山形で逢った。その時分、渡部二橋といって私に小説の原稿を送ったでしょう」と言って、前に送った原稿を返してくれた。

明治二十一年（一八八八）　十九歳

三月、『国民之友』に「地方の実況」投稿。初の活字化。

七月十五日、磐梯山噴火。当時、又太郎は病をえて磐梯山から五里ほど離れている吾妻山腹の高湯温泉、中屋で湯治していた。隣室に同郷の人で児島某という四十四、五歳の老書生がいた。

八月九日、児玉と二人で磐梯山を目指す。水害の甚だしい小野川を避けて、右の道をたどると上半身裸同然になったもんぺ姿の女性や男など被災者に出会う。

九月、上京、東陽堂に入社。

九月十三日、『出羽新聞』に二橋散史の名で「美人の俤—第六章の続き—」を掲載。十五日、「美人の俤」第七章、掲載。二十七日、「美人の俤」第十章、掲載。

十一月二十日、『少年子』（協習会）四号に「客中漫吟　高橋又太郎」の名がある。

十二月二十日、『少年子』五号に「離別局」発表。この漢詩に志賀重昂が評を書く。

　この年、東陽堂の吾妻健三郎がたまたま墓参りに郷里米沢に帰ってきた折、又太郎が磐梯山を探検して、詳細な地図をつくったことを聞きおよんで、落合を介して立町二ツ橋畔にある生家音羽屋旅館を訪れ、ぜひわが社へきていただきたい意を伝える。

　生涯の友となる寺崎広業は秋田県鹿角の郡役所で、日給三十銭で働いていたが、この年の二月、同郷の平福穂庵にすすめられて上京。弟子入りをするが、三ヵ月で飛び出し日光へ。そこで米沢出身の菅原白竜と知り合い、東陽堂へ入社。

明治二十二年（一八八九）　二十歳

一月一日、「山東庵京伝の伝」を『やまと錦』二号（博文館、明治二十二年一月一日）に発表。

一月二日、両国橋から千葉通いの馬車に乗り、夜、千葉加納屋に泊まり、茂原などうろつく。

五日の夜、旅姿のまま紅葉館にかけつけ、硯友社の新年宴会に出席。二十日、『少年子』六号に「山水活論」を発表。

二月十日、『風俗画報』創刊。

三月十日、『風俗画報』二号に「徳川時代江戸服飾の変革」高橋又太郎編、「流行落書」乙羽庵主人。

四月十日、『風俗画報』三号に「徳川時代武家土木談」高橋又太郎編。

五月十日、『風俗画報』四号に「日本駅逓の沿革」高橋又太郎編。

と続くが、のち一年間にわたって『風俗画報』には書いていない。次に彼の名前が見られるのは十七号(二十三年六月十日)からであった。この号に「浅草の賑ひ」乙羽庵主人の名があり、十八号(七月十日)で「奥州旅日記」渡辺(ママ)乙羽と署名。

六月六日、二橋散史の号で『霹靂一声』を出版。

七月十五日、水天宮の縁日。魚河岸近くの日本橋に住み、仮病を使って『風俗画報』編輯部を休み小説を書いていたが、市場のセリ声が気になって、まとまらず。

十月十日、『読売新聞』附録に「鵜飼火」掲載(十二日完結)。

明治二十三年(一八九〇) 二十一歳

三月二十七日、小波、二時ごろ思案を訪問。この場に眉山、高階、九華、虚心、乙羽が居合わせた。二十九日、『読売新聞』附録に「京屋娘」(四月五日まで連載)。

四月二十四日、石橋思案と乙羽の故郷・米沢へ。五月九日まで滞在すること十日あまり。

五月二十七日、『読売新聞』附録に「枯尾花」連載(七月一日完結)。

八月十七日、『都之花』四十五~四十八号に「破色紙」乙羽庵主人で連載始まる。続いて『都之花』五十三号「捨身経」。六十四号「かたみ薄(すすき)」を発表。七十一、七十三、七十五、七十七、七十九、八十号に「小夜衣」を連載。百二号から百八号には渡辺(ママ)乙羽で「当世錦の裏」を連載。『都之花』は百九号(明治二十六年六月十八日)

で終刊。この月、報知新聞を辞職していた栗本鋤雲（六十九歳）を本所北二葉町の邸に訪問。

十月二十八日、乙羽の「露小袖」が十月二十六日発行の『新著百種』十号に掲載されたのを祝って、紅葉館で小会が開かれる。

明治二十四年（一八九一）　二十二歳

一月二日、乙羽、朝十時に小波を訪ねる。六日、三時より『こがね丸』の批評会。

二月十四日、小波、東京中新聞社[②]に柳浪、乙羽を訪ねる。この年、乙羽、午前は東陽堂の編輯、午後は中新聞記者となって二足の草鞋を履く。

明治二十五年（一八九二）　二十三歳

一月二日、吉熊で新年宴会。会費一円二十銭。紅葉、思案、柳浪、水蔭、眉山、花痩、乙羽など。

十月二日、吉熊で硯友社会。会する者、紅葉、眉山、思案、水蔭、花痩、柳浪、乙羽、桂舟、永洗、小波など。十時後解散。八日、『絵画叢誌』に「美術展覧会新画略評」所見記を書く。

十一月九日、小波、京都『日出新聞』入社のため、送別会が吉熊で開かれる。乙羽をはじめ二十三、四名会する。

②『東京中新聞』は明治二十三年六月一日から二十四年八月まで。続いて『中央新聞』と名称が変わり、昭和十五年十二月まで続く。

明治二十六年（一八九三）　二十四歳

三月十日、『風俗画報』五十一号から編輯人は橘忠韶から渡部又太郎となる。

三～十一月、大橋佐平、欧米巡遊に出発。

四月十二日、紅葉の発案で月ヶ瀬旅行の旅に出る。参加者は紅葉と水蔭、中村花痩、それ

月ヶ瀬旅行の途中、一行は京都・日出新聞社にいた小波と柘植駅で待ち合わせて、伊賀上野芭蕉庵で記念撮影。
左から眼帯をかけた紅葉、水蔭、坐っているのが乙羽、その後ろに小波がいる。右側に一人立っているのが中村花痩。撮影は小波と京都から同行してきた歌川国松か。(写真:『文章世界』２巻５号より)

に乙羽の四人。小波と歌川国松が途中で加わった。

五〜十月、シカゴ万国博覧。

十二月三十日、『春夏秋冬』第一編（博文館）に「さくら山」掲載。

明治二十七年（一八九四）　二十五歳

一月二日、『学園花壇』（春陽堂）に「高利貸」掲載。

二月一日、三井寺に登り、茶屋で力餅を食べながら大津の町を見下ろしたのち、疏水会社で切符を買い、大阪のクラワンカ船に似た二十八人乗りの船に乗って蹴上（けあげ）にいく。車で小波を訪ねるが留守だったので上がり込み、本人の帰宅を待つ。

五月二十日、尾崎紅葉、渡部乙羽校訂『校訂 西鶴全集』上、下巻（博文館）出版。二十九日、小波、乙羽へ八文字屋本を送る。

七月十日、『萬朝報』に『西鶴全集』（尾崎紅葉・渡部乙羽校訂）の「発売禁止に付き謹告す」広告が掲載される。三十日、渡部乙羽校訂『校訂 其磧自笑傑作集上巻』（博文館）出版。

八月一日、清国に宣戦布告。

八月十五日、阿武隈川の松葉館にて大橋新太郎と会う。

八月十八日、大橋佐平の四男・大橋修策が病に倒れる。二十八日、修策（二十一歳）死去。

八月二十五日、『日清戦争実記』創刊。

十二月五日、大橋新太郎、尾崎紅葉幹事で巖谷小波の博文館入館の歓迎会が行われる。この時、小波は紅葉から乙羽が大橋佐平の娘婿となることを初めて聞く。十一日、渡部又太郎（乙羽）、博文館主大橋佐平の娘・とき子と結婚。大橋姓となる。十二日、乙羽、結婚の翌日より博文館編輯局に出社。

明治二十八年（一八九五）　二十六歳

一月五日、『太陽』創刊

二月、泉鏡花、この月、牛込横寺町にある紅葉宅から戸崎町六十一番地の乙羽宅二階に引っ越し、『日用百科全書』の編纂に従事。

四月十一日、乙羽、一葉に手紙を書き、「ゆく雲」の原稿を催促。「ゆく雲」は十三日までの間に書き上げられた。

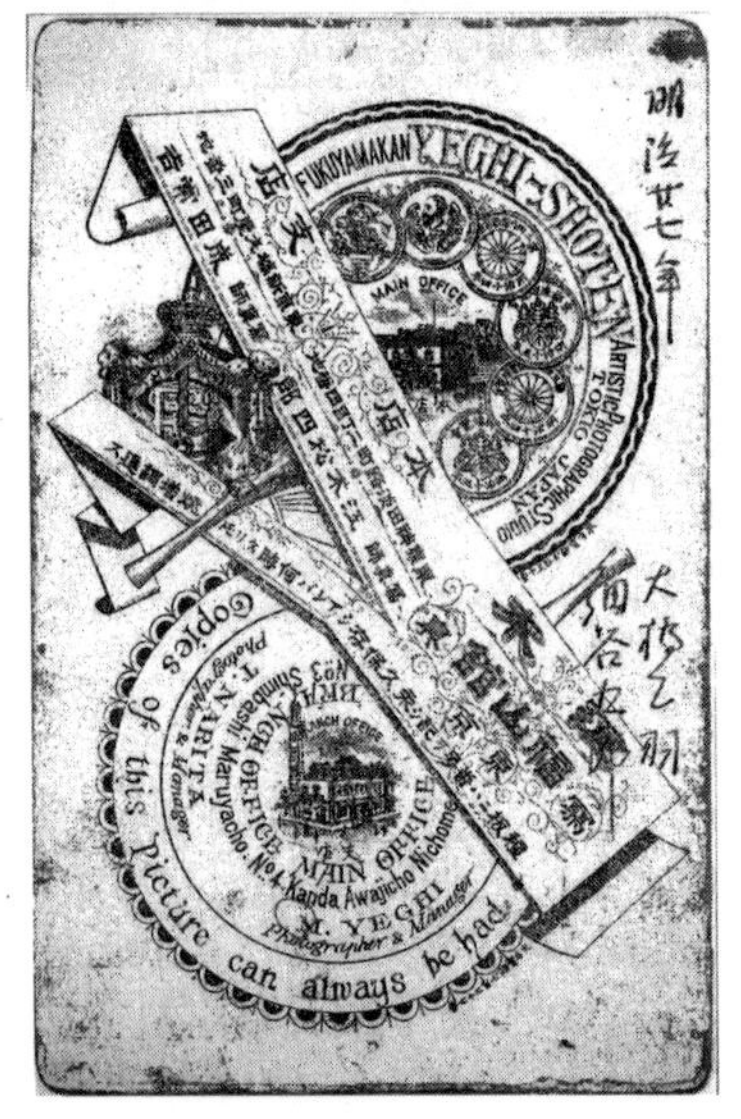

明治27年、江木福山館にて記念写真。
上：右・大橋乙羽、中央・新海竹太郎、左・細谷五郎。
下：記念写真の裏にある写真館の刻印とサイン。
写真提供：新海堯氏

五月五日、一葉、「ゆく雲」掲載の『太陽』五月号を受け取る。

十二月十日、『文藝倶楽部』十二編臨時増刊『閨秀小説』に「十三夜」掲載、「やみ夜」再掲される。

明治二十九年（一八九六）　二十七歳

一月、乙羽、牛込弁天町後藤宙外を訪ね、「青年小説」（『文藝倶楽部』臨時増刊号）に「ありのすさび」を出すように勧誘。この小説は『早稲田文学』に連載されていた。

二月五日、『太陽』二巻三号に「大つごもり」掲載。

三月二十九日、大岡硯海と椿山荘を訪れ半日を遊ぶ。主・山縣侯はこの時、露西亜に。

四月、「道灌山より田端新停車場を望む」「飛鳥山の花見」を撮影。五日日曜日、晴天。朝九時、乙羽、洋服姿で写真器を担いで露伴を訪ねる。十日、「たけくらべ」『文藝倶楽部』（二巻五編）に一括掲載。十二日、観潮楼を訪問、森鷗外一家を庭で撮影。日曜日で晴。森鷗外宅に露伴、緑雨の三人が集まるのを知り、乙羽「三人冗語」同人をこの日に撮影した、と思われる。

四月二十九日、「めさまし草」（ま記の四）発売。

五月十日、『文藝倶楽部』二巻六編に一葉「われから」掲載。二十五日、一葉が、生前出版された唯一の単行本『通俗書簡文』刊。

六月十八日、十五日に三陸地方に発生した大海嘯取材で博文館特派員として現地に出発。

七月五日、『太陽』（二巻十四号）発売。二十五日、『文藝倶楽部』（臨時増刊『海嘯義捐小説』）発売。

八月末、光村利藻に誘われて、この年三度目の奥州旅行をする。

十一月七日、速記者・岩崎を連れて、平河町に黒田清輝を訪問、「洋画門答」をインタビュー。十日、再び訪問。報知記者と読売の関如来、黒田、乙羽の四人で昼食。十三日、合田、佐野、和田、乙羽が黒田邸に集まり、夜中の十二時に解散。二十日、乙羽、白馬会会場へ出かけ、黒田、長原、安藤の写真を撮影。

十一月二十三日、一葉死去。

十一月二十四日、新嘗祭の休日に早稲田の大隈邸を訪問。菊花壇を背景に大隈伯等を撮影。

明治三十年（一八九七）　二十八歳

一月三日、大磯にある伊藤博文の別荘、滄浪閣を訪ねて撮影。四日、小淘庵に山縣有朋を訪問、撮影したのち、再び滄浪閣へ。午後、山縣有朋が滄浪閣を訪ねてきたので、山縣・伊藤のツーショットを撮る。この後、陸奥宗光を訪ねて病気軽快の容姿を撮影。午後四時の汽車で帰京する。正月、勝海舟を訪問。

三月七日、乙羽、青梅撮影。同行者は姉崎、畔柳（くろやなぎ）学士の二人。

四月十八日、夜、京都に着。二十日朝、宮内大臣土方久元を訪問後、三本木に志賀重昂（矧川（しんせん））を訪ね、下賀茂に遊びに出かけ写真を撮る。二十一日、南禅寺にある山縣侯の別荘「無鄰庵」を訪ねて、庭園の写真を撮影。二十二日、市原父子の案内で円山応挙の

京都壬生村

MIBU-MURA, KYOTO.

(乙羽生撮影)

同加茂川上に於ける志賀矧川君

KAMOGAWA, KYOTO.

下：京都三本木に志賀重昂訪問、加茂川で撮影。

墓を参詣。祇園で清飲する。二十三日、京都に来ていた岡倉天心、川端玉章、寺崎広業、剣持忠四郎と出会う。天心たち四人が木曽路を徒歩で帰京する計画を知るや乙羽は彼らの後を追い、岐阜今小町にある玉井屋③に夜中にたどり着き合流。翌朝、旅立つときに鶏が鳴いたので、「めでたしめでたし、かしまだちも音で読めば啓行、鶏口となるも牛後となるなかれといふ例へがあれば今度の旅も五鶏行と名付けてはどうか④」と天心が発案した。金鶏こと天心、三十五歳。烏骨鶏こと玉章は天保十三年生まれの五十五歳。野鶏・広業は三十一歳、髭面の剣持は軍鶏、そして、乙羽は夜中に玉井屋の戸を叩いたということで、夜明けに戸を叩くような声で鳴くクイナ、水鶏と名付けられての旅となる。この様子を乙羽は「木曽五鶏行」に書く。檜笠に紋服、手っ甲脚絆を纏って、杖をついていた天心が木曽路の坂道ごとに玉章の乗った車の後押しをしていたとはちょっと良い話であるが、木曽路の八日間はこのような愉快な旅だった。

五月二日、木曽路より帰京。

六月十二日、乙羽、友人・鳴花とともに紅葉宅を訪問。「詩人の話」を取材。二十六～二十七日、乙羽、水哉、小波の三人、銚子へ。光村利藻も同行撮影。

十月七日、露伴とともに東北七州に遊ぶ。乙羽の出身地米沢に着いたのは二十一日の八時。町にはまだ機を操る音が聞こえる。鷹山公の遺風が今も残っている町で、この夜は兄が業としている音羽屋で一泊。二十二日朝十時、家を出る。二十三日、白石駅で夜行列車に乗り、出発を待っていたとき、青森からの帰りの徳富蘇峰の靴音に気づき、挨拶。二十四日午後三時、上野着。

十一月二十三日、文学美術家雑話会が上野精養軒で開かれる。会費一円五十銭。

③ 岐阜市今小町にあった玉井屋伊兵衛旅館の図（岐阜県立図書館提供）。

④ 明治三十年の干支は酉で『文藝倶楽部』の表紙も鶏の図だった。

十二月三日、乙羽、依田学海を訪れ、「文章法」の執筆を依頼。十五日、乙羽、学海に『文藝倶楽部』誌上、八犬士の評を原稿依頼。

この年の暮れ、乙羽、編輯・営業の専務理事となる。

明治三十一年（一八九八）　二十九歳

一月、回向院大相撲の撮影。　一月三十日、「第二回文学美術家雑話会」が芝の紅葉館で午後二時より開かれた。この時、有志一同を撮影。のち、神戸新聞社へいく水蔭を囲んで自動シャッターで記念写真を撮る。

四月十日、奠都三十年祝賀会挙行日。乙羽は大日本写真協会員の小川一真、光村利藻、柴田常吉、杉儀之助らの協力をえて、この日一日の余興出来事を細大漏らさず記録するよう万全の態勢を組む。『太陽臨時増刊　奠都三十年』四巻九号にその時の写真が掲載される。

五月二十三日、この日から三日間にかけて、大倉喜八郎の還暦と銀婚式をかねた園遊会が赤坂区葵町三番地の大倉邸で行われた。この園遊会に乙羽は高等接待員という名目で燕尾服姿で当日の写真を撮影。

七月七日、日本美術院の開院披露式が芝紅葉館にて行われ、文学・美術関係者が集まる。乙羽出席。志賀重昂、三宅雪嶺、高田早苗なども来会。乙羽は玉堂、露伴、紅葉、樗牛、逍遥らとともに特別賛助会員となる。

八月七日、黒田清隆侯に随行して富士登山。野中至を案内人として本田種竹、末永鉄巌、中村不折と登り、八日の夜十一時に東京着。

九月十四日、この日の早朝、助手宮川如水、斎藤紫白を伴い、上野動物園へ行き、猩々（オランウータン）、大蟾蜍（おおうわばみ）等を撮影する。

十月～十一月ごろ、向島寺島村、小梅曳舟通りを撮影。『文藝倶楽部』（四巻十四編）に「秋の日」ほか四景を口絵とする。

十二月二十八日、『若菜籠』出版。

明治三十二年（一八九九）　三十歳

四月六日、「竹柏会」の第一回懇親会が浜町日本橋倶楽部で開かれ、庭園で記念撮影をする。十八日、露伴、浅草並木町にある鶴淵初蔵写真店で写真器を購入。翌日撮影。乙羽が去年の秋に撮影した寺島村の石橋風景を全く同じ構図で撮り、『新小説』（四年六巻）に口絵として掲載。四月三日、乙羽、滄浪閣で伊藤博文と大隈重信のツーショット撮影。

四月九日、伊藤博文、善光寺詣りに出発。十日、乙羽、雨宮敬次郎の別荘にて、伊藤を中心とした集合写真を撮影。

五月五日、『花鳥集』出版。

六月十五、森鷗外が小倉に出発する前日に観潮楼を訪問し、茶室前庭に軍服姿の鷗外を撮影する。この日、太陽臨時増刊『明治十二傑』（五巻十三号）発売。二十五日、茅ケ崎に市川団十郎を訪問。

七月十五～十七日、乙羽、松魚、春葉、及堂の四人で日光に遊ぶ。ボートに乗った英国夫人と令嬢を撮影して、宿に帰って、乾板を入れ替えるのに適当な場所がなく地底の氷室に入ったが、一時閉じこめられる。

九月八日、『風月集』刊。花袋、編輯局に入館。九日夜十時、東京を出発して四十日間にわたる耶馬渓行。途中、小倉鍛冶町に鷗外を訪問するが、不在だったため会えず。

二十六日、中津の人、積善館支店の野依暦二の案内で耶馬渓探勝の途につく。

十月二日、『読売新聞』に「耶馬渓より」掲載。三十日、『読売新聞』に「親不知だより」掲載。

十一月六日、『読売新聞』に「碓氷嶺より」掲載。

明治三十三年（一九〇〇）　三十一歳

一月一日、週刊グラフィック新聞『太平洋』創刊。大橋又太郎、博文館支配人となる。

二月十日、『耶馬渓』刊。

三月二日、乙羽、花袋と小田原水力電気鉄道を視察。箱根湯本（福住楼）泊。三十一日、洋行のため横浜港を出発。

五月二十一日、マルセーユに到着。二十二日、リヨン着。二十五日、パリ到着。二十七日、巴里万国博覧会を見学。

六月、ベルギー、オランダ、ドイツ、オーストリアを回り、再びフランスに戻る。

七月十六日～二十一日まで「巴里万国著作権会議」に出席。

九月三日、帰途はパリからベルギー、北米経由で帰朝。二十三日、午前十時より、上野精養軒で帰朝披露園遊会。会場には世界各国の国旗が飾られる。出席者は三百名余。

十一月五日、依田学海、この日の日記に「『大橋乙羽が世界一周』博文館より太陽の附録世界一周といふ大冊をおくらる。これは、館主が義子又太郎乙羽が、ことし春歐州に遊びしときの紀行をもととし、その他、我名士がかの地に遊びし事をもあはせてのせたり。いとおもしろき雑誌なり。乙羽が紀行の文は雅俗をまじへて、また大にみるべきものあり。当世の才子のうちに数ふべきものなるべし。今日これをよみはじむ」（『学海目録』十一巻、二九六頁）と記す。これは『太陽臨時増刊　世界一周』（六巻十四号）にある乙羽編「歐米見聞録」をさしている。

十二月二十三日、『歐山米水』発行。

明治三十四年（一九〇一）　三十二歳

一月一日、乙羽、三時ごろ、新年の挨拶に紅葉宅へ行く。八日、桐生悠々が博文館に入館、週刊新聞『太平洋』の編輯を花袋とともに担当。十二日、虚心主催の小宴に出席。この夜、北風激し。悪性の感冒が流行していて、宴会によばれた妓も鼻声の者多く、乙羽感染。人付き合いの良い元気な乙羽の名はこの後の『十千萬堂（とちまんどう）日録』に現れてこない。

二月四日、『太平洋』二巻五号に「故伊藤圭介先生」「墺の維納」。十一日、『太平洋』二巻六号に「瑞西山水」。十四日、腸チフスにかかり、一八日、東京帝国大学第一医院に入院。同日、『太平洋』二巻七号に「ブダペスト」。これが最後の文章となる。

三月二十一日、尾崎紅葉、乙羽を見舞う。二十八日、石橋思案が紅葉を訪ね、一両日前に乙羽を見舞ったが病状よろしからずと報告。

四月三日、このころより、面会謝絶。
六月一日、朝六時、東京帝国大学第一医院にて没す。三日、日暮里養福寺で葬儀。
七月十九日、浜町・日本橋倶楽部で四十九日の追悼会。
十一月三日、大橋佐平死去。

〔補注1〕

「龍町屋敷割帳」(米沢市史編集資料、米沢市史編さん委員会、一九八二年)からの一部引用。米沢図書館郷土資料室の青木昭博氏の調べによると、「湯屋次兵衛(渡部家の祖先か)の屋敷北側に川が流れています。この川は現在も流れていますが、旧音羽屋旅館近くでは暗渠(あんきょ)となり、道路や宅地の下を流れていると思われます」と教えて頂いた。川に二つの橋が架かっているところから「二橋」の号が生まれている。

〔補注2〕

田中修二氏は『彫刻家・新海竹太郎論』の中で「細谷風翁・米山遺墨展覧会」の図録の中に興味深い話が載っていることとして「米沢出身で明治文壇の繁栄を築いた博文館の大橋乙羽なども幼時山形市に丁稚奉公をしていた頃、細谷塾に学んだと伝えられている」と紹介している。

乙羽撮影写真リスト

『太陽』（ ）内の数字は写真銅版カット数

＊二巻六号／明治二十九年（一八九六）三月二十日発売号
大和名所（口絵解説「大和めぐり」乙羽）。「晴好雨記」二橋生。「寒中富士山頂観象記」野中至

＊二巻七号／明治二十九年四月五日発売号
日本郵船会社土佐丸欧州開航式（三）、日本銀行新築落成式（三）、仙台名所（五）、吉野山十景（口絵解説「吉野」乙羽）、「躑躅園の桜」二橋生、「土佐丸」おとは

＊二巻八号／明治二十九年四月二十日発売号
東京百景その一（四）平壌大攻撃パノラマ雑録「駆ある記」露伴、「椿山荘」大橋乙羽

＊二巻九号／明治二十九年五月五日発売号
東京百景その二（四）、関口芭蕉庵（四）、口絵解説「芭蕉庵」乙羽、「笠置山」二橋生

＊二巻十一号／明治二十九年五月二十日発売号
蓬莱園（松浦伯爵邸内）（四）、「月の松島（上）」乙羽

＊二巻十二号／明治二十九年六月五日発売号
松島六景（六）口絵解説「月の松島（下）」乙羽。小説、「南新二翁の余技」二橋生

＊二巻十三号／明治二十九年六月二十日発売号
平泉八景（八）口絵解説「平泉の廃址」

＊二巻十四号／明治二十九年七月五日発売号
東奥大海嘯（二十四）、「嘯害実況　桑田碧海録」乙羽特派員／二巻十五号に「嘯害写真略解」あり

＊二巻十八号／明治二十九年九月五日発売号
野州上三依の不動滝（乙羽生発見撮影）、「奥州三度笠一」

＊二巻十九号／明治二十九年九月二十日発売
会津風景（八）、「奥州三度笠二」乙羽庵

＊二巻二十号／明治二十九年十月五日発売号
北会津の柳津景（四）、「奥州三度笠三　若松落城」乙羽庵

＊二巻二十一号／明治二十九年十月二十日発売号
「奥州三度笠四　磐梯登山（上）」大橋乙羽

＊二巻二十二号／明治二十九年十一月五日発売号
岩代国磐梯噴火山（五）、「奥州三度笠五　磐梯登山（下）」

＊二巻二十四号／明治二十九年十二月五日発売号
早稲田邸に於ける大隈伯爵と菊花壇（一）、「大隈伯を訪ふ」

＊二巻二十五号／明治二十九年十二月二十日発売号
「奥州三度笠六　ふる郷」乙羽庵

＊三巻一号／明治三十年（一八九七）一月五日発売号
勝海舟老伯及老夫人。雑録「鴫の羽田」乙羽

*三巻二号／明治三十年一月二十日発売号
颯爽英姿一堂上　伊藤・山縣両侯、「伊藤山縣両侯爵を大磯に訪ふ」
*三巻三号／明治三十年二月五日発売号
大磯別荘に於ける陸奥伯
*三巻七号／明治三十年四月五日発売号
青梅八景の一・その二（八）雑録「青梅八景」乙羽生・歴史「栗本鋤雲翁と幕府の末路」大橋乙羽
*三巻十号（明治三十年五月二十日発売号）
森鷗外君の一家（二）、加茂川上に於ける志賀矧川君（二）
*三巻十一号／明治三十年六月五日発売号
山縣侯庵（一）、訪問「山縣大将の園芸談」、京都山端高野川上の平八茶屋（二）、雑録「京遊記」乙羽生
*三巻十三号／明治三十年七月五日発売号
雑録「木曽五鶏行　其一」乙羽生
*三巻十四号／明治三十年七月五日発売号
木曽四十景。雑録「木曽五鶏行　其二」乙羽、濃信四十勝（口絵解説）水鶏子
*三巻十九号／明治三十年九月二十日発売号
伊藤侯爵及夫人・医界の三博士と二学士（青山胤通、小金井良精、森林太郎の三博士と賀古鶴所学士、森篤次郎学士）
*三巻二十二号／明治三十年十一月五日発売号
柳橋三景
*三巻二十三号／明治三十年十一月二十日発売号
東北七州奇勝（三〇）。「うつしゑ日記上」露伴、「東北遊記」（口絵解説）
*四巻四号／明治三十一年（一八九八）二月二十日発売号
回向院大相撲（八景）、大磯小淘庵における山縣侯爵、文学美術家雑話会の一斑「渡辺子爵の俳諧談」乙羽
*四巻五号／明治三十一年三月五日発売号
山縣侯の写真、紀元節の雪（四景）
*四巻六号／明治三十一年三月二十日発売号
東京関口の芭蕉庵（二景）
*四巻八号／明治三十一年四月二十日発売号
相撲取並ぶや秋の唐錦。浅草公園パノラマ（小山正太郎氏画）
*四巻九号臨時増刊／明治三十一年四月二十五日発売号
「奠都三十年」奠都祭絵解
*四巻十三号／明治三十一年六月二十日発売号
大倉喜八郎君還暦及び銀婚式園遊会（十一）、「銀婚園遊会」（口絵写真銅版参照）乙羽、岩代国関村の雪他。解説「春の雪路」。
大槻如電翁の法華経講話・乙羽筆記
*四巻十六号／明治三十一年八月五日発売号
相州大磯海水浴三景、大蔵大臣松田正久君之一家、逓信大臣

林有造君之一家

＊四巻十八号／明治三十一年九月五日発売号

黒田侯爵富士登山（十二景）富士詣（口絵説明）乙羽

＊四巻二十号／明治三十一年十月五日発売号

上野動物園の奇観（六景）

＊四巻二十一号／明治三十一年十月二十日発売号

還暦の安田善次郎翁（八景）

＊四巻二十三号／明治三十一年十一月二十日発売号

雅邦会、安田善次郎氏の深秀園、米沢停車場前の風景、東京近郊の晩秋

＊四巻二十四号／明治三十一年十二月五日発売号

子爵渡辺国武君の庭園（其一、其二）、石黒男爵の多聞山荘

＊四巻二十五号／明治三十一年十二月二十日発売号

初冬八景写真、横浜埠頭に於ける日本丸、三井集会に催せる園遊会会場

＊五巻一号／明治三十二年（一八九九）一月五日発売号

横浜埠頭写真、日本丸艦上写真、日比谷

＊五巻二号／明治三十二年一月二十日発売号

（乙羽と露伴が明治三十年十月七日「東北七州」に遊んだ記事あり。三巻二十三号の写真と符合）

＊五巻三号／明治三十二年二月五日発売号

勝伯写真、相模片瀬写真

＊五巻七号／明治三十二年四月五日発売号

画宝会に於ける川上陸軍大将と橋本雅邦翁

＊五巻九号／明治三十二年四月二十日発売号

滄浪閣に於ける伊藤侯と大隈伯（一）

＊五巻十号／明治三十二年五月五日発売号

信州に於ける伊藤侯（六景）

＊五巻十四号／明治三十二年六月二十日発売号

五色温泉より板谷遠望（四景）、市川団十郎茅ヶ崎別荘、佐佐木信綱氏竹柏会発会式

＊五巻十六号／明治三十二年七月二十日発売号

第十二師団軍医部長陸軍々医監医学博士森林太郎君

相模茅ヶ崎孤松庵（其一、其二）／団十郎（二）

＊五巻十七号／明治三十二年八月五日発売号

日光山新十勝、湖上清風、米沢鉄道風景（二）造化神秘

＊五巻二十五号／明治三十二年十一月二十日発売号

伊勢二見浦、山城木津川、静岡浅間神社

＊五巻二十六号／明治三十二年十二月五日発売号

讃州名勝（八景）

＊五巻二十七号（明治三十二年十二月二十日発売号）

筑豊名勝（十二景）

＊六巻二号／明治三十三年（一九〇〇）二月五日発売号
東京本場所大相撲〈五景〉太宰府天満宮

＊六巻三号／明治三十三年三月五日発売号
一月場所回向院大相撲（其一）（其二）

（注）大橋乙羽、明治三十三年三月三十一日〜九月三日まで百五十日余、巴里博へ行っていて日本不在

＊六巻四号／明治三十三年四月一日発売号
小田原電気鉄道沿線光景（其一）（其二）。東京瓦斯第一製造所、東京瓦斯新築芝浦工場

＊六巻六号／明治三十三年五月一日発売号
華族会館に於ける大橋乙羽氏送別会（撮影者不詳）

＊六巻十一号／明治三十三年九月一日発売号
香港風景（其一）（其二）

＊六巻十四号／明治三十三年十一月三日発売号／臨時増刊号　世界一周

（注）大橋乙羽、明治三十四年二月十八日、腸チフスに肋膜炎を併発、帝大第一医院へ入院。六月一日死去

＊七巻八号／明治三十四年（一九〇一）七月五日発売号
故大橋乙羽君と筆跡

＊七巻九号／明治三十四年八月五日発売号
故大橋乙羽君追悼会

『文藝倶楽部』

●十二編臨時増刊／明治二十八年十二月十日
『閨秀小説』の写真中、一葉、稲舟、薄氷の唇の補筆は写真師の手によるものではない。乙羽撮影か。

●二巻九編臨時増刊／明治二十九年七月二十五日
『海嘯義捐小説』宮城県清水村の惨状（四）

●二巻十編／明治二十九年八月号
角筈村十二社・小石川植物園・小石川関口（三）

●四巻十四編／明治三十一年十一月号
東都曳舟通りの風景「秋の日」、東都四ツ木村古上水の夕暮「秋の入日」、安田善次郎翁別荘茶室の庭「松風の音」、官設鉄道米沢停車場の風景・他「秋の野おも」（五）

●五巻二編／明治三十二年一月臨時増刊　講談揃
武内桂舟の絵と乙羽の写真の競争「新撰美人八景」、雪の墨田、堤の桜、少女の媚、松風の声、春の水、紅蓮白蓮、秋の夜長、姉妹の愛（八）

●五巻六編／明治三十二年四月臨時増刊　梨園の春
「芝居の内外」団十郎の部屋、菊五郎の部屋、福助の部屋及その扮装、八百蔵の扮装及家橘、家橘及栄三郎の部屋など（十二）

●五巻十一編／明治三十二年八月臨時増刊　第二講談揃
下野日光湯本遠望、同戦場ケ原男体山眺望、同中禅寺湖、同湖上の英国貴婦人、同湯本宿外、同大日堂、同地獄渓、同含

満洲（八）

●五巻十五編／明治三十二年十一月臨時増刊　講談忠臣蔵

有馬温泉、六甲山、耶馬渓の洞路など（十四）

●六巻二編／明治三十三年一月臨時増刊　義士講談雪の梅

「大相撲」回向院本場所、常陸山、梅ヶ谷の盛粧、関脇逆鉾、横組小錦、小結源氏山、大砲、荒岩、不知火、その他幕内前頭

単行本

『名流談海』（明治三十二年三月二十五日刊）

「笑迎天下一家春」（伊藤侯と山縣侯）

「数峰青落軒窓裡」（山縣侯の京都無鄰庵）

「虚霊心自照」（勝伯）

「採菊東籬下」（大隈伯）

「自笑烟霞成痼疾」（渡辺国武子の庭園）

「双栖自擬地行仙」（石黒男爵の多聞山荘）

「三経推敲微居士」（末松男及夫人）

「子を抱いて我老ひにけり今日の月」（紅葉）

『増補千山萬水』『続千山萬水』

多数の写真があるが小さすぎて不鮮明。ただし、『太陽』にほぼ掲載されている。

『歐山米水』明治三十三年十二月二十三日刊

「巴里博覧会写真」

『耶馬渓』に写真五十点

『鷗外　森林太郎』（森潤三郎著）

「軍服姿の森鷗外／観潮楼」

『新小説』第六年七巻／明治三十四年七月一日発売号

「悼む大橋乙羽君」

乙羽が校訂した「帝国文庫」

『西鶴全集（上下）』

『其磧自笑傑作集（上下）』

『校訂紀行文集』

あとがき

薄田泣菫（すすきだきゅうきん）が大橋乙羽について面白いエピソードを書き残している。

乙羽が明治三十三年（一九〇〇）夏、北米大陸を汽車で横断している時だった。後に海軍機関学校長の海軍将校船橋善弥（一八六七〜一九二五）と同乗していた。乙羽は途中、桃の実を買い込んで食べ始めたが、そのタネを床に吐き出して、素知らぬ顔をしていた。それを白人女性客が軽蔑の眼つきで見ていたので、船橋は乙羽に耳打ちした。西洋人は汽車の中で果物を食べるときはタネを窓の外に投げることにしている。そのタネは幾年かのちに芽を吹き、鉄道の両側は果樹園となって、どれだけ土地の人のためになるかしれない……と。それを聞いた乙羽は床に吐きとばしたタネを拾って、窓の外へ投げた、という。

　帰国したのち、船橋は乙羽から『欧山米水』が送られてきたが、そのまま本箱の隅に置いていつの間にか忘れてしまった。その後、船橋は自分の子から、西洋人は汽車の中で果物を食べると、タネを窓から捨てるので、果物の木が多いのはそのせいだ、といっていることを耳にしてびっくりした。誰に聞いたのかと問いただすと、教科書に載っている、と答えた。船橋がその教科書を取り寄せてみると、乙羽の『欧山米水』

から抜き書きされた文章が掲載されていた。彼は文部省を訪ね、あれは俺の嘘だから、その文章を取り消すよう頼んだ……。

この話を薄田は、「桃の実」というエッセイに書いた。船橋が乙羽と道連れになってカナダの大荒原を汽車で横断したのは、巴里万国博覧会の帰国途中の明治三十三年八月である。そして船橋が『歐山米水』を受け取ったのは十二月の末ごろと思われる。泣菫が船橋からこの話を聞いたのはいつか不明だが、「この頃になって、船橋氏は自分の子供」から聞いたとあるから、おそらくこの文章を発表した時期からそれほど時間が経っていないのではないか。泣菫がこの文章を発表したのは大正七年(一九一八)十二月五日付の『大阪毎日新聞』夕刊であり、乙羽と船橋がカナダの汽車に乗ったのは明治三十三年であるから、その間十八年の歳月が流れている。

乙羽が船橋と道連れになってカナダの汽車に乗ったのも、乙羽が桃の実を食べたのも、そのタネを吐き出したのも事実である。だが、一等車に乗っていた乗客は元海軍大佐で錫製造会社社長と連れの技師、船橋、乙羽の四人だけだった。しかも、桃の実を買ってわけてくれたのは社長の方からであり、唾壺に吐き出したタネを拾いだして、窓の外に投げたのもその人だった。ここに捨てるより、原野に捨てたほうが数年のちには桃の木が一本増えるであろう、ぜひあなた方も協力して、この荒野を開拓してくれないか——と、その社長は言った。アメリカがここまで発達したのは桃の実ひとつ捨てることにもこのような公共精神があることを乙羽は伝えたかったのだ(この話が

『歐山米水』に載っているというのも、船橋か薄田の記憶違いで、実際は『歐米小観』）。

乙羽についての文章を書いている間中、つねにこのエピソードが頭から離れなかった。歴史や歴史上の人物を書くとき、事実という小さな島が点在するが、その間を渡す橋がなければ、何らかの推理橋を架ける必要に迫られる。それが「ゆく雲」に登場する猿橋のように一見危なげに見えても惰力を利用した橋であれば問題はないが、多くは丸木橋や浮き橋であったり、話に彩りを添えるため虹橋を架けたりすることがある。

大橋乙羽の短いが濃密な生涯を書くには、百年以上の歳月が流れた今となっては限られた資料がたよりとなり、十分とはいえない。いつの日にか『乙羽日記』が発見され、さらに鮮明な乙羽像が浮かび上がってくるのを期待しながら、取りあえず仮橋を架ける作業を終えたい。

本書をまとめるに当たって、大橋乙羽の血縁である博文館新社・大橋一弘社長、吉田延江編集長をはじめ多くの方々の全面的なご協力をいただきましたことをあらためてお礼申し上げます。

安藤　貞之

安藤 貞之(あんどう・さだゆき)

岐阜出身。59年、早稲田大学教育学部卒。
桑沢デザイン研究所中退。
デザイン事務所、百貨店宣伝部を経て広告代理店に勤務。
退職後、出版社のH.P.作成。

雑誌
『新人群』3号(1958年) ― 「失われた男」
『新人群』5号(1959年) ― 「野火論」
『美術ジャーナル28・29号』(1962年4・5月)
― 「生活貧困者の美学(上・下)」
『美術手帖』(1963年)
― 「デザイン参加論(第4回芸術評論入選佳作)」
『デザインNo.62』(1964年)
― 「デザインをめぐる諸考察 調和の技術」
『人間の科学』1964年8月 ― 「視覚思考論」
『デザインNo.74』(1965年)
― 「デザインをめぐる諸考察 沈黙のデザイン」
『美術手帖』(1966年)
― 「第16回日宣美展評 受け皿の花と二十五セント」
『デザイン批評』8.特集:デザインをささえるもの(1969年)
― 「デザイン会社は破産する」
『芸術生活』1969年11月号 ― 「デザイナーの薄暮時代」
『宣伝会議』1970年12月臨時増刊号
― 「軽薄ディレクターへのすすめ」
『コマーシャル・フォト』1971年8月号
― 「〈キャンペーンの研究・33〉緑色の世界を抒情的に表現」
『情報(DESIGN INFORMATION)59』1984年10月号
― 「「ぬかよろこび」にならぬように、ご注意。」

著書
『ビッグ・アイデア』(訳書)ダヴィッド社
『ダイレクトメール』ダヴィッド社
『デザイナーの世界 ― その虚像と実像』ダイヤモンド社
『デザイン馬鹿』栄久庵憲司・河原淳・小原二郎・今和次郎共著
鳳山社
『ネーミングは招き猫』ダヴィッド社

樋口一葉を世に出した男
大橋乙羽

2020 年 2 月　発行

著　者　安藤貞之
制　作　毎日文化センター
〒 100-0003　東京都千代田区一ツ橋 1-1-1 毎日新聞社 1 階
TEL　03-3213-4768
http://www.mainichi-ks.co.jp/m-culture/
発　行　株式会社百年書房
〒 130-0021　東京都墨田区緑 1-13-2 山崎ビル 201
TEL　03-6666-9594
http://100shobo.com
印刷製本　モリモト印刷株式会社

　ISBN978-4-907081-71-3